세대 차이와 갈등

이론과 현실

세대 차이와 갈등

이론과 현실

Generational Difference and Conflict
Theory and Reality

박재흥 지음

경상대학교출판부

이 연구는 2015년도 경상대학교 연구년제연구교수 과제임.

저자의 말

세대문제는 항상 세간의 주요 관심사가 되어 왔다. 특히 선거 국면에서는 학계나 언론계에서 세대 혹은 연령 요인에 대한 관심이 높다. 지지하는 정당과 후보, 투표 참여율, 주요 정치·경제 현안에 대한 태도와 이념 성향 등을 연령대별로 제시하며 연령별 진보-보수 성향을 따져 보기도 하고 그에 기초하여 차기 선거 결과를 점쳐 보기도 한다. 이러한 관심은 '세대의 정치'라는 신조어를 탄생시킨 2002년 대선을 전후하여 크게 폭증했으며, 탄핵 국면에서 대선이 앞당겨질 것으로 예상되는 2017년 역시 예외가 아니다. 작년 10월 말부터는 비선 실세의 국정농단과 공사公私 경계 붕괴를 규탄하고 대통령 하야를 요구하는 대규모 촛불집회가 이어지고 있다. 이번 집회에서도 2002년이나 2008년 촛불집회 때와 마찬가지로 젊은 세대가 대거 참여했으나, 이번에는 특정 세대를 초월하는 범국민적 집회의 성격을 띠었고 촛불시민혁명으로까지 평가받고 있다.

2000년대 중반 이래 경제적인 면에서의 세대갈등도 중요한 관심사로 떠올랐다. 노인 인구가 빠르게 증가하면서 그에 비례하여 기초연금과 국민연금 수급자도 늘고 고령자 건강보험 진료비 부담도 증가하고 있으며 게다가 정년도 연장되는 추세이다. 그런데 이러한 노인 복지비용을 부담할 미래 세대의 인구 규모는 빠른 속도로 감소할 것으로 전망된다. 불행히도 2001년 이래 한 번도 무너지지 않은 초저출산 현상의 결과이다. 결국 초고속 고령화와 초저출산이라는 두 가지 상반된 인구학적 추세가 한국사회를 위기에 몰아넣고 경제 부문에서의 세대갈등을 구조적으로 야기하고 있는 것이다.

이 책은 세대차이와 세대갈등을 다룬 책이다. 세대에 관한 첫 번째 책은 『한국의 세대문제: 차이와 갈등을 넘어서』라는 제목으로 2005년에 발간했다. 그 책은 필자가 세대 현상에 대해 관심을 갖기 시작한 1990년대 초부터 2000대 전반까지 발표한 심층면접조사 연구 결과들과 이론적·방법론적 연구 결과물을 모아서 펴낸 책이었다. 그에 이어 펴내는 이 책은 그 이후 발표한 글들 중에서 단행본으로 함께 엮을 만한 글들을 다시 정리하여 발간하게 된 것이다. 연구방법 면에서 볼 때, 이 책은 문헌연구방법에 의존한 경우도 있지만 관공서 통계자료나 세계가치조사world value surveys 자료, 통계청 사회조사 자료 등도 활용했다. 물론 필자의 종전의 연구를 보다 심화시켜 논의를 이어 가기도 했다.

총 6개의 장 중에서 제1장은 이 책을 위해 새로 썼고 나머지 장들은 2009년부터 2013년 기간 중에 다른 지면에 발표한 글들이다. 논문과 단행본은 글쓰기 형식이 다르고 체제와 양식도 다르기 때문에 논문 형식으로 발표했던 글들을 단행본 형식에 맞게 다시 다듬었다. 부분적으로 수정·보완하기도 했고 편집을 다시 한 경우도 있다. 제2장부터 제6장까지의 본래 내용 중에는 최근의 통계자료와 연구 성과를 미처 반영하지 못한 부분도 있었다. 이러한 부분들은 가능한 범위 내에서 최신 자료로 최대한 바꾸어 수정했다.

이 책은 모두 6개의 장으로 이루어져 있다. 각 장은 독립적 주제들을 다루고 있기는 하지만, 1~2장, 3~4장, 5~6장이 상대적으로 비슷한 성격의 글이다. 각 장의 내용을 간략하게 소개하면 다음과 같다.

우선 제1장과 제2장에서는 주로 세대 문제에 관한 이론적 논의를 다루었다. 제1장은 칼 만하임의 논의를 바탕으로 삼아 세대사회학의 이론적 기반을 살펴본, 본서의 서론에 해당하는 장이다. 주지하듯이 만하임은 세대 문제에 관한 최초의 체계적 연구자로서 세대사회학의 초석을 마련한 인물이다. 따라서 그의 논의를 중심으로 세대사회학의 주요 이론적 주제들을 살펴보는 일은 충분히 가치 있고 의미 있는 작업이다. 세대 현상의 생물학적 기초와 그 함의, 세대 구분과 경계선 설정의 문제, 세대 개념의 다양한 용법과 만하임의 세대 개념 그리고 그 한계, 세대의 출현과 세대의식을 어떻게 볼 것인가의 문제, 마지막으로 사회변동과 세대갈등과 같은 쟁점들을 비판적으로 검토했다.

제2장에서는 세대교체와 세대갈등을 사회문화적 변동의 맥락에서 검토했다. 우선, 사회문화적 변동과 세대교체·세대갈등이 서로 어떻게 영향을 주고받는지에 관한 이론적 논의를 했다. 그에 기초하여, 해방 후 한국사회의 변동을 경제성장, 산업화, 정보화, 교육의 대중화, 민주화 등으로 나누어 개관했다. 이러한 급격한 변동 과정을 거치면서 출생 시기가 비슷한 사람들이 어떠한 역사적 경험을 공유했고 그 결과 어떠한 세대 특성을 갖게 됐는지를 세대 구분 문제와 관련하여 검토했다. 마지막으로 세대 간의 갈등과 교체가 사회문화적 변동에 어떠한 함의를 갖는지를 경험적 자료를 통해 살펴봤다.

제3장과 제4장에서는 한국사회 세대 담론의 몇몇 주요 쟁점과 부문별 세대갈등의 양상들을 점검했다. 우선 제3장에서는 한국사회 세대 담론의 주요 쟁점들 중에서 비판적 성찰이 부족했던 두 가지 쟁점들을 되짚어 봤는데, 그 하나는 세대 명칭 담론이고 다른 하나는 세대갈등 담론이다. 첫째, 세대 명칭을 둘러싼 담론은 세대 담론의 핵심이기에 최근에 사용된 세대 명名들을 유형화해 봤다. 또한 이들이 갖는 문제점이 무엇이며, 세대 명명命名을 위해 어떠한 조건이 필요한지 점검했다. 둘째, 세대갈등 담론에 관해서는 우선 한국사회의 세대가 어떻게 구분되고 인구 구성이 어떠한지 살펴봤다. 나아가

서, 세대 간의 경쟁과 갈등 양상이 어떠한지를 '88만원세대론'을 중심으로 비판적으로 검토했다.

제4장에서는 정치부문과 문화부문에서의 세대갈등을 검토했다. 우선 정치부문의 세대갈등을 세대 간 권력 갈등과 이념 갈등으로 나누어 갈등 형성의 배경과 실태를 살펴봤다. 다음으로 세대 간 문화 갈등은 대략 1970년경 이전과 이후에 출생한 세대 간에 형성된 것으로 봤다. 즉 최근 한국의 세대를 탈이념·정보화세대와 그 이전 기성세대로 구분한 후, 양 세대 간의 갈등을 성장주의 대 소비주의, 집단주의 대 개인주의, 권위주의 대 탈권위주의라는 세 차원으로 나누어 살펴봤다. 또한, 세대갈등의 순기능과 역기능, 갈등 완화를 위한 기본 방향에 대해서도 간략하게 논의했다.

제5장과 제6장은 세계가치조사WVS 자료를 이용하여 탈물질주의 가치와 환경의식의 코호트별 변화 추이를 살펴본 연구 결과이다. 제5장은 탈물질주의 가치의 변화 추이를 출생코호트별로 분석함으로써 한국사회에서 그 가치가 어느 정도 공유되고 있으며 각 코호트가 어떠한 특성을 갖는지를 경험적으로 검토한 연구이다. 탈물질주의 가치란 성장기에 풍요와 안정을 경험한 젊은 세대에서 주로 나타나는데, 경제적 안정이나 질서보다는 삶의 질, 표현의 자유, 정치 참여 등을 중시하는 가치이다. 서구 선진공업국들과 비교할 때, 탈물질주의 가치는 한국에서 아직 널리 확산되지 않은 상태이다. 1980년대 중·후반 경기 호황과 시민사회 영역 확대의 흐름 속에서 탈물질주의 가치가 빠르게 확산됐으나, 1990년대 중반 이래 신자유주의 경쟁체제가 강화되고 안보 불안감이 심화되면서 탈물질주의 가치가 위축되기 시작했다. 이러한 탈물질주의 가치의 변화 추이에 각 코호트가 어떻게 기여했는지 검토했다.

제6장에서는 한국인의 환경의식이 다른 나라들과 비교할 때 어떠한 수준에 있으며, 한국의 경우 코호트별로 환경의식이 어떻게 변화해 왔는지를 경험적으로 검토했다. 이 장에서는 세계가치조사 자료를 기본 자료로 삼았는

데, 이와 더불어 통계청 사회조사 자료도 함께 활용했다. 자료 분석 결과, 한국의 환경의식 수준은 서구 선진공업국들에 비해서도 크게 뒤지지 않았다. 인간과 자연이 공존해야 한다는 친환경적 의식 역시 시간 경과에 따라 모든 코호트에서 정착되고 있었다. 다만, 환경보전을 위한 비용 지불 의사와 관련해서는 젊은 코호트가 다소 소극적임이 밝혀졌다. 이러한 결과는 경기침체에 따른 젊은 층의 고용 불안정을 반영한 것으로 보인다.

퇴임을 얼마 남겨 놓지 않은 시점에서 이 책을 펴내게 됐다. 되돌아보면, 영민하지 못한 머리와 감각으로 경상대학교 사회학과에서 30년 넘게 봉직해 왔는데, 그간 직장 동료나 사회학 선후배 연구자들로부터 분에 넘치는 대우를 받았다. 여러 모로 부족함에도 불구하고 주위에 계신 여러분들의 도움 덕분에 지금까지 대과大過 없이 사회학자로서 그리고 교수로서의 삶을 보낼 수 있었다고 생각한다. 특히 나를 사회학의 길로 인도해 주시고 학문적, 학문 외적 지도를 해 주신 은사님들, 그리고 편안한 분위기에서 연구할 수 있도록 배려하고 조언을 해 주신 같은 학과 동료 교수들께도 이 자리를 빌려 감사의 말씀을 드린다. 마지막으로, 이 책을 펴낼 엄두를 내게끔 출판의 기회를 주신 경상대학교 출판부장님과 직원 선생님들, 특히 편집과 관련하여 여러 가지 전문적 조언을 해 주신 김종길 선생님께 고마운 마음을 전한다.

2017년 1월

박 재 흥

목 차

제1장

세대사회학의 이론적 기반

만하임의 논의를 중심으로

이 장에서는 세대에 관한 최초의 체계적 연구라고 평가받는 칼 만하임의 논의를 중심으로 세대 사회학의 이론적 기반을 살펴보려 한다. 구체적으로, 세대 현상의 생물학적 기초, 세대 구분의 문제, 만하임의 세대 개념과 그 한계, 세대의 출현과 세대의식, 사회변동과 세대갈등의 문제들을 비판적으로 검토할 것이다. 이 장은 이후의 장에서 사용할 기초 개념과 중요한 이론적 자원들을 소개한다는 점에서 이 책의 서론에 해당하는 장이다.

| 제1절 |

만하임과 세대사회학

'세대'는 어떤 특성을 공유한다고 추정되는 비슷한 또래의 사람들을 가리킬 때 일상적으로 흔히 사용하는 용어이다. 한국의 386세대, 88만원세대에서 서구의 1914년세대, 68세대에 이르기까지, 그 용어는 비슷한 시기에 출생하여 어떤 역사적·문화적 경험을 공유하고 그 결과 사고방식이나 행동양식이 비슷한 사람들이라는 의미로 종종 사용된다. 내쉬(Nash, 1978)는 세대의 어원을 고대 그리스어에서 찾아 그것의 다양한 의미와 용례를 추적했다. 세대generation의 그리스어 어원은 'genos'인데 그 동사형 의미는 "새로이 출현하다to come into existence"는 뜻이라 한다. 내쉬는 세대 개념에 상대성의 함의가 있다는 점에 주목한다. 즉, '세대'라는 표현이 의미를 갖기 위해서는 '다른 세대와는 달리, 어떤 세대가 어떠어떠하다'는 "상대성의 술어a predicate of relativity", 형용사형 술어를 필요로 한다는 말이다. '우리 세대(비교 대상)와는 달리, 요즘 젊은 세대는(주어) 아낄 줄을 몰라(술어)'라는 표현이 하나의 예이다. 요컨대, 세대라는 용어는 그리스 시대로부터 오늘날에 이르기까지, 본인이 속한 "어느 집단과는 비슷하고 나머지 집단과는 다르다"(Nash, 1978:2)는 점을 표현하기 위한 은유로 사용되어 왔다.

세대 현상에 대한 관심과 인식은 아주 오래전부터 존재했던 것으로 보인다. 기원전 3세기경 고대 이집트인들은 젊은이들이 버릇이 없고 연장자의 오랜 경험과 지혜를 존중하지 않는다며 분노했고, 젊은이들은 연장자들의 이런 케케묵은 사고방식을 못마땅하게 여겼다고 한다.(Liedtke, 1996; 전상진, 2003:84에서 재인용). "자식은 아버지보다는 시대를 닮는다."(Ryder, 1965:853)

는 아랍 속담도 있다. 얼굴 생김새야 물론 부모를 닮았겠지만 사고방식이나 말투, 행동양식 등은 동일한 생애주기 단계에서 시대의 변화를 함께 겪고 동일한 시대적 요구에 직면하는 자신의 또래들과 비슷하다는 말이 될 것이다. 이러한 예들은 모두 세대에 대한 관심이 최근에 갑자기 나타난 현상이 아니고 인간이 인지 능력을 갖게 된 이래 출현한 보편적 현상임을 짐작하게 해준다.

세대 현상에 관한 세간의 관심이 보다 일반적인 것이었다면, 헝가리 태생의 독일 사회학자인 칼 만하임Karl Mannheim, 1893~1947의 주요 관심은 사회운동/사회변동과 관련한 세대 현상이었다. 그는 세대 문제에 대한 이해가 사회운동이나 지적 운동의 구조, 특히 급격한 사회변동을 이해하는 데에 도움을 준다고 생각했다.(Mannheim, 1952(1928):286-287) 그는 세대 문제에 관한 논문의 결론부에서 "세대 현상은 역사발전의 역동성the dynamic 창출에 기여하는 기본 요인의 하나"(Mannheim, 1952:320)임을 명백히 밝혔다.

지식사회학적 시각에서 보면, 사회운동/사회변동에 대한 만하임의 세대론적 관심은 19세기 이래 독일의 혼란과 격동 상황이 낳은 산물이라는 추론이 가능하다. 이남석(2013)은 이러한 지식사회학적 추론을 한 단계 더 진전시켜 '만하임이 어떠한 문제의식에서 세대 문제에 관심을 가졌을까'라는 질문을 던진다. 그는 만하임이 세대 연구자나 일반인들이 무비판적으로 수용하는 두 가지의 잘못된 가정을 바로잡기 위하여 세대에 관심을 가졌을 것으로 본다. 젊은이는 진보적이고 나이 든 사람은 보수적이라는 단순한 이분법의 가정이 그 하나이고, 동일한 세대는 비슷하게 생각하고 같은 목소리를 내는 동질적 집단이라는 가정이 다른 하나이다.(이남석, 2013:99–101) 꽤 흥미로운 추론이다. 두 차례의 세계대전, 극심한 이데올로기 대립과 혁명을 지켜보면서 만하임은 세대 요인이 사회운동/사회변동을 이해하는 데 긴요하다는 점을 깨달았을 것이다. 그런 상황에서 세대 현상에 대한 올바른 이해가 필요하다는 점을 절감하면서 세대 문제를 본격적으로 연구했을 것으로 추측된다. 만하임은 당대의 세대 연구의 큰 흐름인 실증주의적 접근과 낭만주의적·역사주의적 접근에 대한 비판을 세대 논의의 출발점으로 삼았다. 이 지점에서 그가 기존 연구의 오류를 바로잡고 올바른 이해를 돕고자 했다는 문제의식이 잘 드러난다.

칼 만하임은 1928년 '세대의 문제'(Mannheim, 1952:276-322)라는 긴 논문을 발표했다. 바로 이 논문이 세대에 관한 최초의 체계적 연구, 세대 연구자들의 필독서, 20세기의 살아 있는 고전으로 평가받는 기념비적 논문이다. 만하임의 세대사회학을 현대 사회학의 시각에서 재평가한 필처(Pilcher, 1994:482)는 이 논문을 "사회학적 시각에서 세대를 가장 체계적이고 충분히 발전된 방식으로 다룬 (……) 세대 연구의 신기원을 이룬seminal 사회학적 연구"로 높게 평가한다. 표현을 절제하는 서구권 학자들에게서는 쉽게 찾아볼 수 없는 최고의 헌사이다. 또한 만하임의 논문에는 세대사회학 분야에서 다루어야 할 핵심적 주제 대부분이 망라되어 있다는 점 역시 돋보이는 부분이다. 이러한 점들을 고려할 때, 세대 문제에 관한 만하임의 논의를 중심으로 세대사회학의 이론적 기반을 검토하는 것은 꽤 의미 있고 필요한 작업이라 생각한다.

이 장에서 살펴볼 주제들을 구체적으로 열거해 보면 다음과 같다. 첫째, 세대 현상의 생물학적 기초, 둘째, 세대 구분의 문제, 셋째, 만하임의 세대 개념과 그 한계, 넷째, 세대의 출현과 세대의식, 다섯째, 사회변동과 세대갈등의 문제 등이다.[1] 물론 이 장에서의 논의가 위에서 언급한 만하임의 논문에 많이 의존하는 것은 불가피하겠지만, 그렇다고 해서 논의를 그가 제시한 틀

1 이 주제들은 세대의 개념 문제를 다룬 박재흥(2003a)과 세대 연구의 이론적·방법론적 쟁점을 검토한 박재흥(2001)에서 이미 부분적으로 다룬 바 있다. 물론 이 장의 내용 중 일부가 이 논문들과 중복되는 부분이 있기는 하지만, 이 장은 만하임의 연구를 비판적으로 검토하여 새로 쓴 것이다.

의 범위 내로만 국한시키지는 않을 것이다. 당연히 다른 연구자들의 대안적 주장들도 담을 것이다. 때로는 만하임이 너무 제한적으로 협소하게 다루었거나 미처 고려하지 못한 부분이 있다면 그것도 찾아내어 보완할 것이다.

| 제2절 |

세대 현상의 생물학적 기초

인간은 생물유기체로서 생로병사의 과정을 거치게 되며, 다른 한편으로는 역사의 창조자로서 적극적으로든 소극적으로든 역사에 참여하게 된다. 개인의 생애사를 세로 축에, 사회의 역사를 가로 축에 표기한다면, 개인이나 출생코호트의 생애 궤적은 대각선에 따라 전개되어 한편으로는 나이를 먹고 다른 한편으로는 역사적 시간의 흐름 속에서 역사에 동참하는 것이다. 미국의 급진적 사회학자 밀즈(Mills, 1978)는 개인의 생애와 사회의 역사는 그 두 가지를 모두 이해하지 않고서는 그 두 가지 중 어느 것도 온전하게 이해될 수 없다고 주장한 바 있다. 개인의 생애사와 사회의 역사가 서로 영향을 주고받고 규정하며 상호 밀접하게 교차한다는 점, 인간이 생물학적 유기체이면서 동시에 사회역사적 존재임을 시사한 것이다.

세대계승과 세대교체, 세대차이와 세대갈등과 같은 세대 현상은 기본적으로 생물학적 리듬의 존재를 전제한다. 즉, 사람들이 태어나서 성장하고 늙고 죽게 되며 새로운 세대 역시 끊임없이 출현하여 동일한 과정을 반복하는 것이 생물학적 리듬의 핵심이다. 만하임은 인간의 생물학적 리듬이 세대 현상을 야기하고 궁극적으로 사회변동과 역사 발전에도 기여한다는 점을 잘 인식하고 있었다.[2] 그렇지만 세대 현상이 출생과 성장, 사망이라는 생물학적 리듬에 기반을 두고 있다고 해서 세대 현상이나 사회역사적 과정을 생물학적 요인으로 환원하여 이해하는 것은 부적절하다고 지적한다.(Mannheim, 1952:290) 만하임은 세대 문제에 대한 기왕의 연구들을 실증주의적 접근과 낭만주의적·역사주의적 접근으로 나누어 보는데, 이 둘 중에서 전자가 바로 이러한 오류에 빠져 있다고 강하게 비판한다.

프랑스를 중심으로 한 실증주의 노선의 학자들은 인간이 출생과 사망을 피할 수 없고 수명도 일정 범위 이내로 제한되며 세대가 일정한 간격으로 교체된다는 점에 주목하면서 이러한 생물학적 법칙의 기반 위에서 역사 발전의 법칙 역시 찾을 수 있다는 환상을 가졌다.(Mannheim, 1952:276–279) 사회학을 창시했다고 알려진 콩트A. Comte가 그 대표적 예이다. 그는 평균수명이 짧아지면 세대교체가 빨라져 진보의 속도 역시 빨라지고, 반면 평균수명이 길어지면 그 속도가 느려질 것이라 생각했다. 나이 든 세대는 항상 보수적이고 젊은이들은 항상 진보적이라는 이분법 역시 실증주의 계열의 학자들이 종종 저지르는 오류였다. 이들은 또한 세대가 15년 혹은 30년이라는 일정한 시간 간격으로 교체되는 걸로 단순화하여 이해하는 경향을 보였다고 한다.

한편, 낭만주의적·역사주의적 접근을 취하는 학자들은 실증주의자들의 연대기적 시간 개념을 내면적 시간 개념으로 대체하여 이해한다.(Mannheim, 1952:280–286) 연대기적 시간은 객관적으로 측정 가능하지만, 내면적 시간은 질적, 주관적으로 경험되기에 측정 불가능하고 직관적 이해로 파악 가능한 것으로 본다. 미술사가 핀더Pinder의 '동시대의 비동시대성the non-contemporaneity of the contemporaneous' 개념이 이러한 내면적 시간을 강조한 좋

2 만하임은 세대에 관한 기본적 사실fundamental facts 다섯 가지를 말하는데(Mannheim, 1952:293–302) 이들 중 네 가지는 명백하게 생물학적 사실들이다. 즉, 새로운 세대의 지속적 출현, 이전 세대의 지속적 퇴진, (수명의 한계로 인해) 한 세대 구성원은 제한된 시간 범위 내에서만 역사 참여, 그침 없는 세대 이행 등이 그것이다. 다른 하나는 문화적 유산의 지속적 전승이 필연적이라는 사실인데, 이 역시 앞의 생물학적 사실들에 기반을 두고 전승된다는 점에서 간접적으로 관련이 된다. 만하임은 이러한 생물학적 기초 위에서 세대 현상이 갖는 사회역사적 함의를 '새로운 만남fresh contact', '망각'의 순기능, '경험의 성층화' 등의 핵심 개념으로 풀어 설명하고 있다.

은 예이다. 서로 다른 세대가 동시대에 살지만(동시대인) 내적으로 경험된 시간만이 진정한 시간이기에 이들은 질적으로 전혀 다른 시대(비동시대성)에 살고 있다는 말이다. 비유컨대, 21세기 초 한국사회에는 다양한 연령집단이 동시대에 살고 있다. 칠팔십대 노인들은 성장기에 겪었던 '궁핍의 시대'의 감각으로 살기에 절약하는 습관이 몸에 배어 있고, 젊은 세대는 '풍요의 시대'의 감각으로 살기에 전혀 다른 세상 사람처럼 산다는 말이다.[3] 만하임이 상대적으로 낭만주의적 경향에 호의적이긴 하지만, 이 접근법 역시 정신세계를 과도하게 강조하고 사회적 힘이 작동하는 존재의 수준을 간과했다는 점에서 비판의 대상이 된다.

만하임의 입장을 요약해 보면 다음과 같다.(Mannheim, 1952:310-312) 출생과 사망, 제한된 수명 등의 생물학적 요인, 그리고 그에 기반을 두어 발생하는 신구新舊 세대 공존과 교체 등의 세대 현상은 사회역사적 과정의 잠재력만을 제공할 뿐이며, 그 자체로써 사회구조나 역사과정에 미친 효과를 논할 수는 없다. 왜냐하면 불변적인 상수로서 생물학적 요인은 어느 시대, 어느 사회에나 동일하기에 그 효과를 논하는 것 자체가 무의미하기 때문이다. 만하임은 이러한 생물학적 요인과 세대 현상은 사회문화적 힘의 매개를 통해서만 그것이 미치는 효과를 말할 수 있고 사회역사적 역동성에 어떻게 기여하는지 설명할 수 있다고 주장한다. 만하임의 세대 개념을 가지고 예를 들어보면, 그는 어떤 사회에서 비슷한 시기에 태어나면 실질적 의미의 세대가 될 수 있는 잠재력을 갖는데 그 잠재력이 실현되어 실제 세대가 출현하는 것은 사회변동 속도와 관련된다고 봤다. 그리하여 새로운 세대가 다음 해에 출현

3 전통사회에서 현대사회에 이르기까지 시간과 연령의 의미, 세대의 형성, 세대 관계의 특성, 연령과 생애주기와 세대 간의 관계 등이 어떻게 변화해 왔는지에 대해서는 박경숙 외(2013:4-8)에 잘 정리되어 있다.

할 수도 있고 100년 후에 나타날 수도 있는데 그렇게 출현한 새로운 세대가 사회역사적 역동성을 낳는 데 기여한다는 것이다. 여기에서 생물학적 요인은 변화를 직접 야기하는 게 아니라 사회문화적 힘의 매개로만 그 효과가 관찰되는 "잠재적 형태latent form"(Mannheim, 1952:311)로 설정된다. 요컨대, 인간 역시 다른 생물유기체와 마찬가지로 생물학적 제약을 받기는 하지만, 신구 세대는 역사적 경험을 달리함에 따라 세상을 다르게 읽고 해석하고 행동한다는 점, 그리고 그러한 차이가 역사에 역동성을 불러일으킨다는 점이 바로 생물학적 환원론이 놓치고 있는 한계이다.

| 제3절 |

세대 구분의 문제

앞서 지적했듯이 세대 개념은 상대성의 함의를 갖는다. 즉 세대 개념은 다른 세대에 비하여 어느 세대가 갖는 '새로움'과 '다름'을 표현하기 위하여 만들어지고 사용되는 용어이다. 우리가 어느 세대의 고유한 특성이 어떠하다고 말할 때 그 주장은 그러한 특성을 갖지 않은 다른 세대를 전제로 한 말일 것이다. 예컨대, 386세대가 1980년대에 현실 변혁적 의식을 가졌다는 주장이 의미를 가지려면 그와는 달랐던 다른 세대의 존재를 전제해야 한다. 세대 개념이 갖는 이러한 상대성의 함의는 불가피하게 세대 구분의 문제를 제기한다. 기본적으로 세대는 비슷한 시기에 출생한 사람들을 가리키는 용어이다. 격동기 상황에서 공동운명체로서 연대감을 갖는 사람들을 실질적 의미의 세대로 본 만하임 역시, "동일 세대에 속하는 개인들, 즉 출생 시기가 동일한 사람들은 사회과정의 역사적 차원에서 공동의 위치를 갖는다"(Mannheim, 1952:290)라고 지적함으로써 이 점을 분명히 했다. 즉, 만하임 역시 '세대'란 출생 시기가 비슷한 '출생코호트'라는 점을 명시적으로 밝힌 것이다.

그렇다면 언제부터 언제까지 태어난 사람들을 하나의 세대로 봐야 하는가? 이 문제는 그리 간단한 문제가 아니다.[4] 로쏘우(Rosow, 1978:68)가 적절

4 물론 실증주의 노선의 오르테가José Ortega y Gasset나 마리아스Julián Marías 같은 학자들은 특정 시점의 세대를 15세 간격으로 나눌 수 있고, 역사적 흐름 속에서도 한 시대를 여는 데 크게 기여한 인물의 30세 진입 시점을 기준으로 하여 전후 15년 간격으로 세대를 구분할 수 있다고 봤다. 그러나 그러한 기계적 구분은 현대 사회학의 관점에서 볼 때 큰 의미를 찾기 어려워 상세한 논의를 생략할 것이다.(Marías, 1970 참조)

히 지적했듯이, "어떻게 연속적으로 출현하는 인구의 흐름으로부터 서로 다른 별개의discrete 코호트들을 식별해 낼 것인가?" 인간이 매분 매초 연속적으로 태어난다는 사실은 세대 구분 작업을 불가능하거나 매우 곤혹스러운 일로 만든다. 세대를 경험적으로 연구하려고 할 때 직면하게 되는 이러한 어려움에 대해 필처(Pilcher, 1994:487)는 "(질적 경험으로 구분되는 사회적 세대의) 질적 성격과 수량적 단위로 측정되는 연령과 시간의 양적 특성 간의 긴장"이라고 압축적으로 표현한 바 있다. 그렇지만 인구학자 라이더Ryder, 1965가 지적했듯이, 코호트 혹은 세대는 사회계급과 마찬가지로 많은 사람들이 겪는 공통 경험의 "대리 지표surrogate indices"이기 때문에 설명력을 갖고, 따라서 유용성을 갖는다. 계급이나 세대가 각각 어떻게 구성되고 정치 이데올로기가 어떻게 나누어지는지 경험적으로 파악하기 위해서는 불가피하게 연구자의 임의성이 개입된다. 그러나 만일 신중함과 엄격성이 전제된다면, 그 임의성이 대리지표로서의 존재 의의를 부정하는 근거가 될 수는 없을 것이다.

그렇다면 어떠한 신중함과 엄격성이 전제되어야 할 것인가? 우선, 로쏘우(Rosow, 1978:69)는 시간과 사람들의 흐름을 명료하게 나누는 "첨예한 사건incisive events"이 없을 경우에 세대 간 경계선 설정은 어려워질 것이라고 주장하면서, 1929년 대공황과 1970년대 불황을 대비시킨다. 전자와 같은 경우라야 대공황 이전과 이후 사람들의 일상적 경험과 대응 양식이 뚜렷하게 다르기 때문에 세대 간 경계선 설정이 가능하고 의미 있다는 지적이다. 만하임은 세대 구분에 대한 관심보다는 특정한 세대의 출현에 관심을 갖는 것처럼 보인다. 그가 세대 출현의 기준으로 제시한 것은 "결정적 집단 경험crucial group experiences"(Mannheim, 1952:310)이다. 즉 결정적으로 중요한 역사적 사건이나 상황에 대한 어느 세대의 공동 경험을 세대 출현의 필요조건으로 본 것이다. 이는 로쏘우의 인식과 크게 다르지 않다. 세대 문제에 대해 역사학적 접근을 시도한 스피처(Spitzer, 1973:1358) 역시 비슷한 주장을 했다. 그는 세대 간 경계선 설정이 매우 어려운 과제임에도 불구하고, 연령별 차이가 역사적으로 유의미하다고 판단될 때 연속선상에 있는 연령집단들을 적절하게 나눌 수 있다고 주장했다. 그렇다면 '첨예한' 사건, '결정적' 집단 경험, '역사적 유의미성'의 객관적 기준은 무엇인가? 그 이전에, 객관적 기준이 존재하기는 하는 것인가? 그러한 기준을 찾는 것은 당연히 쉽지 않을 것이다. 결국 그에 대한 판단은 연구자의 통찰력과 직관에 의존할 수밖에 없다. 다만, 동일 학문분야 혹은 다른 분야 연구자와의 공동연구나 소통이 개별 연구자의 임의성·자의성을 줄이고 주관적 판단의 질을 높일 수 있는 한 방안이 될 것이다.

어떤 연구자들은 세대 구분과 경계선 설정의 문제를 기술적인 면에서 검토하기도 했다. 예컨대, 로쏘우(Rosow, 1978:69)는 특정한 분석적 문제와 관계없이 경계선을 설정하는 것은 쉽지 않을 것이라고 주장한다. 이와 비슷한 주장은 스피처(Spitzer, 1973:1359)의 연구에서도 발견된다. 그는 경계선 설정이나 세대차이 연구를 특정 주제나 분야에 국한시킬 때 더욱 의미가 있을 것이고, 한 세대를 길게 잡는 것도 때로는 좋은 대안이 될 수 있다고 지적한다. 한 예로, 특정한 문화 현상과 관련하여 어떤 세대를 식별해 내고 그 세대와 대비되는 다른 세대를 구분하는 게 일반적인 세대 구분보다 기술적으로 용이하고 내용면에서도 견고함을 시사한 것이다.

필자는 한국사회의 세대 구분을 시도한 바 있다.(이 책 제2장 참조)[5] 앞서 지적했듯이 세대 구분의 기준은 결정적으로 중요한 역사적 사건의 집단적 경험

5 이러한 세대 구분은 각 세대가 동질적이라는 '단일한 세대의 가정'을 한 것이 아니냐는 비판을 받기도 했다. 필자는 물론 각 세대가 동질적이 아니며 세대가 여러 차원으로 나눠진다는 전상진(2002, 2008)의 지적에 동의한다. 하지만 집합적 심성collective mentalities 연구에서 강조하듯이 "차이들의 저변에 깔려 있는 공통의 요소들"(Esler, 1984:106)에 주목한다면 세대를 구분하는 작업도 분명히 의미 있고 유용하다고 생각한다. 이에 대한 추가적 논의는 이 책 제3장을 참조하기 바란다.

공유일 것이다. 그에 따라 일제하 식민지 경험과 한국전쟁의 경험 여부, 테크놀로지 발전 수준과 경제적 궁핍·풍요의 경험, 국내외 정치지형의 변화와 사회운동의 경험 등을 주요 기준으로 삼아 세대를 나누었다. 그리하여 1930년대 말과 1970년경을 두 분기점으로 삼아 식민지·전쟁체험세대, 산업화·민주화운동세대, 탈이념·정보화세대로 구분한 바 있다. 각각의 세대를 길게 잡은 것은 역사학자 스피처가 시사했듯이 유리한 점도 있다. 한편 로쏘우와 스피처의 제안과는 달리, 필자는 특정 주제나 분야에 한정하지 않고 일반적인 세대 구분을 했다. 이는 전체 인구를 대상으로 삼는 연구 목적상 불가피했다.

어찌 보면 세대는 사방으로 끝없이 펼쳐진 산과 같다.(박재흥, 2005b:176-177 참조)[6] 산과 산은 서로 이어져 있으나 봉우리를 중심으로 나눠지며 그 시작과 끝은 분명치 않다. 큰 산이 작은 봉우리를 갖는 몇 개의 작은 산들로 구성되기도 한다. 어떤 산은 다른 큰 산의 일부가 되기도 하고 두 개의 산을 이어 주기도 한다. 크고 작은 봉우리를 포함하는 큰 산과 다른 큰 산 사이의 골짜기가 어느 세대와 다른 세대를 구분 짓는 경계선이 될 것이다. 이와 같이 세대는 그 경계가 명확하지는 않지만, 세대들의 부침浮沈이 있고 여러 세대가 중첩되며 공존한다는 사실을 부정할 수 없다.

6 마리아스는 일찍이 세대 구분을 산에 비유하여 설명한 바 있다.(Marías, 1970:102 참조) 어느 세대가 다른 세대와 나뉘는 구분선을 산과 산 사이의 계곡으로 보면서, 출생 시점의 차이가 커도 동일 세대일 수 있고 반대로 그 차이가 작아도 서로 다른 세대일 수 있다고 지적한다. 필자의 비유 역시 마리아스로부터 아이디어를 빌렸다.

| 제4절 |

만하임의 세대 개념과 그 한계

세대 개념은 다양한 의미로 사용되고 있다. 미국의 사회학자 컬처Kertzer, 1983는 기존 문헌 검토를 바탕으로 그 대표적 용법을 다음과 같은 네 가지로 정리한다. 첫째, 조부모 세대-부모 세대-자녀 세대와 같이 '친족계보kinship descent에서 동일 항렬에 속하는 사람들'이라는 의미, 둘째, 비슷한 시기에 태어나 비슷한 생애주기 단계에서 '역사적·문화적 사회화 경험을 공유하는 출생코호트'의 의미, 셋째, 젊은 세대, 나이 든 세대, 혹은 대학생 세대와 같이 '동일한 생애주기 단계에 있는 사람들'이라는 의미, 넷째, 역사학에서 일반적으로 사용하듯이 '특정한 역사적 시기에 생존한 사람들'이라는 의미 등이다. 이 네 가지 용법 중에서 첫 번째 용법을 제외한 나머지 용법은 코호트적 의미를 부분적으로 공유한다. '동일 생애주기 단계에 있는 사람들'이라는 용법에서는 '연령'이 강조되는데, 연령이 비슷하면 출생 시기 역시 비슷할 수밖에 없고 실제 연구에서도 경험을 공유한 집단으로서의 특성이 강조되는 경향이 있다. '특정 역사적 시기에 생존한 사람들'이라는 용법에서도 넓은 범위의 코호트가 중요한 역사적 사건을 함께 경험함으로써 비슷한 특성을 지닌다는 점에 주목한다. 다른 용법과 달리 '친족계보상 동일 항렬 사람들'이라는 첫 번째 용법만이 1살부터 100살까지 다양한 범위의 연령층과 코호트를 포함하는 특징이 있다.

미국 사회학계의 큰 흐름은 개념의 혼란을 피하기 위하여 세대 개념을 첫 번째 용법으로 제한하여 사용하고 그 밖에 경험 공유 집단의 함의를 갖는 세대 개념은 '코호트'로 대체하여 사용하자는 입장이다.(Ryder, 1965; Glenn,

1977; Rosow, 1978; Kertzer, 1983 참조) 그러나 마샬Marshall, 1983이 적절히 지적했듯이, '코호트'는 자료를 조직화하는 방법론적 개념으로서 연구자의 임의성이 개입되는 명목적 범주이지만, '세대'는 질적으로 구분되는 실재적 범주의 성격을 갖는다. 따라서 코호트 대체론은 설득력이 없다. 더군다나 세대 개념을 만하임 류의 코호트적 용법으로 오랫동안 사용해 온 역사학계나 사회과학계의 관행 역시 무시할 수 없다. 대부분의 경우에는 세대를 친족계보상의 의미로 사용하는지 코호트적 의미로 사용하는지가 글의 문맥에서 드러나기 쉽지만, 개념 혼란이 따를 것으로 판단될 경우에는 자신이 세대 개념을 어떤 용법으로 사용하는지를 분명히 밝힐 필요가 있다.[7]

세대 개념에 관한 만하임의 논의는 세대위치generation location로부터 시작한다. 그에 따르면, 계급과 마찬가지로 세대는 구체적 집단이 아니라 사회적 위치이며 출생, 사망, 제한된 수명 등 인간의 생물학적 리듬에 기반을 둔다. 만하임은 동일 계급이나 동일 세대에 속한다는 사실의 공통점을 다음과 같이 요약한다. 즉, "개인들이 사회적, 역사적 과정에서 공동의 위치를 갖게 됨에 따라 그들이 잠재적으로 경험할 수 있는 범위가 일정하게 제한된다 (……) (그에 따라) 어떤 주어진 위치는 사고, 경험, 감정, 행위의 가능한 수많은 양식들을 배제하고 (……) (다른 한편) 어떤 일정한 행위, 감정, 사고 양식을 지향하는 경향을 갖게 된다."(Mannheim, 1952:291) 만하임은 경험의 제약handicaps: 경험 가능성의 차단과 특전privileges: 경험의 잠재적 가능성이 사회적 위치에 내재하는 것으로 봤다. 세대위치를 함께하는 사람들이 잠재적으로 비슷한 사고, 감정, 행위양식을 가질 수 있다는 인식은 세대사회학의 관점에서 매우 중요하다. 이러한 인식이 바로 세대사회학의 가장 기본적이고 중요한 명제,

● 필자 추가.

7 세대 개념의 모호성을 둘러싼 논쟁의 보다 자세한 내용은 박재흥(2003a: 3-6)을 참조할 것.

즉, 동일한 세대는 역사적 경험의 공유에 기인하여 사고방식이나 행위양식이 비슷하다는 명제의 실마리를 제공하기 때문이다.

세대위치가 출생코호트의 의미를 갖는 것은 사실이지만 지구상의 모든 동일 시기 출생자들이 세대위치를 공유하는 것은 아니다. 동일한 역사·문화권에서 비슷한 시기에 출생해야만 세대위치가 같은 사람이라 할 수 있다. 나아가서 만하임은 세대위치를 공유하는 사람이 자동적으로 진정한 의미의 세대가 되는 것도 아니라고 봤다. 그는 진정한 의미의 세대를 '실제세대actual generation'라 불렀고, 실제세대가 몇 개의 '세대단위들generation units'로 분화될 수 있다고 봤다. 그는 '세대위치' 공유자가 격동의 역사 현장에서 상황을 변화시키고자 하는 힘의 상호작용에 능동적, 수동적으로 관여하면서 공동운명체로서의 연대감이 형성될 때 비로소 '실제세대'로 발전하고, 이러한 '실제세대'가 역사적 자극에 대한 반응을 달리하면서 몇 개의 '세대단위들'로 분화될 수 있다고 봤다. 실제세대 특히 세대단위는 강고한 연대감을 바탕으로 사회변동에 영향을 미치는 사회운동세력으로 볼 수 있다.(Laufer & Bengtson, 1974)

만하임의 세대 개념에 대하여 필자는 몇 가지 문제를 제기한 바 있다.(박재흥, 2003a:11-12 참조) 첫째는 그의 세대 개념이 사회운동의 함의를 강하게 갖기에 세대 현상 일반을 다루는 게 쉽지 않다는 점이다. 예컨대, 세대의 인구학적 교체가 사회변동에 미치는 함의, 역사적 경험 공유를 바탕으로 한 특정 세대의 세대 특성, 혹은 세대차이와 그로 인해 빚어지는 세대 간 갈등과 같은 세대 현상 일반을 다루기에는 만하임의 개념이 너무 협소하다는 점을 지적할 수 있다. 둘째로, 만하임의 세대 개념이 추상적이어서 경험적 연구를 하기 쉽지 않다는 점도 문제이다. 세대 엔텔레키entelechy, 공동운명체로서 연대감, 역사과정에 참여, 세대의식 등의 주요 개념들에 대한 조작적 정의를 어떻게 내리고 경험적 준거를 어디에서 찾을 것인가?

필자는 이러한 문제의식하에서 사회운동의 함의를 강하게 갖지 않고 경험적 연구도 가능하도록 만하임의 세대 개념을 재개념화했다.(박재흥, 2003a:12) 즉, 세대란 첫째, 동일한 역사·문화권에서 비슷한 시기에 출생하여 역사적, 문화적 사회화 경험을 공유하고, 둘째, 경험 공유에 기인하여 상대적으로 비슷한 사고방식이나 행동양식을 갖게 되고 그것이 어느 정도 지속되며, 셋째, 자신이 속한 코호트에 대하여 어느 정도 동류의식을 갖는 사람들의 집합이라고 규정할 수 있다. 만하임의 세대위치 및 실제세대 개념과 비교할 때, 이러한 세대 개념은 세대위치보다는 확장된 개념이지만 실제세대나 세대단위만큼 제한적이지는 않은, 포괄성과 제한성의 면에서 양자의 중간 정도에 위치한 개념으로 볼 수 있다.

| 제5절 |

세대의 출현과 세대의식

앞서 지적한 바와 같이 만하임의 세대 개념은 '세대위치'로부터 출발한다. 세대위치를 공유하는 사람들에게는 어떠한 경험들을 할 가능성이 집합적으로 차단되거나 허용됨으로써 이들이 성장하면서 겪게 되는 경험들의 층이 시간 경과에 따라 겹겹이 쌓이게 된다. 출생 시기가 다르면 당연히 누적된 경험들의 층화된 구조가 달라진다. 이것이 바로 만하임이 각 세대의 고유한 특성과 세대차이를 설명하기 위하여 고안해 낸 "경험의 성층화stratification of experiences" 개념이다.(Mannheim, 1952:298–299) 그는 이러한 경험의 층들 중에서 의식의 형성에 결정적으로 중요한 경험은 어린 시절의 경험 즉 "기층 경험primary stratum of experiences"으로 봤다. 이러한 소년기 경험들은 세계에 대해 의문을 품지 않고 자연스럽게 받아들이는 "자연적 관점natural view"으로 통합되는데, 그 이후에 쌓이는 경험들은 이러한 관점으로부터 의미를 부여받고 기층 경험과의 관련 속에서 특정한 모습과 형태를 얻게 된다고 한다.

그러나 이러한 '경험의 성층화' 개념은 세대 출현의 기반이 될 뿐, 그것을 직접적으로 시사해 주지는 않는다. 만하임은 "발전의 어떤 단계와 조건 하에서 한 세대의 구성원 각각이 그들 모두가 공동 상황에 처해 있음을 인식하게 되고 이러한 의식이 집단연대감의 기반이 되는가? 그것을 밝히는 것이 역사학과 사회학의 연구과제"(Mannheim, 1952:290 각주)라고 지적한 바 있다. 바로 이 부분이 세대의 출현을 시사한 지점으로 생각한다. 그렇다면 이러한 인식은 언제부터 싹트기 시작할까? 만하임은 세상사의 문제들을 '자신의' '현재의' 문제로 인식하여 진지하게 고민하고 그 문제와 치열하게 대결하기 시작하는 연령을 17세쯤이라고 본다. 그리고 언어와 방언에 관한 선행 연구 검토를 통하여 개인의 의식과 세계관이 안정되는 시점을 대략 25세쯤으로 봤다.(Mannheim, 1952:300) 결국, 만하임은 후기 청소년기라 볼 수 있는 17~25세 연령대를 어느 세대의 고유한 세대 특성과 세대의식이 나타나는 시기, 세대가 출현하는 연령대로 본 것이다. 만하임이 지적한 청소년기 경험이 정말 중요한지 여부를 경험적으로 검증한 슈만과 스콧(Schuman & Scott, 1989:359) 역시 이러한 추측을 뒷받침한다. 즉 그들은 어느 코호트가 세대적 성격을 갖기 시작하는 시점을 17세쯤, 세대 형성이 종료되는 시점을 25세쯤으로 이해했다. 정치의식이 형성되는 시기를 17~25세쯤으로 본 린탈라(Rintala, 1974) 역시 이해 방식이 이와 크게 다르지 않다.

세대의 출현을 다른 각도에서 살펴볼 수도 있다. 만하임은 모든 세대위치는 진정한 의미의 세대, 즉 실제세대/세대단위로 발전할 수 있는 잠재력만을 가지고 있을 뿐, 그러한 잠재력이 반드시 실현되는 것은 아니라고 봤다. 그렇다면 어떠한 요인이 잠재력의 실현에 영향을 미칠까? 이에 대해 만하임이 명시적으로 지적한 요인은 사회변동 속도이다.(Mannheim, 1952:309) 급격한 사회문화적 변동이 일어나서 지금까지 순조롭게 유지되어 왔던 전통적인 경험, 사고, 표현양식이 더 이상 변동에 적응하지 못하고 부분적 수정 역시 불가능해질 때, 다양한 영역에서 경험의 새로운 국면이 조성되어 세대 구성의 새로운 중핵이 형성된다. 이러한 상황 변화를 만하임은 새로운 세대 스타일 혹은 세대 엔텔레키entelechy[8]의 출현으로 봤다. "사회문화적 변동의 속도가 빠르면 빠를수록 특정한 세대위치 구성원들은 그들의 고유한 엔텔레키를 창출함으로써 바뀐 상황에 대응할 가능성이 높아진다."(Mannheim, 1952:310)

그렇지만 변동 속도가 너무 빨라도 문제이다. 그러한 상황에서는 새로운 엔텔레키를 발전시키기도 전에 싹이 꺾여 버리고 그 세대위치 전후에 이미 확고하게 자리 잡은 세대 엔텔레키로 통합되고 만다. "어디에도 부착되지 않은 요소들은 항상 이미 완성된 구성체에 이끌리게 마련이다."(Mannheim, 1952:310) 앞 절에서 비유한 산을 예로 들자면, 큰 산의 가장 높은 봉우리산정상는 하나이지만 낮은 봉우리의 여러 산들이 굽이치듯 이어져 큰 산을 구성하기도 한다. 이 비유에서 큰 산 봉우리는 세대 엔텔레키 개발에 성공한 실제세대를 의미하며 작은 봉우리들은 그에 실패한 세대위치를 의미한다. 한편, 만하임은 세대 혹은 세대 엔텔레키가 매년 나타날 수도 있고 100년 만에 나타날 수도 있다고 지적한다. 일정한 시간 간격으로 세대를 구분하고 경계선을 설정하는 실증주의적 연구 경향에 대한 비판적 입장을 엿볼 수 있다.

다른 한편, 세대 출현을 '세대의식generational consciousness'의 견지에서 검토할 수도 있다. 우선, 세대의식 개념을 가장 폭넓게 사용한 학자 중의 한 사람은 에슬러(Esler, 1984)일 것이다. 그는 만하임을 비롯한 일부 연구자들이 세대나 세대의식을 너무 좁게 제한적 의미로 규정하는 경향을 비판한다. 예컨대, 세대의식을 '세대단위'에서나 가능한 의식으로 본다든지, 혹은 세대 일반보다는 소수 활동가 집단에 주목하며 세대의식을 논하는 경향을 못마땅하게 여긴다. 그러한 인식하에서 에슬러는 '세대의식'을 집합적 심성collective mentality의 한 유형으로서 "세대를 묶어 주는 공유된 개념과 가치"로 규정한다. 나아가서 "세부적인 견해 차이가 아니라 공유된 기본 의식"을 강조하는 그는 동일 세대 내 다양한 분파들의 저변에 깔린 공통분모를 찾는 노력을 기울여야 한다고 주장한다.(Esler, 1984:99-101, 106) 이러한 인식은 세대를

8 '엔텔레키'는 독일의 미술사학자 핀더W. Pinder가 어느 세대의 고유한 특성을 설명하기 위하여 사용한 개념이다. 그는 각 세대가 엔텔레키를 개발함으로써 그 세대 고유의 질적 통일체가 된다고 봤다. 그는 어느 세대의 엔텔레키를 "내적 목표의 통일체" 혹은 "삶과 세계를 경험하는 타고난 방식"이라고 정의했다.(Mannheim, 1952:283) 만하임은 이 개념을 '세대 스타일'로 풀어서 설명하기도 했다. 이 개념이 꽤 난해하기는 하지만, 어느 세대의 고유한 의식이나 정신적 특성을 가리키는 개념이라는 점은 분명하다.

공동운명체로서 연대감을 강하게 갖고 역사과정에 참여하는 사람들로 좁게 규정한 만하임의 입장과 뚜렷하게 대비된다.

요약하자면, '세대의식' 개념을 에슬러는 '세대 구성원들을 묶어 주는 공유된 가치' 정도로 넓게 봤고, 만하임은 '공동운명체의 자각에 기반을 둔 강한 연대감'으로 좁게 규정한 셈이다.[9] 양 극단의 중간 지점에 위치한 세대의식 개념은 그것을 소속감이나 동류의식으로 보는 관점이다. 예컨대, 학생운동의 역사를 광범위하게 연구한 포이어(Feuer, 1969:25)는 세대의식을 자신이 속한 세대에 대한 소속감과 동류의식, 나아가서 기성세대에 대한 적대감으로 본다. 정치학자 린탈라(Rintala, 1974:92) 역시 세대의식을 어느 세대에 속한다는 의식 즉 소속감으로 보면서, 이러한 세대의식은 세대 내부적인 집단규범에 동조하는 경향을 불러일으켜서 집합 행동으로 이끈다고 봤다.

한편, 세대의식이 갖는 지속성에 주목하는 연구들도 제법 축적됐다. 앞서 살펴봤듯이, 만하임은 17세 무렵부터 형성된 가치관이나 세계관 혹은 세대의식은 25세쯤 안정화되어 그 이후에도 지속되는 경향이 있음을 시사한 바 있고, 린탈라(Rintala, 1974) 역시 비슷한 주장을 했다. 사춘기나 초기 성인기에 형성된 가치가 그 이후에도 지속되는 경향이 있다고 본 벵슨 등(Bengtson et al., 1974:20)의 연구, 1960년대 대학 시절 학생운동 참여 여부가 10년 전후의 시간이 경과한 후 정치적 태도와 행동에 영향을 미친다는 펜드리히의 연구(Fendrich, 1974)가 시사한 바도 동일하다. 386세대에 대한 국내 연구에서도, 386세대가 내부적으로 강한 공동체적 연대감을 갖고 있으며 청년기에 공유했던 가치와 행위양식이 세월이 흐른 후에도 어느 정도 유지되고 있다는 보고가 있다.(조대엽, 2002 참조)

9 만하임은 세대의식에 대하여 명확하게 개념 규정을 하지 않았다. 필자는 그의 세대의식 개념을 '공동운명체로서의 연대감'으로 이해했지만, 다른 이해 방식도 가능하다고 생각한다.

| 제6절 |

사회변동과 세대갈등

앞서 언급했듯이, 만하임은 세대 현상이 사회변동·역사발전의 역동성을 낳는 요인 중 하나라고 생각했다. 가장 단순한 세대 현상인 세대교체의 경우를 보더라도 그것의 효과가 대단함을 알 수 있다. 평균수명의 한계 때문에 나이 든 세대는 점점 그 규모가 줄어들고 그 대신 신생아의 출생으로 새로운 세대가 출현한다. 나이 든 세대와 새로운 세대는 특정 시점에 함께 생존한다는 점에서 동시대인이지만 각 세대가 세상을 읽고 해석하며 살아가는 방식은 다르기에 동시대인이 아니기도 하다. 세월이 흐름에 따라 젊은 세대의 인구 규모가 점차 확대되기 때문에, (유권자의 연령별 비율 변화에서 볼 수 있듯이) 사회의 주도권은 당연히 이들에게 넘어가고 사회도 그러한 변화에 발맞춰 재편성될 것이다. 인구 교체가 야기하는 이러한 변동 과정은 끊임없이 반복된다.

만하임은 이와 같은 부단한 인구 교체의 세대론적 함의를 "새로운 만남fresh contact"과 "망각to forget"의 순기능으로 풀어서 설명하고 있다. "어떤 것을 이전과 다른 방식으로 만나는 '새로운 만남'은 어떤 대상에 대해 거리를 두는 변화된 관계인 동시에, 제공된 재료를 자기 나름대로 소화하여 활용하고 발전시키는 참신한 접근"(Mannheim, 1952:293)이다. 부모 곁을 떠나는 청년, 외국으로 나가는 이민자, 도시로 향하는 이주민, 계급 상승 이동자 등은 전혀 새로운 세계를 접하고는 이 환경에서 오랫동안 생활했던 사람들의 방식과는 무관하게 새로운 방식으로 새 환경에 적응해 나간다. 이와 마찬가지로 젊은 세대는 그동안 전승되어 온 기존의 사회문화적 유산을 이전 세대와는 다른 방식으로 이해하고 해석하고 행동하게 되는 것이다. 익숙한 것에 대해서는 의문을 품지 않고 받아들이지만, 새로이 접한 것에 대해서는 그것을 자기 나름의 방식으로 해석하고 의미를 부여하는 법이다.

벵슨과 그의 동료들은 '새로운 만남'이 일련의 피드백 과정을 통해 사회문화변동을 야기한다고 보고 주목할 만한 모형을 제시했다. 즉, 기존의 목표로부터 벗어나 바람직한 목표의 재설정, 새 목표의 가치 실현을 위해 대안적 행위유형의 개발, 일상생활에서 이러한 대안들의 실천과 검증, 대안들 중 일부를 선택하고 이들이 새로운 사회질서에 편입되는 과정, 이 네 가지가 바로 그것이다.(Bengtson et al., 1974:24) 벵슨과 그의 동료들은 젊은 세대가 이러한 탐색 과정에 참여할 수 있는 위치에 있으며 이러한 피드백 과정을 통해 사회문화적 변동이 일어난다고 봤다. 이 모형은 '새로운 만남', 즉 세대에 기반을 둔 "젊은 층의 혁신youthful innovation"이 변동을 일으킨다는 점을 강조한 것인데, 변동을 일으키는 과정을 다단계의 피드백 과정으로 봤다는 점이 돋보인다.

문화과정에 새로운 참여자가 지속적으로 충원됨출생과 성장에 따라 '새로운 만남' 현상이 발생하고 이러한 현상이 사회문화적 변동을 야기한다는 점을 앞에서 지적했다. 다른 한편, 만하임은 문화과정에서 이전 참여자의 지속적 퇴진노화와 사망이 갖는 함의를 '망각to forget의 순기능'으로 설명했다.(Mannheim, 1952:294-296) 문화적 유산은 지속적으로 축적되는 법인데 새로운 요소가 순조롭게 추가되기 위해서는 시대에 걸맞지 않는 일부 요소가 사라지는 것이 바람직하다. 마트의 창고에 신상품을 들여놓기 위해서는 오랫동안 잘 팔리지 않는 상품을 반납하거나 염가 처분해야 하는 것과 마찬가지 이치이다. 이전 참여자가 역사의 무대에서 사라지면서 이들에게 익숙했던 문화요소 역시 망각 속에 묻히고 마는데, 만하임은 이러한 망각을 "사회적 목적"에 부합하는 현상으로 이해했다. 즉, 세대교체는 문화적 유산의 부분적 상실을 초래하지만 그 덕분에 새로운 선택을 가능하게 해 준다. 그 점이 바로 망각의 순기능이다.

만하임은 세대차이나 세대갈등과 같은 개념을 명시적으로 사용하지는 않았다. 그렇지만 그의 대표적 개념들, 예컨대 경험의 성층화, 새로운 만남, 실제세대와 세대단위 등의 개념들은 명백하게 세대차이와 세대갈등의 함의를 담고 있다. 우선 '경험의 성층화' 개념은 세대차이를 설명하는 개념으로 보인다. 예를 들면, 한국사회에서 1940~1950년대에 태어난 코호트와 1980~1990년대에 태어난 코호트는 경험의 성층 구조가 다르다. 사오십 년대 출생코호트의 기층 경험은 주로 경제적 궁핍과 불안정이며, 팔구십 년대 출생코호트의 기층 경험은 상대적인 풍요와 안정에 관련된 경험일 가능성이 높다. 이러한 경험의 차이는 사고방식 및 행위양식의 차이 즉 세대차이를 낳고 나아가서 세대갈등으로 표출될 수도 있다. 다음으로, '새로운 만남' 개념 역시 세대차이와 세대갈등의 함의를 분명히 갖는다. 기성세대가 당연시했던 풍속에 대해 젊은 세대가 그것을 달리 해석하고 행동한다면 그러한 차이가 바로 세대차이를 의미하며 이 역시 세대갈등으로 발전할 수 있을 것이다. 마지막으로, '실제세대'나 '세대단위' 개념도 마찬가지이다. 실제세대가 공동운명체로서 연대감을 갖는다는 말은 역사적 격변기에 특정 세대위치 구성원들이 상황을 이해하고 대처하는 방식이 그 이전 세대위치에서 보여 준 방식과는 다름을 의미한다. 한편, 세대단위 개념은 이러한 세대 간 갈등뿐 아니라 세대 내 갈등의 의미도 명시적으로 담고 있다.

만하임의 세대단위 개념은 강고한 연대감을 갖는 사회운동세력으로 볼 수 있다. 바로 그러한 의미에서 로퍼와 벵슨(Laufer & Bengtson, 1974:194-195)은 세대단위를 사회변동의 대리인agents으로 평가하는 것이다. 만하임은 세대단위를 집단으로 보지는 않았지만 세대단위가 형성되는 초기 단계에서는 구체적 집단의 형식을 취한다고 봤다.(Mannheim, 1952:307) 그는 세대위치 구성원들을 묶어 주는 통합적 태도가 개인 간의 접촉 없이 자동적으로 형성되는 것은 아니며 초기 단계에서는 구체적 집단에서 형성된다고 본 것이다. 이 지점에서 만하임은 '사유의 집단 피구속성'이라 불러도 좋을 만한 주장을 한다. "우리는 항상 이미 특정한 방식으로 형성된 사물을 볼 뿐이다. 우리는 특별한 맥락의 견지에서 규정된 개념을 생각한다. 어떤 경우이건, 형식과 내용은 우리가 속해 있는 집단에 의존한다."(Mannheim, 1952:306) 결국 만하임은 소집단에서의 집단적 사고 혹은 집단 지성을 통하여 통합적 태도가 형성되고 이러한 태도가 세대위치 전반으로 확산된다고 생각한 것 같다.

나아가 그는 구체적 집단이 세대위치 구성원들 사이에서 영향력을 갖고 세대단위로 발전하기 위한 두 가지 조건을 지적한다.(Mannheim, 1952:307-308) 그 하나는 경험 성층화의 견지에서 '새로운 만남'을 개발해 내는 것이고, 다른 하나는 세대위치 구성원들의 전형적 경험들을 잘 엮어 내서 폭넓은 공감대를 형성하는 것이다. 나이 든 세대들이 세상을 읽고 해석하고 행동하는 방식과는 전혀 다른 새로운 방식 즉 '새로운 만남'을 찾아내어 세대위치 구성원들에게 공감을 얻는 것이 세대단위 형성의 핵심인 셈이다. 만하임의 시각에서 보면, 그렇게 출현한 세대단위가 이전 세대와 갈등을 겪으면서, 그리고 동일 세대위치 내의 다른 세대단위와 갈등을 겪으면서 사회를 변화시키고 역사를 발전시키는 것이다.

| 제7절 |

만하임의 세대 연구와 그 함의

지금까지 필자는 만하임의 연구를 중심으로 세대사회학의 이론적 기반을 살펴봤다. 그의 1928년 논문이 세대에 관한 최초의 체계적 연구이며 세대 문제의 핵심적 주제들을 빠짐없이 다루고 있기 때문에, 그의 연구를 중심으로 세대사회학의 주요 이론적 쟁점들을 살펴보는 것은 충분히 의미 있는 작업이라고 생각한다. 이제 마지막으로 이 장에서 논의한 내용들을 정리하고 연구 결과의 함의에 대해서 짧게 논의할 것이다.

만하임은 세대 문제에 관한 선행 연구들을 검토하면서 실증주의 계열 학자들의 생물학적 환원론에 대해 신랄하게 비판했다. 그는 생물학적 요인이나 그에 기반을 둔 세대 현상은 사회문화적 힘의 매개를 통해서만 그것들이 사회변동과 역사 발전에 어떠한 영향을 미치는지 평가할 수 있다고 봤다. 그러나 실증주의 연구자들은 변동과 발전의 문제를 이러한 매개 없이 생물학적 리듬의 문제로 직접 환원시켜 이해 가능하다고 잘못 생각했다는 것이다.

나이 든 세대는 항상 보수적이고 젊은 세대는 항상 진보적이라는 이분법 역시 비판의 대상이 된다. 즉, 젊은이들은 이전 세대와는 달리 새롭게 시작하고 바꿀 수 있는 세대이기 때문에 자동적으로 진보적이라 생각하는 것을 또 다른 생물학적 환원론으로 본다. 만하임의 관점에 따르면, 젊은이가 진보적인지 보수적인지 여부는 "주어진 사회구조와 거기에서 그들이 차지하는 위치가 그들의 사회적·지적 목표를 실현하는 데 유리한 기회를 제공하는지 여부에 달려 있다"고 봤다.(Mannheim, 1952:297 각주) 그 뜻을 쉽게 풀이한다면, 만일 젊은이들이 현존하는 사회질서를 유지하는 것이 자신들에게 유리하다고 판단한다면 그들은 보수적 입장을 취할 것이라는 말이 될 것이다. 그런데 여기에서 사회적 목표와 지적 목표가 무엇을 의미하는지 불분명하다. 그 목표가 단순히 세속적 목표, 즉 먹고사는 문제의 해결이나 성공과 출세 등의 의미로 제한되지는 않는 것 같다. 이와 더불어 자유, 인권, 민주주의 등의 가치 지향적 목표 역시 포함하는 것으로 생각된다. 어떠한 가치 지향적 목표가 부상하는가는 물론, 시대와 사회 그리고 상황에 따라 다를 것이다.

세대 개념은 상대성의 함의를 갖기에 세대 구분의 문제를 제기한다. 어떤 세대와 그와 다른 어떤 세대는 대략 출생의 어떤 시점을 분기점으로 하여 나눠지는가? 이 문제는 세대의 경험적 연구에서 회피할 수 없는 문제이다. 그러나 사람들은 매분 매초 끊임없이 출생하여 성장하는데 이러한 시간적 연속선상의 사람들을 질적 경험으로 구분되는 세대로 나눈다는 것은 쉽지 않은 일이다. 필처(Pilcher, 1994)가 요약한 바와 같이, 세대의 질적 성격과 연령·시간의 양적 특성 간의 긴장, 이것은 모든 세대 문제 연구자가 직면하는 풀기 어려운 숙제이다.

몇몇 연구자들은 고심 끝에 잠정적 해결책을 제시하기도 했다. 즉, 세대 간 경계선 설정을 위해서는 시간과 사람들의 흐름을 명료하게 나눌 수 있는 "첨예한 사건incisive events"이 있어야 한다거나(Rosow, 1978), 매우 중요한 역사적 사건에 대한 경험의 공유 즉 "결정적 집단 경험crucial group experiences"이 필요하다거나(Mannheim, 1952), 혹은 연령별 차이가 "역사적으로 유의미historically significant"해야 한다는 주장(Spitzer, 1973) 등이 그것이다. 이들은 모두 세대 구분을 위한 잠정적 기준으로 제시된 것들이다. 그러나 이러한 기준들에는 연구자의 자의성·임의성이 개입될 여지가 있다는 점이 문제이다. 결국 필자는 다소 궁색하게 여겨지기는 하지만, 공동 연구나 연구자 간의 자유로운 소통이 개별 연구자의 주관적 판단의 질을 다소나마 높일 수 있다고 제안했다. 세대 구분의 문제는 연구자들이 앞으로도 지속적으로 관심을 기울이며 해법을 찾아야 할 문제라고 생각한다.

세대 개념은 다양한 의미로 사용되고 있다. 그 용법을 크게 나누어 보면, 부모 세대–자녀 세대와 같이 친족계보에서 동일 항렬의 사람들이라는 용법, 비슷한 시기에 출생하여 역사적·문화적 경험을 공유하는 출생코호트라는 용법, 이 두 가지로 볼 수 있다. 미국 사회학계의 지배적 분위기는 세대 개념을 전자에 국한시켜 사용하고 후자는 코호트라는 용어로 대체하자는 입장인 것 같다. 하지만 인구학에서 주로 사용되는 코호트 개념은 기본적으로 명목적 성격을 갖는 개념이다. 이러한 개념으로 실재적 성격을 갖는 세대를 담아내기는 어려울 것 같다. 그간 세대라는 용어가 사회과학이나 역사학계에서 코호트적인 의미로 오랫동안 사용되어 왔다는 관행도 무시할 수 없다.

만하임은 세대 개념을 두 수준으로 나누어 제시한다. 그 하나는 동일한 역사·문화권에서 비슷한 시기에 태어나 경험들을 공유하는 세대위치이며, 다른 하나는 세대위치 구성원들이 격동의 현장에서 역사의 자극에 대응하면서 공동운명체로서 연대감을 가질 때 형성되는 실제세대와 세대단위이다. 만하임은 실제세대와 세대단위를 진정한 의미의 세대라고 봤고 특히 세대단위에 많은 관심을 기울였다. 많은 논자들이 평하듯이, 세대단위는 사회변동에 영향을 미치는 사회운동세력으로 볼 수 있다. 결국, 만하임의 세대 개념은 사회운동의 함의를 강하게 갖는 것이다. 이러한 만하임의 세대 개념은 사회운동을 분석하는 데에는 분명히 장점이 될 수 있지만 사회운동의 함의를 갖지 않는 일반적인 세대 현상을 분석하기에는 적절치 않다는 문제가 있다. 이러한 견지에서 필자는 사회운동의 함의를 강하게 갖지 않으면서 경험적 연구도 가능하도록 만하임의 세대 개념을 재개념화했다. 즉, 첫째, 동 시기 출생과 경험의 공유, 둘째, 비슷한 사고방식과 행위양식, 그리고 이러한 세대 특성의 안정성, 셋째, 구성원 간 동류의식, 이 세 가지를 세대 개념의 구성요소로 삼았다. 이 개념은 세대위치가 갖지 않는 둘째와 셋째의 요소가 추가된다는 점에서 세대위치보다는 확장된 개념이다. 그러나 공동운명체로서 연대감까지 전제하지는 않는다는 점에서 만하임의 실제세대/세대단위 개념만큼 제한적이지는 않다. 따라서 보다 다양한 세대 현상을 분석할 수 있는 장점을 갖는다.

만하임에게 있어서 '경험의 성층화'는 각 세대의 고유한 특성과 세대차이를 설명하기 위하여 고안해 낸 개념이며, 동시에 이것은 세대 출현의 기반이 되는 개념으로 보인다. 세대위치를 공유하는 사람들이 겪는 경험의 층이 시간 경과에 따라 누적되는데, 이러한 경험들의 층화 구조는 출생 시기에 따라 다르게 나타날 것이다. 어느 세대의 층화 구조가 그 세대의 고유한 특성을 만들고, 세대별 층화 구조의 차이가 세대차이를 낳는다고 할 수 있다. 한편, 만하임은 후기 청소년기라 볼 수 있는 17~25세 연령대를 어느 세대의 고유한 특성과 세대의식이 나타나는 시기, 세대가 출현하는 시기로 본 것 같다. 그가 진정한 세대의 조건으로 봤던 공동운명체로서의 자각 역시 후기 청소년기 이후에 싹트는 것으로 봐야 할 것이다. 또한 만하임은 모든 세대위치는 실제세대/세대단위로 발전할 수 있는 잠재력을 갖지만 그것이 반드시 실현되는 것은 아니라고 봤다. 사회변동 속도는 이러한 잠재력의 실현에 영향을 미치는 주요 요인으로 지적됐다. 안정적인 사회에 비하여 급격한 사회문화적 변동이 일어나는 사회에서 진정한 의미의 세대가 출현하기 쉽다는 말이다. 세대의 출현을 세대의식의 견지에서 살펴볼 수도 있다. 세대의식 개념은 연구자에 따라 여러 가지 의미로 사용됐다. 만하임은 그 개념을 명시적으로 규정하지는 않았지만, 아마도 공동운명체로서의 자각에 기반을 둔 연대감 정도로 보지 않았을까 추측한다.

특정 시점에서 세대가 어떻게 나눠지는가 하는 세대 구분의 문제도 중요하지만, 특정한 상황에서 어떻게 이전 세대와는 질적으로 구분되는 새로운 세대가 출현하는가 하는 문제도 매우 흥미롭고 중요한 주제이다. 만하임의 주요 관심은 세대 구분의 문제보다는 세대의 출현에 관한 것이었다. 어떠한 상황과 조건하에서 1990년대 신세대나 386세대 혹은 88만원세대와 같은 새로운 세대가 출현하는지, 세대 특성은 시간이 흘러도 지속되는지, 세대 특성의 유지가 '화려한 소수'에 국한되는지 아니면 보다 넓게 확대되는지 등의 문제는 앞으로도 관심을 갖고 연구해야 할 중요한 주제임이 틀림없다.

만하임은 역사의 무대에 새로운 참여자가 지속적으로 출현한다는 사실의 세대론적 함의를 '새로운 만남'이라는 개념으로 요약한다. 새로이 출현한 세대는 그간 전승되어 온 사회문화적 유산을 이전 세대와는 다른 방식으로 이해하고 해석하고 행동함으로써 사회변동의 단초를 제공한다. 나이 든 세대가 당연시하는 절약 정신이나 연장자에 대한 예의 등을 젊은 사람들은 전혀 달리 생각하고 다르게 처신할 수 있다. 젊은이들은 새로이 접한 것에 대하여 기존의 방식에 얽매이지 않고 자기 나름대로 이해를 하고 실천에 옮긴다. 벵슨과 그의 동료들은 이러한 '새로운 만남'이 일련의 피드백 과정을 통하여 사회문화변동을 야기한다는 모형을 제시하기도 했다. 다른 한편, 만하임은 이전 참여자의 지속적 퇴진이 갖는 함의를 망각의 순기능으로 설명했다. 이전 참여자가 역사의 무대에서 물러나면서 그들에게 익숙했지만 시대에 걸맞지 않는 문화요소도 함께 사라진다는 말이다. 망각은 문화적 유산의 부분적 상실을 의미하지만 그 덕분에 새로운 선택과 투입이 가능하다는 점에서 순기능적이다.

만하임은 세대차이나 세대갈등과 같은 개념을 명시적으로 사용하지는 않았지만 그의 핵심 개념들은 그러한 함의를 분명하게 담고 있다. 경험의 성층화 개념은 세대차이를 설명하는 개념으로 보이고, 실제세대나 세대단위 같은 개념도 세대차이, 나아가서 세대갈등의 의미를 명백하게 담고 있는 개념이다. 특히 세대단위 개념은 세대 간 갈등뿐 아니라 세대 내 갈등의 의미도 명시적으로 갖는다. 역사적 자극에 대해 반응을 달리하는 세대단위들이 서로 갈등을 일으키고 다른 세대와도 갈등을 일으키며 사회역사적 과정에 역동성을 불어넣는 것이다. 그렇지만 세대갈등이 사회변동을 가져온다는 가정에 대해서 회의적인 입장도 있다. 예를 들면, 라이더(Ryder, 1965:853)는 사회변동이 세대 간 분화를 낳고 세대갈등에 기여하는 것은 사실이지만, 그렇다고 해서 세대갈등이 직접적으로 사회변동을 가져오는 것은 아니라고 본다. 보다 근본적으로, 세대 개념은 "보다 직접적 원인의 대리물proxy"(Acock, 1984:152)에 불과하기에, 어떤 현상을 야기한 직접적 원인을 찾는 데 집중해야 한다는 신랄한 비판도 있다. 세대 연구자들이 반드시 유념해야 할 중요한 지적이라고 생각한다. 흔히 자신이 잘 알고 있거나 익숙한 논리를 과신하여, 그것이 설명할 수 있는 영역 밖의 현상마저 그것으로써 설명하려는 어리석음을 범하기 쉽기 때문이다. 세대 연구자는 "세대 환원론"(박재흥, 2001:74)의 달콤한 유혹을 경계해야 한다.

제2장

사회문화적 변동과 세대차이, 세대갈등

이 장에서는 한국사회의 세대교체와 세대갈등을 사회문화적 변동의 맥락에서 살펴보려 한다. 우선 해방 후 사회문화적 변동과정을 경제, 정치, 교육의 측면에서 살펴볼 것이다. 그리고 현대 한국사회의 세대를 역사적 경험 공유라는 기준에 따라 크게 세 범주로 나누고 각 세대가 어떠한 특성을 갖는지 검토하려 한다. 마지막으로, 주목할 만한 몇몇 사회조사 자료를 분석하여 세대교체와 세대갈등이 사회변동에 대하여 갖는 함의를 논할 것이다.

| 제1절 |

사회변동과 세대 현상

1945년 해방 이후 한국사회는 빠른 속도로 변화해 왔다. 이데올로기 대립과 전쟁, 궁핍과 혼란으로 찌들었던 한국은 지난 세월의 흐름 속에서 세계 10위권의 경제 대국, 정보통신기술 강대국으로 비약적 발전을 이뤘다. 물론 이러한 초고속 압축성장의 이면에는 시민의 기본권 억압과 경제 제 부문 간 불균형 발전이라는 그늘이 공존했다. 하지만 그 삼엄하고 암울했던 어둠의 장막도 1980년대 후반부터 서서히 걷혔고 그에 비례하여 시민사회 영역은 비약적으로 성장했다. 한국인의 중요한 문화코드인 '빨리 빨리'가 초고속 압축성장의 바탕이 됐을지 모르지만, 이제 잠시 숨을 고르며 지난 세월을 돌이켜 보고 미래에 대비할 때이다.

이 장은 해방 이후 한국사회의 세대교체와 세대갈등을 사회문화적 변동이라는 맥락에서 살펴보는 데 목적이 있다. 세대교체[10]란 나이 든 코호트가 수명의 한계 때문에 역사의 무대에서 서서히 퇴장하고 그 빈자리를 새로이 태어난 코호트가 이어 나가는 과정을 뜻한다. 이 과정은 인간이 생물 유기체

10 이 장에서는, 사회의 새로운 구성원들이 탄생하고 나이 든 구성원들이 퇴장하는 현상을 '세대교체'로 표현했다. 그러한 현상을 가리키는 말로 '세대계승'이라는 용어도 흔히 사용된다. 비슷한 의미를 갖기는 하지만, 세대계승은 세대 간의 연속성을 그리고 세대교체는 세대 간의 단절을 강조하는 듯한데 현실은 두 속성을 모두 갖는다. 한편, 세대 개념의 대표적 용법으로는, 부모-자녀 세대의 경우처럼 친족 계보의 의미로 사용하는 용법과, 비슷한 시기에 출생하여 역사적 경험을 공유하는 사람이라는 코호트의 의미로 사용하는 용법이 있다. 필자는 이 책에서 두 번째 용법으로 사용할 것이다.(Kertzer, 1983; 박재홍, 2003a 참조)

라는 조건, 즉 사람은 누구나 태어난 이상 죽음을 피할 수 없다는 생물학적 조건에 기인한 사회현상이다. 이 현상이 갖는 중요한 사회학적 함의는 세대교체 자체가 변동의 한 계기로 작용할 수 있다는 점이다. 왜냐하면 출생 시기가 다른 코호트는 동시대를 살아간다 할지라도 서로 다른 생애주기 단계에서 서로 다른 시대를 경험하므로 세상을 읽고 살아가는 방식이 다르기 때문이다.

여러 학자들은 사회변동과 세대 현상이 서로 영향을 주고받는 관계임을 시사했다.(Mannheim, 1952; Ryder, 1965; Riley, 1985; Bengtson et al., 1985; 박재흥, 2003b) 이들 개념 간의 관계를 도식화한 것이 〈그림 1〉이다. 본격적인 논의에 앞서 이들 간의 관계를 간략하게 살펴보는 것이 필요하다.

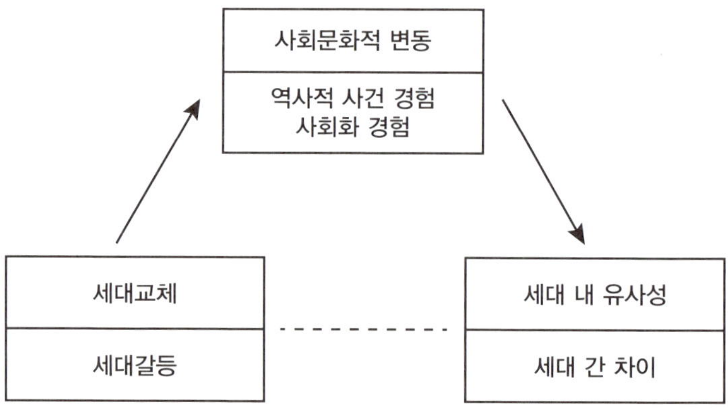

〈그림 1〉 사회문화적 변동, 세대차이, 세대교체와 갈등: 개념 틀.

첫째, 구조적 수준에서의 사회문화적 변동은 미시적 수준에서 개인·코호트의 생애사 체험, 즉 역사적 사건 및 사회화의 경험을 의미한다. 1960~1970년대 도시화를 생애사 체험이라는 미시적 수준에서 관찰해 보면, 당시 농촌에서는 도시에 비해 돈벌이도 시원찮은데 고되기만 한 농사일에 대해 불만이 컸다. 많은 농촌 청소년들이 도시 생활을 동경하며 도시로 탈출하기를 강하게 열망했으며, 그에 따라 농촌 청소년들은 가출을 포함한 다양한 방식을 통해 도시로 이주했다.(박재흥, 1999:272) 사회화 경험 특히 부모의 자녀 양육과 교육 방식은 사회문화적 변동을 촉진시킬 수도 있고 혹은 지체시킬 수도 있다. 요즘 젊은 세대들의 탈권위주의 지향이 부분적으로 부모들의 허용적 양육방식에 근거했다는 점이 전자의 예이고, 1980년대 초까지도 교육 투자 면에서 남녀차별이 지속됐던 점이 후자의 예이다.

둘째, 출생 시기가 비슷한 코호트는 동일한 생애주기 단계에서 역사적 경험을 공유하기 때문에 사고방식이나 행위양식 면에서 비슷한 특성을 가질 개연성이 높다. 이러한 특성의 차이가 세대차이이다. 즉, 특정 세대 내부적으로는 유사한 특성세대 특성을 공유하고 다른 세대와는 차이세대차이를 갖는다.[11] 칼 만하임은 경험의 공유가 세대 특성을 낳는 인과적 경향을 명쾌하게 지적한 바 있다. 출생 시점의 차이는 필처(Pilcher, 1994:482)의 표현으로 "사회역사적 구조에서의 위치"의 차이를 낳고, 위치의 차이는 잠재적 경험의 폭을 결정한다. 즉, 비슷한 시기에 출생한 사람들은 어떤 경험을 할 수 있는 특전을 갖지만 어떤 다른 경험으로부터 배제되는 제약도 동시에 갖는다. 이러한 경험의 차이는 당연히 서로 다른 출생코호트 간의 사고방식이나 행위양식의 차이를 낳는 기반이 된다. 만하임(Mannheim, 1952:291)의 표현을 빌리면, 세대 위치의 공유는 "일정한 범위의 잠재적 경험만을 갖도록 제한하고", "각 위치에는 어떤 일정한 행위, 감정, 사고양식을 지향하는 경향이 내재한다."

셋째, 세대 내 유사성과 세대 간 차이는 공시적共時的으로 보면 세대 간의 갈등을 가져오는 바탕이 되고 통시적通時的으로 보면 세대 특성을 달리하는

11 앞 장에서 살펴봤듯이, 세대 개념에는 "어느 집단과의 유사성과 나머지 집단으로부터의 차이"를 강조하는 은유의 의미가 있었다고 한다.(Nash, 1978:2)

세대들의 교체를 낳는다.[12] 우선, 세대차이가 세대갈등을 야기하는 기반이 된다는 점은 당연하다. 세상을 보고 살아가는 방식이 다르면 당연히 서로 간에 불편한 기류가 형성되고 의견 충돌이 발생하기 쉽다. 다만 한국사회의 권위주의적 문화가 갈등의 표출을 억압하는 경향이 강하다는 점을 고려하여, 세대갈등을 '드러난manifest 갈등'과 '감추어진latent 갈등'으로 나누어 보는 것이 필요하다. 한편, 통시적으로 보면 어떤 세대 특성을 갖는 나이 든 세대가 역사의 무대에서 퇴장하고 그와 다른 특성을 갖는 새로운 세대가 등장하는 세대교체가 이루어진다. 이러한 과정이 바로 라이더(Ryder, 1965)가 사회변동에 중요한 함의를 갖는다고 본 인구학적 신진대사demographic metabolism이다.

넷째, 세대교체와 세대갈등은 사회문화적 변동을 가져오는 계기를 제공한다. 우선 갈등이 변동을 추동하는 주요 메커니즘이라는 인식은 사회진화론자들로부터 마르크스와 다렌돌프에 이르기까지 사회학 분야에서 폭넓게 공유되고 있다. 갈등의 특수 유형인 세대갈등에 국한해 봐도, 종종 젊은이들의 급진주의로 표출되는 세대갈등은 변동을 유발하는 주요 메커니즘으로 이해되고 있다.(라우어, 1995:331-343) 세대교체 역시 사회문화적 변동에 영향을 미친다. 이 점은 만하임(Mannheim, 1952)의 '망각forget'과 '새로운 만남fresh contact' 개념을 가지고 설명할 수 있다. 젊은 세대는 선배들에게 익숙했던 문화적 유산의 어떤 부분을 낯설게 여기며 그것을 과거와는 다른 그들 나름의 고유한 방식으로 해석한다. 그에 따라 세대교체는 시대에 걸맞지 않는 문화적 유산을 버리고(잊고) 그것을 시대 변화에 걸맞게 재해석하는(새로이 만나

12 이들 간의 관계를 인과 관계로 보기에는 어려운 점이 있어서 점선으로 연결했다. 우선 생물학적 사실에 기초하는 세대교체가 세대차이를 원인으로 하지 않는다는 점은 명백하다. 다음으로, 세대차이와 세대갈등은 개념적으로 인과적 성격을 갖기는 하지만 종종 두 개념을 섞어 쓰는 경향이 있고 인과관계의 경험적 증거를 제시하는 것도 쉽지 않다는 문제가 있다.

는) 결과를 초래한다. 따라서 나이 든 세대가 역사의 무대에서 서서히 퇴장하고 그 빈자리를 젊은 세대가 이어 나가는 세대교체 과정은 그 자체로서 변동의 계기를 제공하게 된다.

이 장에서는 이러한 개념 틀에 입각하여, 먼저, 해방 후 한국사회의 변동을 경제성장, 산업화, 정보화, 교육의 대중화, 민주화 등으로 나누어 개관하고, 다음으로, 출생 시기가 비슷한 사람들이 역사적 경험을 공유함으로써 어떤 세대 특성을 갖게 됐는지를 세대 구분과 관련하여 검토할 것이다. 마지막으로, 세대 간의 갈등과 교체가 사회문화적 변동에 어떠한 함의를 갖는지 논의할 것이다.

| 제2절 |

해방 후 사회문화적 변동

1945년 일제 식민지 통치에서 벗어나 해방을 맞은 대한민국은 몇 가지 역사적 과제를 안고 있었다. 그중에서도 가장 중요한 것은 독립국가로서 나라의 기틀을 바로 세우는 일, 즉, 식민지 잔재를 청산하고 일제 치하 임시정부의 법통을 이어받아 하나의 통일된 대한민국 정부를 수립하는 일이었다. 그러나 해방이 제2차 세계대전 종전과 함께 열강에 의해 주어진 것이라는 한계로 인해 하나의 통일정부 수립은 애당초 쉽지 않은 일이었다. 불행히도 종전 후 미국과 소련 중심의 세계질서 재편 과정에서 남과 북의 경계는 점차 공고해졌다. 급기야 1950년 북한의 남침에 의해 발발한 한국전쟁은 남북 분단을 돌이킬 수 없는 현실로 만들어 버렸다. 전쟁은 많은 인명을 앗아 가고 국토를 잿더미로 만들었을 뿐만 아니라 분단 상황이 통치 이데올로기로 악용되기도 했다. 전후 한국은 미국의 잉여농산물 원조와 구호물품에 의지하여 먹고사는 문제를 어느 정도 해결하긴 했으나 자립 기반을 구축하지는 못했다. 그러다가 1960년대 이후에 들어서 어느 정도 변화의 가능성을 엿볼 수 있게 됐다. 한국전쟁 이후 주요 사회문화적 변동은 경제 발전과 정보화, 교육의 대중화, 민주화 등으로 나누어 볼 수 있다. 이러한 흐름들을 간략하게 개관하면 다음과 같다.

우선 우리나라에서 본격적인 산업화와 도시화가 시작되고 경제가 빠르게 성장하기 시작한 시기는 역설적이게도 1961년 군사 쿠데타로 집권한 박정희 정권부터였다. 박 정권은 먹고사는 문제를 해결하기 위해 수출에 모든 것을 거는 전략을 취했다. 1960년대 초반까지만 해도 광물과 농수산물 등 원

자재 중심의 수출이 약간 이루어졌으나, 60년대 중반 산업화가 본격화되면서 섬유, 의복류 등의 경공업 제품이 주력 수출상품이 됐고 70년대에는 선박, 철강제품, 전자제품 등의 중화학 공업으로 확대됐다.(한국사회과학연구소, 1993:21) 경제성장률은 제1차 경제개발계획 시행 다음 해인 1963년부터 10% 전후의 고속 성장을 이어 갔다. 1977년에는 급기야 경제성장률 10%, 수출 100억 달러, 1인당 국민총생산GNP 1,000 달러라는 역사에 한 획을 새로이 긋는 성과를 달성했다.

그러나 이러한 급속한 산업화와 고속 경제성장은 국민의 기본권과 인권이 철저히 억압되고 유린되는 폭압적 상황에서 불균형 발전의 모순을 잉태하며 이루어졌다는 점도 함께 봐야 한다. 수출 경쟁력을 높이기 위해 도시 노동자에게는 저임금과 장시간 노동이 강요됐고, 저임금 노동자를 먹여 살리기 위한 저곡가 정책은 농촌을 피폐화·공동화시켰으며, 대기업 중심의 경제정책으로 중소기업은 위축되고 대기업에 종속됐다. 이러한 불균형 발전과 폭압적 상황에 대한 비판적 인식이 1960~1970년대 민주화운동을 추동한 동력이 됐다.

1955년부터 2014년까지의 1인당 국민총소득GNI 변화추세가 〈표 1〉에 제시되어 있다. 1955년 65달러에 불과했던 1인당 GNP는 개발계획이 본격화된 1965년에 105달러, 1980년에 1,645달러GNI로 초고속 성장을 거듭했고 1995년에는 1만 달러, 2007년에는 2만 달러 고지를 넘어섰다. 5년 기간 동안의 증가율로 보면, 개발계획과 수출이 본격화된 1960년대 후반부터 90년대 전반까지 100%를 넘거나 그에 가까운 비율의 가파른 성장세를 보여 줬다. 다만, 1980~1985년 기간에는 제2차 석유파동과 10·26 쿠데타에 따른 정국 불안으로, 1995~2000년 기간에는 외환금융위기 때문에 증가율이 크게 둔화 혹은 마이너스 성장한 것이 주목된다. 물론 이러한 국민소득의 급속한 증가가 모든 사람이 고루 잘 살게 됐음을 의미하는 것은 아니지만 전반적으로 살림살이가 풍족해진 것은 엄연한 사실이다.

〈표 1〉 1인당 국민총소득(GNI) 변화 추세 1955~2014

연도	1인당 GNI (US $)	5년증가율(%)**	연도	1인당 GNI (US $)	5년증가율(%)**
1955	65*	–	1990	6,505	181.7
1960	79*	21.5	1995	12,282	88.8
1965	105*	32.9	2000	11,865	−3.4
1970	254	141.9	2005	18,508	56.0
1975	602	137.0	2010	22,170	19.8
1980	1,645	173.3	2014	28,180	27.1
1985	2,309	40.4	–	–	–

* 1955~1965년 기간의 수치는 1인당 국민총생산(GNP)임.
** 지난 5년 기간 동안의 증가율임(2014년은 4년).
자료 1955~1985년은 한국은행 웹사이트, 《경제통계시스템》, [우리나라 100대 통계지표] (http://ecos.bok.or.kr/jsp/use/100keystat/100KeyStatCtl.jsp). 1990~2014년은 한국의 사회지표 2015로부터 재작성.

산업별 취업자 구성비를 보면, 1965년 1차 산업농업·임업·어업에 종사하는 인구 구성비가 58.5%에 달했으나 그 비율은 1985년에 24.9%, 2010년에 6.6%로 크게 떨어졌다. 그 대신 1965~1985년 기간 중 2차 산업광공업 인구 구성비는 10.4%에서 24.4%로, 3차 산업사회간접자본 및 서비스은 31.2%에서 50.6%로 크게 확대됐고, 2010년에는 2차 산업이 17.0%로 다소 축소되고 3차 산업이 76.4%로 팽창했다.(경제기획원, 1987; 통계청 2010) 이러한 지표는 한국사회가 농업 중심의 사회에서 공업과 서비스 산업 중심의 산업사회로 이전해 왔음을 잘 보여 준다. 이러한 산업화 과정은 물론 도시화, 즉 농가 인구의 대규모 도시 유출을 수반하는 것이었다. 농가 인구 비중을 보면, 1949년 71.4%에 달했던 농가 인구가 2007년 기준 6.8%로 크게 축소됐다.(통계청, 보도자료 2008. 8. 14.)

한국사회는 정부의 강력한 정보화 정책에 힘입어 정보화 역시 빠른 속도로 이루어졌다. 정부는 1987년부터 국가기간전산망 사업을 추진하여 공공부문의 정보화를 시행하기 시작했다. 생활부문의 정보화는 가정의 컴퓨터 보급률 지표를 통해 짐작할 수 있는데, 1990년 11.0%에 불과하던 보급률이 94년에는 20.7%, 98년에는 44.5%, 2000년에는 66.0%에 이르렀다.(한국정보문화센터, 2000:77) 인터넷 상용 서비스는 1994년 최초로 도입됐는데 정부의 초고속 정보통신 기반구축 사업에 힘입어 초고속 인터넷 가입자 수가 빠르게 증가하여 1990년대 말 1천만 명, 2016년 8월 기준 2천만 명 선을 돌파했다.(한국인터넷진흥원(KISA), 《인터넷통계정보검색시스템》) 한편, 휴대전화는 1991년 전국 서비스망이 건설되어 가입자 수가 급격히 증가하기 시작해 2016년 현재 이동전화 가입자 수는 6천만 명, 스마트폰 가입자 수는 4천5백만 명을 넘어섰다.(정보통신정책연구원, 《IT 통계포털》) 우리나라는 초고속 인터넷과 휴대전화 가입률 면에서 세계 최고 수준에 있다.

교육의 대중화 역시 해방 이후의 큰 변화 중 하나였다. 초등학교의 의무교육은 1948년 법적 근거를 마련하여 1950년부터 시작됐고, 중학교 무상 의무교육은 1985년 도서·벽지에서 시작하여 2001년 전국적으로 확대 실시됐다. 상급학교 진학률의 견지에서 보면, 중학교를 당연히 가야 한다는 인식(진학률 95% 이상)은 80년대에, 고등학교 역시 당연히 가야 한다는 인식은 90년대에 형성됐다.(〈표 2〉 참조) 대학의 경우를 보면, 1970년대까지만 해도 대학은 동년배 중 10% 이내의 혜택 받은 사람만이 갈 수 있는 엘리트 교육의 성격을 강하게 띠고 있었다. 그러던 중 1981년 졸업정원제를 실시하고 1996년부터는 '대학설립준칙주의'가 시행됨에 따라 대학 문호는 더욱 넓어지게 되어 2005년 대학 진학률은 세계 최고 수준인 82%에까지 달한 바 있다. 대학교육이 대중화 단계에 진입한 것으로 평가할 수 있으나, 그 이면에 고학력자 실업이나 중소기업의 인력난 등 부작용도 심각하다.

〈표 2〉 각급 학교 진학률*과 취학률** 1970~2015

연 도	중학교		고등학교		대학교***	
	진학률	취학률	진학률	취학률	진학률	취학률
1970	66.1	57.0	70.1	30.5	26.9	-
1975	77.2	74.2	74.7	43.6	25.8	-
1980	95.8	73.3	84.5	48.8	27.2	11.1
1985	99.2	82.0	90.7	64.2	36.4	22.6
1990	99.8	91.6	95.7	79.4	33.2	22.9
1995	99.9	93.5	98.5	82.9	51.4	35.9
2000	99.9	95.0	99.6	89.4	68.0	50.2
2005	99.9	94.3	99.7	92.2	82.1	62.3
2010	99.9	97.6	99.7	92.4	79.0	67.4
2015	99.9	96.3	99.7	93.5	70.8	66.1

* **진학률** (상급학교 진학자 수 / 졸업자 수) × 100
** **취학률** (취학 적령 학생 수 / 취학 적령 인구수) × 100
(단, 취학 적령기는 초등학교 6~11세, 중학교 12~14세, 고등학교 15~17세, 대학교 18~21세로 함)
*** 대학, 전문대학, 교육대학, 각종 학교 대학과정 포함.
자료 『한국의 사회지표』, 1987, 1993, 2005, 2010, 2015.

민주화운동의 원형은 1960년 4·19 혁명에서 찾을 수 있다. 이승만 대통령의 하야를 이끌어 낸 4·19 혁명의 반독재 민주화 정신은 1964년 한일회담 반대운동, 1970년대 유신체제하의 군부독재 반대투쟁으로 계승됐다. 한일회담 반대운동은 민족주의적 성격뿐만 아니라 군사정권에 대한 저항운동의 성격을 동시에 띠었고 그러한 정신이 70년대 유신반대 투쟁으로 계승됐던 것이다. 1979년 10월 26일 유신체제가 비극적 종말을 고한 후 찾아 온 소위 '서울의 봄'은 당시 보안대장 전두환 일당에 의한 12·12 군사쿠데타와 다음 해 5월 광주 학살에 의해 처참히 짓밟혔다. 1980년 5월 광주항쟁 이후 큰 변화는 반미 사회주의 이념이 대학생들에게 공공연히 도입·수용되고 공개적으로 표방되기까지 했다는 점이다. 광주항쟁 당시 미국의 역할에 대한 비판적 인식, 폭압적 군부 통치에 대한 분노와 저항, 대학 사회에서의 마르크스주의 서적 탐독과 변혁이론의 모색 등이 함께 빚어낸 결과였다. 이러한 가운데 민주화 운동사에서 새로운 전기를 마련한 1987년 민주항쟁이 일어났고, 대통령 직선제로 헌법이 개정됐으며 군부독재가 종식되는 성과를 얻어낸다.

사람들이 하는 일과 그 결과는 대체로 양면적이다. 좋은 듯 보이는 일에도 나쁜 면이 있고 나쁜 듯하지만 길게 볼 때 좋은 결과를 가져 오는 경우도 있다. 과거의 역사를 절대 선과 절대 악 중 어느 하나로 단정하기 어려운 까닭이다. 해방 이후 70여 년의 우리 역사를 돌이켜 봐도 빛과 그늘이 공존해 왔다. 그런 점에서 한국 현대사가 성공의 역사인가, 혹은 실패의 역사인가를 놓고 벌이는 공방은 비생산적이며 별로 유쾌하지 않은 논쟁이다.

| 제3절 |

역사적 경험의 공유와 세대 특성

세대 구분과 관련하여[13]

지금까지 해방 이후 한국사회의 변동을 개략적으로 살펴봤다. 앞서 지적했듯이, 구조적 수준에서 사회문화적 변동은 개인·코호트 수준에서 역사적 사건과 사회화 경험으로 나타난다. 이 절에서는 이러한 인식하에서 각각의 출생코호트들이 어떤 역사적 경험을 공유했고 그러한 경험 공유를 바탕으로 어떠한 세대 특성을 갖게 됐는지 검토할 것이다. 그런데 역사적 경험과 세대 특성 간의 관계를 검토하려 할 때 불가피하게 직면하는 문제가 세대 구분의 문제이다. "젊은 시절에 어떠한 역사적 경험을 공유한 결과 어떠한 세대 특성을 갖게 됐다"는 명제에 대해 논증하려면, 일정한 생애 단계에서 특정 경험을 공유한 사람들을 다른 이들로부터 집합적으로 분리시키는 작업이 선행되어야 하기 때문이다.

세대 구분 작업은 세대를 출생 시점에 따라 일정한 시간 간격으로 기계적으로 나누는 방법과 세대를 출생 시점이라는 기준으로 나누되 역사적 경험의 질적 차이에 따라 구분하는 방법, 이 두 가지가 있다. 이 중에서 필자가 취한 방법은 두 번째 방법이다. 센서스나 사회조사 등의 통계자료를 분석할 경우 분석의 편의상 5년 혹은 10년 단위의 연령 범주를 불가피하게 사용하기도 하지만, 어느 시대의 세대 구성을 파악하려 할 경우에는 당연히 동시

13 이 절은 졸고(박재흥, 2003b, 2005)를 기반으로 하여 미흡한 부분을 다소 수정·보완한 것이다.

대인의 역사적 경험의 질적 차이에 따라 세대를 구분해야 할 것이다. 이와 같이 특정 시점에서의 세대 구성을 검토하는 작업은 독일의 미술사가 핀더W. Pinder가 제시한 '동시대의 비동시대성' 개념을 경험적으로 확인한다는 의의를 갖는다.

1. 역사적 경험의 차이와 세대 구분

세대를 구분하는 작업은 연구자의 임의성이 불가피하게 개입하고 단순화의 위험 부담을 갖기는 하지만 그럼에도 불구하고 필요하고 의미 있는 작업이다. 역사학자 스피처(Spitzer, 1973:1358)가 적절히 지적했듯이, 임의성 개입은 이데올로기나 정치적 지향 구분 등 연속선상에서 범주를 나누려 할 때 공통적으로 직면하는 문제이다. 세대를 구분할 때 기준이 되는 것은 당연히 역사적 경험의 질적 차이이다. 만하임(Mannheim, 1952:310)의 표현으로 "결정적 집단 경험crucial group experiences", 즉 주요 역사적 사건이나 상황에 대한 출생 코호트의 공동 경험은 세대 구분 작업에서 가장 중요한 기준으로 삼아야 할 것이다. 그렇다면 어떠한 생애주기 단계의 역사적 경험이 그 세대에 고유한 특성(의식구조, 사고방식, 행위양식 등)을 갖게 하고 세대의식을 형성하는 데 중요한 영향을 미칠까? 만하임(Mannheim, 1952)은 한 개인이 사물을 진지하게 성찰하기 시작하는 시기를 17세쯤으로 봤고 가치관과 세계관이 안정되는 시기는 25세 정도로 봤다. 그의 논거에 입각해 볼 때, 대략 20세 전후 청소년기의 역사적 경험이 세대 특성과 세대의식 형성에 중요한 영향을 미친다고 볼 수 있다.

역사적 경험에 따라 세대를 구분하려 할 경우 구체적으로 한국 현대사에서 어떠한 역사적 사건/상황의 경험 여부가 세대 구분의 주요 기준이 될까? 로쏘우(Rosow, 1978:69)는 시간과 사람들의 일상적 흐름에 종지부를 찍는 "첨예한 사건incisive events"이 일어나지 않았는데도 경계선을 설정해 세대를 구분하는 것은 위험한 일이라고 경고한 바 있다. 이러한 로쏘우의 경고에 유의하면서 필자는 세대를 구분할 때 기준으로 삼아야 할 '결정적 집단 경험'을 일제 식민지체제 경험 여부, 한국전쟁 경험 여부, 산업화와 정보화 경험, 민주화운동과 국내외 정치상황의 경험, 이 네 가지로 봤다. 이 각각에 대해 간략히 설명하면 다음과 같다.(박재흥, 2003b, 2005 참조)

첫째, 일제 식민지체제와 한국전쟁의 경험 여부이다. 일반적으로 제국주의는 경제적 수탈을 주요 목적으로 식민지 통치를 한다. 하지만 일제의 경우에는 소위 '동화정책同化政策'이라는 미명하에 민족 말살을 궁극적 목적으로 삼았기에 다른 식민지 역사에서 유례를 찾기 어려울 정도의 극심한 수탈과 억압과 차별을 자행했다.(신용하, 2001:제1장 참조) 일제 식민지체제 경험 여부는 공식 교육기관에서 한글교육을 받았는지 여부와도 관계된다. 일제는 1937년 중·일 전쟁 이후 창씨개명을 강요하고 학교에서뿐만 아니라 일상생활에서마저 일본어 사용을 강제했다. 언어가 문화의 기초가 된다는 점을 고려할 때, 초등 교육기관에서 일본어를 배웠는지 한글을 배웠는지는 세대를 구분하는 중요한 집단 경험이 된다. 다른 한편, 한국전쟁 경험 여부 역시 중요한 기준이 된다. 일반론의 견지에서 봐도 전쟁이나 혁명의 경험 여부는 세대를 구분할 때 다른 무엇보다 중요한 기준이 된다. 이런 역사적 사건들의 집단 경험이라는 견지에서 볼 때, 대략 출생 시기 1930년대 말을 분기점으로 하여 세대를 나눌 수 있다. 그 이전에 출생한 세대는 일제 식민지 체제와 한국전쟁을 실질적으로 경험하고 일본어 교육을 받으며 성장한 세대이고, 그 이후 세대는 그에 대한 실질적 경험을 하지 못했고 초등학교에서 한글을 배우며 자란 한글세대이다.

둘째, 산업화와 정보화 경험이라는 기준이다. 단순하게 말하면, 빈곤의 경험이냐 풍요의 경험이냐, 산업화를 일으킨 세대이냐 산업화의 수혜세대이냐

하는 것이 기준이다. 이 기준을 가지고 세대를 구분한다면 대략 출생 시기 1970년경을 전후로 하여 세대를 나눌 수 있다. 앞 절에서 살펴봤듯이, 한국 사회는 1960년대 초 본격적인 산업화를 추진하기 시작하여 1970년대 후반에는 1인당 국민소득 1천 달러 시대를 맞게 된다. 나아가서 1980년대 중후반 무렵부터는 가계소비지출 중 가전제품 등 내구재 지출 구성비와 여가생활 향유와 관련되는 개인서비스 지출 구성비가 크게 늘어서(백욱인, 1994) 대중소비사회의 징후를 보이게 된다. 또한 1990년대에는 정보화도 빠르게 진행되어 인터넷 서비스 이용자가 90년대 말에는 1천만 명 선을 돌파하게 된다. 정리해 보면, 대략 1970년경 이후에 태어난 사람부터는 큰 경제적 어려움 없이 컬러텔레비전을 보고 컴퓨터 자판을 두드리며 성장한 산업화의 수혜세대이자 정보화세대이다. 이에 비하여 그 이전에 태어난 사람들은 최소한 어린 시절에라도 경제적 어려움을 어느 정도 겪었고 물자의 귀중함도 느끼면서 자란 세대이다.

셋째로, 민주화운동과 국내외 정치상황의 경험이라는 기준이다. 앞 절에서 살펴봤듯이 해방 이후 민주화운동의 전통은 1960년 4·19 혁명으로부터 70년대 유신체제하의 반독재 민주화 투쟁, 1980년 5월의 광주항쟁과 1987년 6월 민주항쟁으로 면면히 이어진다. 특히 1987년 항쟁은 직선제 개헌과 군부독재 종식이라는 귀중한 성과를 챙긴, 그리하여 절차적 민주주의를 확보한 민주화운동사의 중요한 전환점이었다. 한편, 1990년대에 접어들어 국내외 정치지형은 크게 바뀌게 된다. 우선, 1990년을 전후하여 소비에트연방과 동구권의 현실사회주의가 붕괴하는 대격변이 일어난다. 국내로 눈을 돌려보면 1993년 김영삼 문민정부가 등장하여 반 군부독재 투쟁의 근거가 사라지고 정치적 안정을 되찾게 된다. 이러한 국내외 정치지형의 변화는 과잉 정치화, 과잉 이념화되어 있던 대학가의 분위기를 크게 바꾸어 학생들의 주요 관심이 정치적 시위보다는 학내의 학생복지, 일상생활과 문화 영역으로 이동하게 된다. 이와 같이 민주화운동과 정치상황의 차원에서 볼 때에도 대략 출생 시기 1970년 주변이 세대를 나누는 분기점이 된다.

이상의 논의를 정리해 보면, 역사적 경험의 질적 차이라는 잣대로 볼 때 한국의 세대는 1930년대 말과 1970년 무렵을 느슨한 경계로 삼아 구분할 수 있다.

2. 역사적 경험의 공유와 세대 특성

지금까지 역사적 경험의 차이에 따라 세대가 어느 시점에서 구분될 수 있는지 살펴봤다. 이제 조금 더 구체적으로 논의를 진전시켜, 각 세대는 어떠한 역사적 경험을 공유했으며 그로 인해 어떠한 세대 특성을 갖게 됐는지 검토해 보기로 하자.

해방 이후 주요 역사적 사건들로는 어떤 것들이 있으며 거시적으로 볼 때 역사적 시대 구분을 어떻게 할 수 있는가? 각 출생코호트는 세대 특성과 세대의식이 형성되는 20세 전후 청소년기에 어떠한 역사적 경험을 공유했는가? 〈그림 2〉는 이와 같은 문제의식을 갖고, 1915~1995년 출생코호트를 10년 간격으로 나누어 각 코호트가 어떤 생애주기 단계에서 어떤 역사적 경험을 하며 성장했는지 각 코호트의 생애 궤적을 예시해 본 것이다. 그림에서, 청소년기에 겪은 역사적·문화적 경험이 세대의식이나 세대 특성 형성에 결정적 영향을 미친다는 점을 강조하기 위하여 각 코호트의 15~24세 연령대에는 옅은 음영을 넣었다. 또한, 일반적으로 50세 전후의 중장년층이 사회를 이끌어 나가는 주도 계층이라는 점을 부각시키기 위해서 45~54세 연령대를 짙게 음영 처리했다.

출생 코호트	역사적 시기							
	1940년	1950년	1960년	1970년	1980년	1990년	2000년	2010년
1915년생	25세	35세	45세	55세	65세	75세	85세	95세
1925년생	15	25	35	45	55	65	75	85
1935년생	5	15	25	35	45	55	65	75
1945년생	0	5	15	25	35	45	55	65
1955년생		0	5	15	25	35	45	55
1965년생			0	5	15	25	35	45
1975년생				0	5	15	25	35
1985년생					0	5	15	25
1995년생						0	5	15
주요 역사적 사건	·일제 식민 통치 ·해방 ·미군정 ·혼란기	·한국전쟁 ·궁핍 ·전후 복구	·4·19/5·16 ·경제개발 ·한일회담	·'72 유신체제 ·고도경제성장	·'80 광주항쟁 ·'87 민주항쟁 ·대중소비사회	·동구권 붕괴 ·인터넷 보급 ·외환 위기	·월드컵 ·이념 갈등 격화 ·금융 위기	
시대 특성	일제식민지체제–한국전쟁의 시대		산업화–민주화운동의 시대			탈냉전–정보화의 시대		

자료 박재흥(2005b:183)을 토대로 하여 일부 수정·보완.

〈그림 2〉 1915~1995년 출생코호트의 연령대별 역사적 경험.

〈그림 2〉의 상단에는 1940년부터 2010년까지의 역사적 시기가, 하단에는 각 시기의 주요 역사적 사건/상황과 시대 특성이 표시되어 있다. 앞서 살펴봤듯이, 본격적인 산업화와 민주화운동은 1960년대에서 시작하여 1980년대까지 이어졌다는 점에서 이 시기를 '산업화·민주화운동의 시대'로 명명했다. 그 이전 1950년대까지의 시대는 일제 식민지체제로부터 전후 복구사업이 이루어지기까지의 시대였다는 점에서 '일제식민지체제–한국전쟁의 시대'로 불러봤다. 이 시기는 동시에 궁핍과 혼란의 시대이기도 하다. 마지막으로, 1990년대부터는 한편으론 정보화가 급속하게 추진되고 다른 한편으론 1990년을 전후로 소련과 동구권이 붕괴했다는 점에서 '탈냉전–정보화의 시대'로 이름 붙였다.

그림을 보면, 1935년 출생코호트와 1945년 코호트, 그리고 1965년 코호트와 1975년 코호트 사이는 점선이 아닌 실선으로 구분했음을 알 수 있다. 이는 결정적 집단 경험의 견지에서 볼 때, 세대가 1930년대 말 무렵과 1970년 무렵이라는 두 시점을 경계로 하여 구분된다는 점을 반영한 것이다. 이 그림에서 각 출생코호트가 청소년기에 어떠한 역사적 사건/상황을 집단적으로 경험했는지에 주의를 기울일 필요가 있다. 그림에서 음영 처리한 부분에 주목해 보면, 1915~1935년 출생코호트는 일제 식민지통치와 해방, 한국전쟁 등 궁핍과 혼란의 시대 경험을 청소년기에 공통적으로 겪고 중·장년기 시절에는 산업화가 본격적으로 추진됐다. 1945~1965년 코호트는 한국전쟁을 아주 어린 나이에 겪었거나 아예 겪지 않았고, 산업화가 추진되고 민주화운동이 일어나던 시기에 청소년 시절을 보냈다. 1975년 및 그 이후 출생코호트는 동구권이 붕괴되고 인터넷이 널리 보급되던 시기에 청소년 시절을 보냈음을 알 수 있다.

어느 세대의 세대 특성이 기본적으로 청소년기의 역사적 경험에 기초하며 그러한 특성이 나이가 들어서도 어느 정도 지속된다고 전제할 때, 세대의 명칭은 무엇보다도 그 세대가 청소년기에 겪은 역사적 경험을 반영하여 명명하는 것이 온당할 것이다. 각 세대의 청소년기 경험을 반영하여 명칭을 부여해 본다면, 1930년대 말경 이전에 출생한 코호트를 '식민지·전쟁체험세대'로, 그 이후부터 1970년 무렵 이전에 출생한 코호트를 '산업화·민주화운동세대'로, 1970년 경 이후 출생한 코호트를 '탈이념·정보화세대'로 부를 수 있다.(박재흥, 2003b, 2005 참조)

이러한 구분과 세대 명칭 중에서 산업화세대와 관련하여 추가 논의가 필요하다. 1960년대부터 1980년대까지를 산업화의 시대로 볼 때 산업화에 기여한 산업화 1세대는 당연히 '식민지·전쟁체험세대'이다. 다만 청소년기 역사적 경험에 주목하여 세대 명칭을 규정하다 보니 그 코호트가 산업화를 주도한 주역이었다는 점을 드러낼 수 없었을 뿐이다. 〈그림 2〉를 통해 살펴보면, 1915~1935년 코호트는 산업화가 추진되던 1960~1980년대에 50세 전후 중년층이었음에 비해 1945~1965년 코호트는 20세 전후의 청년층이었다. 단순하게 말하면, '식민지·전쟁체험세대'는 나이 든 숙련노동자 내지 고급간부로서, '산업화·민주화운동세대'는 젊은 미숙련노동자 내지 초급사원으로서 산업화에 기여했다고 할 수 있다.

시대 구분 및 세대 명칭과 관련하여 한 가지 짚고 넘어 가야 할 문제가 있다. 우리는 종종 대중매체에서 '선 산업화, 후 민주화'라는 잘못된 시대구분 방식을 접하게 된다. 또한 이러한 인식에 입각하여 세대 역시 '보수적인 50~60대 산업화세대'와 '진보적인 30~40대 민주화세대'로 도식화하기도 한다. 그러나 앞에서 살펴봤듯이 산업화와 민주화운동은 1960년대에서 1980년대까지 동시에 진행됐다. 시대 구분이 잘못됐으므로 선 산업화세대와 후 민주화세대의 구분 역시 적절치 않다. 이러한 구분과 명칭은 1960~1970년대 산업화를 성취한 코호트가 동시에 육칠십 년대 민주화운동에 참여한 코호트이며, 당시의 반독재 민주화 정신이 1980년대 민주화운동으로 계승됐다는 엄연한 역사적 사실을 간과하고 있다.(박재흥, 2005b:179 각주 참조) 물론 지금의 50~60대가 청·장년기에 무슨 일을 했고 정치지향이 어떤지에 따라서 산업화 세력-민주화 세력으로 분류하는 것은 충분히 가능하다. 문제가 되는 것은 산업화-민주화라는 표현을 정치세력이 아닌 세대의 의미로 사용하는 것이다. 1980년대에 청년기를 보낸 1960년대 출생코호트를 진보적인 민주화세대로 보고 그 이전 코호트는 민주화와 대립적인 보수적 세대로 일괄 처리하는 것은 잘못된 단계론段階論이다. 필자는 몇몇 지면을 통해 이러한 '1980년대 민주화운동 중심', 혹은 '386세대 중심' 시각의 오류를 지적해 왔음에도 시정되지 않고 있다.[14] 그 까닭은 아마도 세대 담론의 헤게모니와 관련된 것으로 보인다.

〈표 3〉은 그간의 연구 성과들을 바탕으로 하여[15], 각 세대가 어떠한 특성을 갖는지 정리해 본 그림이다. 이런 방식의 도식화는 항상 과잉 단순화의 위험을 안고 있기는 하지만 나름대로 의미는 있다고 생각한다. 이에 대해 간략히 설명하면 다음과 같다. 우선, '식민지·전쟁체험세대'는 어린 시절 집에서 한문을 배우고 전통 예법을 강조하는 어른들 틈에서 성장하여 유교적 가치를 깊이 내면화한 세대이다. 인간관계를 수직적 위계로 파악하는 권위주의 특성과, 개인보다 국가, 직장, 가족 등의 공동체를 중시하는 집합주의적 특성도 강하게 갖는다. 생사를 넘나드는 고초를 겪으며 강인한 생존의지를 갖게 됐고 근검절약 정신이 몸에 배어 있지만, 반공주의 태도를 강하게 표출하기도 한다.

〈표 3〉 세대 구분과 세대별 특성

<table>
<tr><th>출생 시기</th><th colspan="4">1930년대 말경</th><th>1970년경</th></tr>
<tr><td rowspan="2">세대 구분</td><td rowspan="2">식민지·전쟁
체험세대</td><td colspan="3">산업화·민주화운동세대</td><td rowspan="2">탈이념·정보화세대</td></tr>
<tr><td>탈식민지세대</td><td>베이비붐세대</td><td>386세대</td></tr>
<tr><td rowspan="2">세대 특성</td><td rowspan="2">·유교적 가치 중시
·권위주의
·집합주의
·근검절약 강조
·강인한 생존 의지
·반공주의</td><td colspan="3">·출생 시점 늦을수록 왼쪽 칸의 특성이 점차 약화
·전통적 가치와 현대적 가치 간의 혼란
·민주주의, 민족주의 이념, 반독재 저항의식 공유</td><td rowspan="2">·유교적 가치 경시
·탈권위주의
·개인주의
·소비와 여가 중시
·지구화·정보화 마인드
·레드콤플렉스 극복</td></tr>
<tr><td>·4.19~6.3 세대
·한글세대
·서구문화 수용·전파 1세대
·민주화운동 1세대</td><td>·유신세대
·전통문화 재평가
·실패의 운동 경험
·좌절감, 냉소주의</td><td>·80년대 민주화운동
·반미사회주의이념
·현실 변혁 의지
·강한 연대감</td></tr>
</table>

자료 박재흥(2003b, 2005b:184)을 토대로 하여 일부 수정·보완.

14 대부분의 매체와 달리, 정부의 건국 60년 기념행사와 관련하여 선 산업화, 후 민주화라는 단계론의 문제점을 비판한 《경향신문》(2008년 8월 19일자 제5면)의 당연한 지적이 돋보인다.

15 관련된 연구들을 열거하면 다음과 같다.(한국사회학회, 1990; 박재흥, 1992, 1995, 2003b, 2005b; 황상민·양진영, 2002; 조대엽, 2002; 홍덕률, 2003; 박길성·함인희·조대엽, 2005)

한편, '탈이념·정보화세대'는 이러한 특성과 크게 대비된다. 유교 문화를 시대에 뒤떨어진 문화로 보며 권위주의와 집합주의에 대해 거부감을 보이고, 그 대신 자기주장과 의사표현이 명확하고 개인주의 성향을 강하게 갖는다. 소비와 여가를 중시하고 복잡하게 의미를 따지기보다는 순간순간의 재미와 만족을 추구한다. 또한, 지구화·정보화 마인드를 갖고 있으며, 이전 세대들이 가졌던 레드콤플렉스에서 자유롭다.

마지막으로, '산업화·민주화운동세대'는 앞 세대의 특성을 어느 정도 공유한다. 그러나 출생 시기가 늦을수록 해방 후 서구식 근대 교육의 영향으로 그러한 특성에 대해 비판적 태도를 갖게 된다. 어떤 의미에서 전통적 가치와 현대적 가치 간의 혼란을 가장 심하게 겪은 세대이다. 또한 이들은 1960년 이래 긴 민주화의 여정 속에서 민주주의, 민족주의, 반독재 저항의식을 공유하기도 한다.

'산업화·민주화운동세대'를 다시 세분해 보면 먼저, 1930년대 말 이후에 태어나 탈식민지 상황에서 한글로 교육을 받기 시작했고 4·19혁명과 6·3사태를 주도했던 '탈식민지세대', 다음은, 전후 베이비붐 시기50년대 중반~60년대 초에 태어나 콩나물 교실에서 초·중등학교를 다니고 암울했던 유신 치하에서 존재감 없이 청년기를 보낸 '베이비붐세대', 마지막으로, 1960년대에 태어나 1980년대 민주화운동을 주도한 '386세대'로 나눌 수 있다. 이들 중에서도 이른바 386세대는 독특하다. 반미 사회주의 이념과 현실 변혁이론으로 무장한 채 대학생활을 보냈으며 성공한 운동 경험을 갖는다는 점, 레드콤플렉스가 거의 없으며 나이가 들어서도 진보적 성향이 어느 정도 유지되고 있다는 점[16] 등이 그러하다. 그러나 역사적 경험과 세대 특성의 잣대로 볼 때 이들은 '탈이념·정보화세대'보다는 '산업화·민주화운동세대'에 가깝다.

16 386세대의 정치적 정체성이 다른 세대와 뚜렷이 구분되지 않는다는 흥미로운 연구 결과도 있다. 박병영(2007)을 참조할 것.

| 제4절 |

세대교체와 세대갈등

사회문화적 변동에 대한 함의

이론적 논의를 다룬 첫머리에서 살펴봤듯이, 세대교체와 세대갈등은 사회문화적 변동의 계기를 제공한다. 여기에서는 세대교체와 갈등이 변동의 계기를 제공한다고 볼 수 있는 경험적 단서들을 몇 가지 예시하고 아울러 변동에 대해 갖는 함의를 논할 것이다.

앞에서 세대를 크게 세 범주로 구분한 바 있는데, 우선 각 세대의 인구구성비 검토부터 논의를 시작해 보자. 〈표 4〉에서 각 세대들의 인구 구성비의 변화를 세 시점에서 비교해 봤다. 이 센서스 자료에서는 코호트를 출생연도 기준 1940~1941년, 1970~1971년 시점에서 구분하여 필자가 분기점으로 삼은 시점과 약간의 차이는 있지만 흐름을 이해하는 데 별 무리는 없을 것이다. 각 세대는 청소년기 경험에 따라 다시 세분해 봤다. '식민지·전쟁체험세대'는 일제의 조선 강점 이후에 태어나 1930년대 군국주의 체제에서 청소년기를 보낸 코호트와 그 이전 코호트로, '산업화·민주화운동세대'는 소위 '386세대'와 그 이전 코호트로, '탈이념·정보화세대'는 이른바 '웹 2.0세대'[17]와 그 이전 코호트로 나누어 봤다.

---

17 웹 2.0은 2004년 인터넷 관련 기업 간의 회의에서 처음으로 등장한 용어인데, 인터넷 사용자가 정보생산에 참여하고 그 정보가 누구에게나 공유되고 개방되는 새로운 인터넷 환경을 가리키는 뜻이라 한다. '웹 2.0세대' 혹은 '2.0세대'는 2008년 미국산 쇠고기 수입 반대 촛불집회에 참여한 10대들 간의 소통과 참여를 참여·공유·개방으로 대표되는 웹 2.0의 특성에 빗대어 만든 조어이다.(김호기, 2008; 《인터넷한겨레》, 2008. 6. 3.; 《오마이뉴스》, 2008. 6. 11. 참조)

〈표 4〉 세대별 인구 구성비 1970 ~ 2010

출생연도		1970년		1990년		2010년	
		연령	%	연령	%	연령	%
식민지·전쟁체험세대	1910년 이전	60세 이상	5.4	80세 이상	0.7	100세 이상	0.0
	1911~1940	30~59세	27.6	50~79세	15.4	70~99세	8.3
산업화·민주화운동세대	1941~1960	10~29세	38.8	30~49세	27.9	50~69세	22.0
	1961~1970	0~9세	28.1	20~29세	20.1	40~49세	17.1
탈이념·정보화세대	1971~1990	–	–	0~19세	35.9	20~39세	30.0
	1991~2005	–	–	–	–	19세 이하	23.4
총 인구		31,436천 명		43,390천 명		47,991천 명	

자료 『한국의 사회지표』, 1987, 1993, 2007; 《국가통계포털(KOSIS)》2010년 자료.

1970년 당시, '식민지·전쟁체험세대'에 해당하는 1940년 이전 출생코호트는 전체 인구의 1/3에 해당하는 규모였고, '산업화·민주화운동세대'에 해당하는 1941~1970년 코호트는 그 나머지 2/3에 달했다. 이들이 1960~1970년대 산업화의 주역이라 할 수 있다. 그로부터 40년이 경과한 2010년의 시점에서는 대폭적인 세대의 교체가 이루어진다. 1940년 이전에 출생한 '식민지·전쟁체험세대' 다수는 역사의 무대에서 퇴장하여 그 규모가 8.3%로 축소되고, 그 대신 1971년 이후 출생한 '탈이념·정보화세대'가 새로이 출현, 그 뒤를 계승하여 전체 인구의 과반수를 차지하게 됐다. 1941~1970년에 출생한 '산업화·민주화운동세대'는 4할에 가깝다. 이 세대에서 인구 규모가 특히 두터운 층은 베이비붐세대를 부분적으로 포함하는 1956~1970년 출생자2010년 기준 40~54세인데 이들만의 구성비가 무려 전체 인구의 1/4인 25.0%에 달한다.

이러한 세대교체가 갖는 중요한 함의는 시간의 흐름에 따라 '식민지·전쟁체험세대'가 갖고 있던 세대 특성은 점점 역사의 뒤안길로 사라지고 '탈이념·정보화세대'가 갖는 특성이 점차 한국문화의 지배적 특성이 될 것이라는 점이다. 앞의 〈그림 3〉에서 제시한 세대별 특성을 보면 세대계승이 어떠한 방향의 사회문화적 변동을 야기할지 어느 정도 짐작할 수 있다. 다른 무엇보다도, 유교적 가치관과 규범이 퇴조를 보이는 한편 개인주의 의식은 확산될 것으로 보인다. 이와 더불어 정보통신기기 사용의 일상화에 따른 여러 가지 변화도 예상할 수 있다.[18]

유교문화의 영향력 및 개인주의 가치관의 변화를 읽을 수 있는 횡단적 cross-sectional 설계의 조사 연구 결과가 〈표 5〉에 제시되어 있다. 이 자료는 가족 가치, 성역할 규범, 가부장 가치에 대한 연령집단별 차이를 조사한 2006년 한국종합사회조사 결과이다.[19]

〈표 5〉 가족 가치, 성역할 규범, 가부장 가치의 연령집단별 차이* (단위: %)

항목	20대 이하	30대	40대	50대	60대 이상
① 남편은 부인보다 나이가 많아야 한다	9.2	14.6	18.6	40.8	48.7
② 결혼 의사 없이 함께 사는 것도 괜찮다	35.3	24.7	18.3	13.2	11.4
③ 이혼하고 싶어도 자녀가 장성할 때까지 기다려야 한다	21.0	28.6	40.0	43.4	55.3
④ 아내는 자신보다 남편을 내조하는 것이 더 중요하다	6.7	20.6	28.9	42.9	60.1
⑤ 남편 할 일은 돈 벌기, 아내 할 일은 가정 돌보기	6.4	12.6	18.1	39.3	57.1
⑥ 가계를 잇기 위해 아들이 적어도 하나는 있어야 한다	16.8	19.3	29.4	51.0	75.5
⑦ 결혼한 여자는 친정보다 시집을 먼저 도와야 한다	2.4	8.5	15.0	33.6	54.2
⑧ 자신보다 가족의 안녕과 이해를 우선시해야 한다	31.8	41.4	54.2	59.7	73.6

* 이 표에 제시한 비율은 각 항목에 대해 총 7점 척도 중 '전적으로 찬성', 혹은 '상당히 찬성'하는 응답자의 비율임. 단, ②번 항목의 경우에는 그 비율이 낮아 '약간 찬성'도 포함시켰음.

자료 김상욱 외, 『한국종합사회조사 2006』

18 이미 여러 변화가 나타나고 있다. 이성보다 감성의 중시, 사이버공동체의 등장과 대면적 접촉·소통의 영향력 감소, 수직적 위계구조보다는 수평적 관계의 중시 등이 대표적이다. 최근에는 인터넷 공론장의 막강한 영향력과 참여·소통 방식의 변화 등이 웹 2.0 시대의 새로운 변화 양상으로 주목받고 있다.

19 2006년 조사에서는 동아시아 주제모듈EASS이 포함되어 있는데 그 주제가 '동아시아의 가족'이다. 10년 전 자료이기는 하지만, 가족에 관련된 가치관에서 세대차이가 극명하게 드러나기 때문에 이 자료를 제시했다.

위 표에서 ①~③번 항목은 결혼 관련 가족가치에 대한 조사 결과이다. 예상했던 대로, 고령층에 비하여 젊은 층은 연상녀와 결혼하는 것에 거부감이 별로 없고, 혼전 동거에 대해 관용적이며, 자녀가 장성할 때까지 이혼을 유보해야 한다는 의식도 약하게 나타났다. 이런 결과는 젊은이들의 성 평등적, 성 개방적 의식과 개인주의 가치관을 반영한다. 386세대를 포함하는 30~40대의 성 평등의식이 50~60대보다 오히려 20대에 가깝다는 점이 주목된다. 성역할 규범을 물어본 ④~⑤번 항목에서도 연령집단별 차이가 뚜렷하게 나타났다. 아내의 역할을 남편 내조로 묶어 둔다거나 아내와 남편의 역할을 공적, 사적 영역으로 나누는 것에 대해 동의하는 비율은 젊은 층에서 매우 낮게 나타났다. 부계 계승, 출가외인의 관념, 가족주의 등 가부장 가치를 물은 ⑥~⑧번 항목에서도 연령집단별 차이가 크게 나타났다. 가족주의 경향은 젊은 연령층에서도 어느 정도 공유되고 있었으나 출가외인의 관념에 동의한 비율은 20~30대에서 매우 낮게 나타났다.

〈표 6〉에는 북한에 대한 연령집단별 인식의 차이가 제시되어 있다. 표에 나타난 큰 흐름을 보면, 북한을 경계 혹은 적대 대상으로 보는 응답자가 삼사십대 연령집단에서는 절반 정도로 비슷하게 나타났음에 비하여 그 비율이 50대 응답자에서는 2/3, 60대 응답자에서는 3/4 정도로 나타났다. 40대가 10년 연하의 30대와 비슷한 태도를 보인 것은 이들이 386세대에 해당되는 코호트라는 점, 즉 코호트 효과cohort effect가 작용한 것으로 보인다. 주목을 끄는 연령대는 20대 이하 연령집단인데, 이들은 삼사십대보다 더 보수적인 태도를 보이고 있다. 20대의 보수화 경향은 다른 조사에서도 이따금 접하게 된다. 이러한 결과는 2000년대 중후반 국내외의 경기침체와 경제 위기 국면, 그리고 청년실업에 대한 위기감 등이 복합적으로 작용한 것으로 보인다. 〈표 6〉에 제시하지는 않았지만, 2006년 조사 결과와 비교해 볼 때 북한을 지원 혹은 협력대상으로 보는 응답자가 4년 후 모든 연령층에서 크게 줄어들었다는 점, 즉 시기 효과period effect가 뚜렷하게 나타난 점도 주목할 만하

다. 2006년 조사 이후 2010년까지 북한이 자행한 두 차례의 핵실험이 초래한 결과이다.

〈표 6〉 북한에 대한 인식

구 분	지원 대상	협력 대상	경계 대상	적대 대상	모른다/무응답	% (사례수)
18~29세	9.5	26.1	42.4	20.7	1.4	100.0 (295)
30~39세	15.9	32.2	37.0	13.8	1.1	100.0 (370)
40~49세	18.1	29.4	39.7	11.4	1.4	100.0 (360)
50~59세	12.3	20.5	44.3	21.9	0.9	100.0 (219)
60세 이상	7.2	16.0	31.3	41.6	3.9	100.0 (332)

자료 김상욱 외 『한국종합사회조사 2010』

특정 조사 시점에서 연령집단별 태도의 차이를 보여 주는 횡단적 조사 결과가 세대차이의 명백한 증거로 사용될 수는 없지만 참고 자료로서 의미는 충분히 있다. 그뿐만 아니라 세대교체와 세대갈등, 사회변동과 관련해서도 중요한 시사를 제공한다. 북한에 대한 연령집단별 인식의 차이를 예로 들면, 그 차이는 잠재적으로 세대갈등을 내포한다. 그러한 인식의 차이는 구체적 사안을 둘러싸고 가정, 직장 등 일상생활 현장에서 세대 간 의견 충돌을 빚고 나아가서 전 사회적 세대갈등을 야기하여 대북 정책변화를 유도할 수도 있다. 세대교체의 관점에서 봐도 중요한 시사를 제공한다. 북한에 대해 부정적인 태도를 갖는 세대가 역사의 무대에서 서서히 퇴장하고 그 대신 우호적 태도를 갖는 세대가 새로이 진입하면, 남북관계는 장기적으로 큰 변화를 맞을 수 있다. 물론, 최근 북한의 연이은 핵실험으로 인해 빚어진 위기 국면에서는 다른 무엇보다 시기 효과의 영향력이 압도적일 것이다.

코호트 분석cohort analysis의 견지에서 보다 엄격하게 말하면, 코호트 간 태도의 차이가 연령 효과가 아닌 코호트 효과에 기인한 경우에야 비로소 코호트 교체가 사회문화적 변동으로 인도된다.(Glenn, 1977:23) 이는 물론 당연한 지적이다. 중요한 것은 코호트 분석은 코호트 자료와 분석의 한계를 잘 인식한 가운데 사용되어야 한다는 점이다.[20] 글렌(Glenn, 1977:14-16)이 잘 지적했듯이, 코호트 자료는 연령 효과, 코호트 효과, 시기 효과의 영향력 정도에 대한 느슨한 단서나 잠정적 증거만을 제공할 뿐 결정적인 증거를 제시해 주진 않는다. 그러한 한계를 보충해 주는 것은 연구자의 이론이나 자료 밖의 증거이다.

코호트 자료는 2개 이상의 시점에서 어떤 코호트 특성의 측정치를 보여주는 자료를 의미한다. 〈표 7〉은 코호트 효과의 존재를 비교적 잘 보여 주는 예시용으로 제시했다. 이 표에서 조사시점 간 간격이 10년이 아니라 9년과 6년이라는 결점이 있기는 하지만 그런 대로 코호트 표의 모양새를 갖추었다. 이 표에서 1989년 조사 결과가 1988년과 동일하다고 가정한다면, 1979년 조사에서의 20~29세 코호트는 1989년실제로는 1988년에 30~39세가 되며 그다음 2개 코호트도 마찬가지이다.

20 코호트 분석의 한계는 전상진(2004:40)이 정확하게 지적하고 있다. 즉, 연령-코호트-시기 효과는 서로 함수관계에 있기에 각각의 독립적 효과를 측정할 수 없다. 현실에서는 세 효과가 뒤섞여 있으므로 가설의 수준에서만 독립적 효과를 말할 수 있으며, 바로 이러한 이유들 때문에 코호트 분석의 한계는 명확하다고 한다. 그러나 이러한 한계에도 불구하고, 만일 코호트 자료가 확보된다면 그 한계에 대한 명확한 인식을 전제로 코호트 분석을 할 수 있고 해야 한다. 어느 분석방법이거나 강점과 한계를 동시에 갖기 때문에, 방법 면에서는 다원주의적 태도가 필요하다. 오히려 우리가 경계해야 할 것은 횡단적 조사 결과를 코호트 효과만의 영향인 듯 잘못 해석하는 경향이다.

〈표 7〉 장남의 노부모 부양책임*

연령집단	조사 시기		
	1979	1988	1994
15~19세**	13.3	16.4	14.0
20~29세	20.8	16.8	14.4
30~39세	32.0	19.5	15.6
40~49세	41.3	29.0	18.5
50~59세	45.7	36.6	25.9
60세 이상	51.7	48.1	37.7
전체 평균	30.6	25.2	19.6

* 이 표에 제시한 비율은 노부모 부양책임이 장남에게 있다고 지적한 응답자의 비율임.
** 1979년 조사의 경우, 14~19세임.
자료 『한국의 사회지표』, 1987, 1993, 1998.

이 자료에서 상당한 정도의 코호트 효과를 관찰할 수 있다. 1979년의 이삼십대의 태도응답비율는 10년 후 삼사십대가 되어서도 큰 변화는 없다(같은 음영으로 표시). 1979년에서 1988년까지 변화량을 봐도, 1979년 현재 20~29세 코호트는 -1.3, 30~39세 코호트는 −3.0로 나타나 전체 평균값 변화량 −5.4보다 작은 점이 확인된다. 전체 평균값이 조사 시기에 따라 지속적으로 크게 떨어지고 있음은 시기 효과도 존재함을 시사한다. 세월이 흐름에 따라 노부모 부양에 대한 책임을 장남으로만 국한하여 생각하는 경향이 점점 줄어들고 있는 것이다. 한편, 비율의 증감분이 고령층에서 오히려 높게 나타난다는 점에서 연령 효과의 영향력은 미미한 것으로 보인다.

앞에서의 글렌의 지적을 다시 상기한다면, 이러한 코호트 분석 결과는 코호트 교체가 사회문화적 변동으로 인도될 수 있다는 경험적 단서로 이해 가능하다. 위의 분석 결과를 다시 요약 정리해 보면, 이 코호트 자료에서 다른 종류의 효과에 비하여 코호트 효과의 영향력이 잘 관찰되며, 이러한 결과는 세대 구성원의 사망과 출생으로 세대교체가 진행됨에 따라 노부모 부양책임이 장남에게 전적으로 있다는 생각이 점차 사라질 것임을 시사한다.

지금까지 출생코호트별 인구 구성비의 변화 추이를 검토하며 세대교체가 사회변동에 어떠한 영향을 미칠지 그 잠재적 가능성을 엿봤다. 또한, 횡단적·종단적 연구 결과들을 몇 가지 예시하며 세대교체와 세대갈등이 변동에 대해 어떠한 함의를 갖는지 검토했다. 그러나 이러한 검토를 통해 얻어진 결론은 잠정적일 뿐이다. 보다 확고한 결론을 얻기 위해서는 비교 가능한 종단적 longitudinal 자료가 필요한데 아직까지는 충분히 확보되지 않았다. 따라서 코호트분석을 하는 데 여러 가지 제약이 따르는 것이 한국 사회과학계의 현실이다. 다행스러운 일은 성균관대학교 서베이리서치센터SRC에서 대규모 전국 표본조사인 한국종합사회조사KGSS를 2003년부터 매년 실시하고 있다는 점이다. 이 연차적 조사는 종단적 자료를 장기적으로 축적할 수 있다는 점에서 앞으로 코호트 분석에 크게 기여할 것으로 보인다.

| 제5절 |

세대 형성의 문제

지금까지 필자는 한국사회의 세대교체와 갈등을 사회문화적 변동의 맥락에서 살펴봤다. 우선, 해방 후 사회문화적 변동과정을 개관한 결과 지난 세월 동안 경제 발전과 민주화를 비롯한 여러 긍정적 변화가 있었지만 군부독재와 인권탄압 등 어두운 면도 공존했음을 알 수 있었다. 둘째로, 역사적 경험의 차이가 대략 어느 시점에서 세대를 나누어 경계 짓고, 경험 공유가 어떤 세대 특성을 낳는지에 대해 살펴봤다. 일제 식민지 체제와 한국전쟁 경험 여부, 산업화·정보화·민주화운동 경험의 차이 등을 세대 구분의 기준으로 삼아 현 단계 한국사회가 '식민지·전쟁체험세대', '산업화·민주화운동세대', '탈이념·정보화세대'로 구성되어 있으며 각 세대가 고유한 특성을 갖는다는 점도 밝혔다. 셋째로, 세대교체와 세대갈등이 사회문화적 변동에 대해 어떤 함의를 갖는지 검토했다. 출생코호트별 인구구성비의 변화와 횡단적·종단적 연구 결과들의 검토를 통하여 세대교체와 갈등이 사회변동의 계기를 제공할 수 있다는 점을 확인했다. 이제 마지막으로 여기에서 미처 다루지 못한, 그러나 매우 중요한 연구 주제인 세대 형성 혹은 세대 출현에 관한 연구 필요성을 지적하며 이 장을 마치고자 한다.

이 장에서는 오늘날 한국사회의 동시대인을 대상으로 하여 그들의 역사적 경험의 질적 차이를 기준으로 삼아 세대를 구분했다. 이러한 세대 구분 방법이 타당하다는 이론적 근거는 이 작업이 핀더Pinder의 '동시대의 비동시대성' 개념을 경험 세계에서 확인한다는 의미를 갖는다는 점에서 찾았다. 여기에서 시도한 특정 시점에서의 세대 구성을 분석하는 작업은 분명히 의미가 있다.

하지만 시간의 흐름 속에서 역사적 실재로서 세대가 어떻게 형성되는지에 대한 연구도 앞으로 세대 연구자들이 본격적으로 다루어야 할 흥미로운 연구 주제이다. 만하임이 그의 고전적 논문(Mannheim, 1952)에서 다룬 여러 소주제들 중에서도 특히 관심을 가진 주제는 바로 이러한 세대형성의 문제였다. 그는 일정한 시간 간격으로 세대를 나누어 역사발전의 주기를 찾으려는 실증주의 접근에 대해 강하게 비판했다. 그 대신 그는 역사적 운명공동체로서 강한 연대의식을 갖는 세대단위generation unit가 어떠한 조건 아래에서, 어떠한 과정을 거쳐서 출현하는지에 대해 관심을 기울였다.

세대형성에 대한 관심은 전상진(2004)에 의해서도 공유된다. 그는 세대 형성의 접근 방법을 두 가지로 나누어 봤다. 하나는 중요한 역사적 사건의 경험을 공유하면 세대가 자동적으로 형성된다는 객관주의적 접근이고, 다른 하나는 어느 선도적 집단이 창출한 의식과 스타일이 또래들에게 폭넓게 수용되면서 세대가 형성된다는 주관주의적 접근이다. 그는 세대 형성을 온전하게 이해하고 설명하기 위해서는 이 두 측면이 동시에 고려되어야 한다고 주장한다. 필자가 이해하기로는 이러한 전상진의 입장은 만하임의 입장과 다르지 않다. 만하임 역시 한편으로는 경험 공유의 중요성을 강조하면서, 다른 한편으로는 선도적 집단이 또래들이 공감할 수 있는 '새로운 만남fresh contact'을 개발해 내야 세대단위가 형성될 수 있다고 봤기 때문이다.

이 장에서는 두 가지 접근법 중 객관주의적 접근이 특히 강조됐다. 즉, 비슷한 시기에 출생한 사람들은 동일 생애주기 단계에서 역사적 경험을 공유하므로 비슷한 세대 특성을 갖기 쉽다는 점이 지적됐다. 하지만 이러한 객관주의적 측면 못지않게 주관주의적 측면도 중요하다고 생각한다. 이러한 두 가지 측면을 동시에 고려하며 세대 형성 과정을 경험적으로 연구하려 할 때 386세대에 주목할 필요가 있다. 필자는 우리 역사에서 세대단위 혹은 실제세대의 지위를 부여할 만한 세대는 386세대라고 지적한 바 있다.(박재흥,

2003) 만하임이 제시한 '공동운명체로서의 연대감'이라는 잣대로 볼 때 386 세대는 다른 어느 세대보다 그 기준에 잘 부합되는 세대이기 때문이다. 반미 사회주의 성향을 주요 특성으로 하는 원조 386세대로부터 우파 자유주의 성향을 띠는 뉴라이트 386세대가 분화됐다는 점 역시 흥미를 끄는 부분이다. 자료 수집에 어려움이 따르기는 하겠지만, 세대 형성의 관점에서 386세대의 출현과 분화 과정을 시론적試論的 수준에서라도 분석해 볼 필요가 있다.

제3장

세대 명칭과 세대갈등 담론

이 장에서는 한국사회 세대담론의 두 가지 주요 쟁점인 세대 명칭에 관한 담론과 세대갈등을 둘러싼 담론을 비판적으로 검토하고자 한다. 우선, 세대 명칭은 세대 담론의 출발점이 되는 핵심적 요소이기에, 세대 명칭의 유형별 특성과 세대 명명의 조건들을 심층 점검할 것이다. 다음으로, 세대 구분에 관련된 쟁점들을 살펴본 후 세대 간의 경쟁과 갈등에 관한 담론을 88만원세대론을 중심으로 검토할 것이다.

다시 세대를 논하며

최근 세대에 관한 이야기들이 무성하다. 세대 문제가 신문·잡지의 기획 특집으로 다루어지는가 하면 좌담회나 심포지엄의 단골 주제가 되기도 한다. 2002년을 전후한 세대 담론 열풍에 이어 당시의 뜨거웠던 바람이 재연되고 있는 것이다. 당시에는 한국의 지축을 흔들 만한 대형 이슈가 세 가지나 있었다. 월드컵 거리응원, 미군장갑차 희생소녀 촛불추모제, 16대 대선이 그것이다. 그 각각의 폭발력만으로도 엄청날 텐데 앞의 역사적 사건이 뒤이은 사건에 상승 작용하여 그 효과가 극대화됐다. 더구나 세 사건의 주인공이 모두 청소년들이었으니 언론매체와 연구자들이 세대라는 프리즘을 꺼내든 것은 너무도 당연하다.

2007~2008년 재연된 세대 담론 활성화의 중심에는 『88만원세대』(우석훈·박권일, 2007)라는 한 권의 책과 미국산 쇠고기 수입을 반대한 촛불이 있다. 『88만원세대』는 1997년 외환금융위기 이래 신자유주의 세계화의 그늘에서 실업과 비정규직의 나락으로 내몰린 20대의 답답한 현실과 암담한 미래를 조명한 책이다. 2007년 8월 출판된 이 책은 청년층뿐 아니라 기성세대에게도 경종을 울렸다. 특히 12월 대선 정국과 맞물려서 출판 두어 달 만에 1만 부 판매 돌파라는 놀라운 기록을 세웠다. 88만원세대는 곧이어 중앙 일간지의 기획특집으로까지 등장하며(《경향신문》2007. 12. 4.~17. 참조) 2007년 하반기 최고의 키워드이자 20대의 또 다른 이름으로 자리 잡게 됐다.

해를 넘겨 5월 초부터는 미국산 쇠고기 수입을 반대하는 촛불집회가 열리기 시작해 8월까지 이어졌다. 집회에서 세간의 주목을 끈 점은 다음 두 가지이다. 그 하나는 그 집회가 애초에 10대, 특히 촛불소녀로 상징되는 청소년들의 적극적 참여에 의해 점화됐다는 점이다. 다른 하나는 집회가 지도부의 행동지침에 따라 일사불란하게 움직인 것이 아니라 개방된 광장〔거리와 웹, 중의적 의미에서〕에 누구나 참여하여 의사를 표명하고 정보를 생산·공유하는 형태로서 시위 방식의 새로운 전형을 보여 줬다는 점이다.[21] 집회 초기 국면을 주도한 10대가 '웹 2.0세대'[22] 혹은 '2.0세대'라는 영예로운 칭호를 얻게 된 배경이다.

『88만원세대』는 해박한 경제학적 지식과 날카로운 문제의식이 결합된 걸출한 교양도서이다. 저자들은 책의 곳곳에서 논쟁적 주장들을 펼치고 있는데 그중 하나가 20대의 탈정치화 비판이다. 그들은 문제의 핵심이 세대 내 경쟁에 있는 게 아니라 세대 간 경쟁에 있으므로 상황 돌파를 위해서는 당연히 20대가 집단적으로 자기주장을 하여 사회 안전망을 확보해야 한다고 본다. 그러나 정작 청년들은 그러한 문제의식 없이 자기만 혼자 살겠다며 "개미지옥 게임"에 몰두한다고 비판의 메스를 가한다. 2008년 5월 촛불집회가 시작되자, '88만원세대'는 집회 초기 국면의 주력인 10대 '촛불소녀'들과 선명하게 대비된다. 한 일간지는 20대가 "촛불집회 10대에 자리 내주고 '골방'" 에 갇혀 있다고 조롱하고, "그 많던 20대 '광장세대'는 어디로 갔나."라며 탄

21 인터넷 신문 《오마이뉴스》(2008. 6. 11.)에서는, 촛불집회에서 드러난 새로운 시위방식을 "시위 2.0"이라 부르며 전통적 시위방식인 "시위 1.0"과 대비한다. 한국에서의 시위문화가 웹 2.0 시대에 조응하여 변화했다는 점에 주목한 것이다.

22 웹 2.0이란 개방, 공유, 참여를 특성으로 하는 사용자 중심의 새로운 인터넷환경을 뜻한다. 이 표현은 2004년 정보통신 사업가 오릴리T. O'reilly에 의해 처음으로 도입되었다 한다(《두산백과사전》 EnCyber & EnCyber.com). 인터넷 주제어를 검색〔NAVER 뉴스검색〕해 본 결과, '웹 2.0세대'라는 표현은 2006년 인터넷신문 《마이데일리》(2006. 4. 28.)에 처음으로 등장하며, 2007년 9월에는 제일기획이 마케팅 조사 결과를 바탕으로 '소비자 2.0세대'라는 표현을 사용하기도 했다. 한편 연세대 김호기 교수(2008)는 2008년 촛불집회의 주역인 10대를 '2.0세대'라 부르자고 제안한다.

식한다.(《한겨레》2008. 5. 19.) 20대의 암울한 미래를 그린 한 권의 책과 10대의 희망을 담은 촛불은 이렇게 만나 2008년 한국사회 세대 담론의 핵으로 부상했다.

한국 근현대사에서 세대 담론의 소재를 구한 연구는 흔치 않은데 국문학자 천정환(2004)의 분석이 흥미롭다. 그는 일제시대와 1960년 4월 혁명 무렵 문인과 지식인 중심의 세대 담론을 분석한 바 있는데 그가 내린 결론은 다음과 같다. 즉, 세대론은 항상 담론이 만들어지는 시점에서 다시 쓰이는데, 나이 든 세대는 늘 보수적이고 젊은 세대는 진보적으로 묘사되는 경향이 반복된다는 것이다. 예컨대, 4월 혁명을 주도한 20대는 그 당시 삼사십대 선배들에 의해 '민주적 의식을 갖고 구세대를 불신하며, 자유롭게 감정을 표현하고 격정적·충동적·타산적인 데다 생각이 짧고 냉전의식에서 벗어난 세대'라고 평가받았다.(천정환, 2004:584) 이러한 묘사를 1990년대 초중반 세대 담론을 주도한 '신세대'나 요즘 청소년들의 특성을 그린 것이라 해도 그럴 듯하다. 그러나 이들이 누구이던가? 4·19를 전후하여 우려와 칭송을 동시에 받았던 20대 젊은이들이 세월이 흘러 2002년 대선 국면에서는 보수적 산업화세대라 비판받던 60대였다는 점을 회상해 보라. 인생무상을 풍자한 천정환의 결론이 그럴 듯해 보인다.

그러나 최근의 세대 담론은 이러한 틀에서 벗어나 있다. 최근에는 40대 386세대에 해당하는 논객들이 20대 88만원세대의 보수화와 탈정치화를 꾸짖는 흐름인데, 이러한 현실은 청년은 진보적이고, 기성세대는 보수적이라는 이분법에서 벗어나기 때문이다. 여기에 10대 촛불소녀나 30대 IMF세대와의 관계까지 고려하면 논의는 더욱 복잡해진다. 20대가 정말 보수적인지도 따져 봐야 하지만, 젊은이가 항상 진보적이라는 명제 역시 재검토되어야 한다. 젊은이가 진보적인지 보수적인지 여부는 기존의 사회가 그들에게 제공하는 기회구조와 관련된다는 만하임(Mannheim, 1952:297)의 지적이 오히려 사회과학적으로 그럴 듯하다.

이 장의 목적은 한국사회 세대 담론의 주요 쟁점들을 비판적으로 검토하는 데 있다. 세대 담론의 흐름을 연대기적으로 정리하거나 담론의 특정 주제를 심층 분석하기보다는 그간 비판적 성찰이 부족했던 몇 가지 쟁점들을 되짚어 볼 것이다. 여기에서 살펴볼 내용을 크게 나누어 보면 다음 두 가지이다. 첫째, 세대 명칭은 세대 담론의 핵심이기에 세대 명名의 유형별 특성과 세대 명명命名의 조건을 심층 점검할 것이다. 둘째, 한국사회의 세대 구성이 어떠하며, 세대 간의 경쟁과 갈등 양상이 어떠한지를 '88만원세대론'을 중심으로 검토할 것이다.

세대 명칭의 유형별 특성과 세대 명명의 조건

일반적으로 세대 담론은 자신이 속한 세대나 다른 세대에 대한 인식과 감정, 행동 성향으로 표출된다.[23] 즉, 자세대自世代나 타세대他世代는 어떠하며 그래서 그 세대가 좋거나 싫고 그에 따라 연대감이나 무관심 혹은 적대감을 갖고 상호작용한다는 것이 세대 담론의 뼈대가 될 것이다. 세대 담론을 이와 같이 이해한다면, 그것은 의사소통이 가능했던 시점부터 존재했다고 볼 수 있다. 고대에서 현대에 이르기까지 일상의 경험을 공유하고 생물학적·사회적 성숙 정도가 비슷한 또래 간에는 상호 이해의 폭이 넓고 동류의식을 갖기 쉬운 반면, 출생 시기가 다른 사람 간에는 그 반대 경향이 나타나기 쉬울 것이다. 또한 사회가 분화될수록 일상적 관심과 이해관계도 분화되기 때문에 이러한 이해관계와 관심의 공유가 유유상종 공식에 추가된다. 단순화하여 표현하면, 세대 담론의 본질은 나이와 이해·관심을 두 축으로 하는 유유상종의 언어적 표현에 있다. 세대 담론은 물론 전문가나 지식인 사회의 전유물이 아니며 오히려 일반인들의 참여에 의해 확산되고 활성화된다. 연구자가 하는 일은 일반인들의 세대 담론을 가공하고 재구성하여 전체적으로 일관성 있는 틀을 만드는 정도의 작업이다. 물론, 틀의 정교화 과정에는 대상 세대에 대한 기대와 우려, 자신의 가치관이나 정치적 신념이 개입한다.

23 사회심리학에서 말하는 태도의 세 차원인 인지적·감정적·행동적 차원을 원용했다. 인지적 차원이란 태도대상에 대한 믿음, 지식, 의견 등을, 감정적 요소란 호오好惡의 감정을, 행동적 요소란 호의적· 비호의적 행동 성향을 말한다.(이동원·박옥희, 2000:180)

1990년대 이래 한국사회는 다양한 방식으로 명명命名된 세대 명칭의 홍수 속에 있다. 세대 이름을 생산하는 3대 주체는 대중매체, 기업과 광고기획사, 정치권으로 볼 수 있다. 이들이 신조어를 만들어 내는 일차적 목적을 유추해 보면, 대중매체는 시대 풍속과 사람들을 이해하는 방편으로, 기업과 광고기획사는 마케팅 대상의 층화와 차별화를 통한 판매 확대와 이윤 증식을 위해, 정치권에서는 유권자의 분할 포섭이라는 선거 공학적 계산에 의해 신조어 생산에 관심을 가질 것이다. 그렇게 만들어진 세대 명名은 각종 미디어에 의해 유포·확산되고 대중에 의해 확대 재생산된다.[24]

세대 명칭은 세대 담론의 주요 요소이다. 일반적으로 세대 명칭이라는 기표記票는 다중적 의미를 담고 있는데, 세대 담론이란 궁극적으로 그 의미들의 형성과 수정, 정치적·경제적·문화적 배경에 관한 이야기이기 때문이다. 여기에서는 세대 담론에서 세대 명칭이 차지하는 중요성을 고려하여 이 쟁점을 먼저 다룰 것이다. 1990년대 이래 한국사회에서 어떠한 세대 명칭들이 생산·유포되고 부침浮沈을 겪었는지, 각 명칭들이 갖는 특성이나 배경은 무엇인지, 새로운 사건과 현상이 나타날 때마다 새로운 세대 이름을 붙여 세대를 구분하는 것이 과연 정당하고 바람직한지 등의 쟁점을 검토할 것이다. 최근 한국사회에서 통용되어 온 세대 명칭은 헤아릴 수 없이 많은데 그 모든 것들을 다루는 것은 가능하지도 않고 학술적 의미도 없을 것이다. 여기에서는 논의의 편의상 비교적 영향력 있는 명칭들을 몇 가지 기준에 따라 분류하고 각 유형의 특성과 출현 배경이 무엇인지 비판적으로 논의하는 형식을 취할 것이다. 〈표 1〉에는 세대 명칭의 유형과 특성이 제시되어 있다.

24 물론 세대 명칭의 등장과 세대의 출현은 엄격하게 구분해야 한다. 여기에서는 세대 명칭 생산에 관여한다고 생각되는 세 주체를 논하는 것이지, 세대의 출현을 말하는 것은 아니다. 즉, 어느 주체가 어떤 사람들을 OO세대라고 부른다고 해서 자동적으로 그 이름에 부합하는 세대가 생성되는 것은 아니라는 의미이다.(이남석, 2013:131 해제 참조)

〈표 1〉 세대 명칭의 유형별 특성

<table>
<tr><th colspan="2">구성 기준</th><th>세대 명칭</th><th>특성</th></tr>
<tr><td rowspan="2">역사적 경험</td><td>역사적 사건</td><td>한국전쟁세대, 4·19세대, 유신세대, IMF세대, W세대, R세대, 광장세대</td><td rowspan="2">·코호트 시각 잘 반영
·정치·경제·문화적 사건과 상황의 경험 중시
·상업적 활용도 낮음</td></tr>
<tr><td>시대 특성</td><td>산업화세대, 민주화세대, 탈냉전세대, 베이비붐세대, 386세대, 88만원세대</td></tr>
<tr><td rowspan="3">나이/생애단계</td><td>10년 단위</td><td>2030세대, 5060세대, 1020세대</td><td>·연령/코호트 효과 혼재
·이념 지향의 구분
·상업적 목적의 차별화</td></tr>
<tr><td>학교 급별 연령 범위</td><td>1318세대(중·고), 1315세대(중), 1618세대(고), 1924세대(대)</td><td rowspan="2">·연령/코호트 효과 혼재
·상업적 목적의 차별화</td></tr>
<tr><td>생애단계</td><td>청년세대, 대학생세대, 노년세대, 실버세대</td></tr>
<tr><td rowspan="2">문화적·행태적 특성</td><td>문화적, 행태적 특성</td><td>신세대, X세대, N세대, 디지털세대, IP세대, 실용파세대(P세대), (웹)2.0세대, 실크세대</td><td>·문화적, 행태적 특성의 포괄적 표현
·상업적 목적의 차별화</td></tr>
<tr><td>소비 행태</td><td>P세대, WINE세대, MOSAIC세대, 2.0소비자</td><td>·표본조사에 근거
·상업적 목적의 차별화</td></tr>
</table>

우선 세대 명칭을 구성하는 기준은 역사적 경험, 나이 혹은 생애주기 단계, 문화적·행태적 특성, 이 세 가지로 나누어 볼 수 있다.[25] 첫째로, 비슷한 시기

25 다른 기준에 따라 분석하는 것도 필요하다. 예컨대, 세대 명칭의 생산 주체와 목적에 따라 나눌 수도 있고 각 시기의 지배적인 세대 명칭을 연대기적으로 정리할 수도 있을 것이다. 이동연(2004)은 후자의 방식으로 세대 담론을 비판적으로 분석한 바 있다. 즉 1987~2002년 기간 중 젊은이들을 일컫는 세대 명칭의 부침浮沈과 그 배경, 특성 등을 시간적 순서에 따라 분석하고 있다.

에 출생한 코호트birth cohort의 역사적 경험이나 시대 특성을 세대 명칭에 반영한 유형이 있다. 한국전쟁세대나 산업화세대와 같이 역사적 경험을 세대 명칭에 담는 방식은 인문·사회과학계에서 가장 일반적이며 역사적 유래가 깊은 작명 방식이다. 세대를 역사적 경험 공유에 기인하여 비슷한 특성을 갖는 사람들이라고 규정한다면,[26] 이러한 개념 규정방식에 부합되고 코호트 시각을 잘 반영한 작명 방식이 이 유형이다. 바로 그렇기 때문에 이 구성 기준을 적절하고 바람직한 기준으로 볼 수 있다. 이러한 종류의 세대 명칭에는 어느 코호트가 겪은 정치적·경제적·문화적 사건이나 상황의 경험이 반영된다. 이 유형을 아래 두 유형과 비교한다면, 이 유형은 마케팅 목적의 사용 빈도가 낮다고 할 수 있다. 따라서 학술적 용도로 세대 명名을 붙일 경우 이 기준에 따른 작명이 무난하고 적절하지 않을까 생각한다.

그러나 이러한 기준에 따라 세대 명칭을 구성하는 것은 그리 쉬운 일이 아니다. 다른 무엇보다도, 특정 코호트에 대한 세대 명名은 그들의 주요 역사적 경험과 시대정신, 세대 스타일을 잘 포착하고 반영해야 하는데 그게 꽤 까다로운 일이기 때문이다. 바로 그 이유 때문에 학계에서 합의점을 찾는 것도 쉽지 않다. 〈표 1〉에 예시한 명칭들은 비교적 사회적으로 인정받고 널리 사용되는 세대 명名이라 할 수 있다. 그런데 이러한 유형의 세대 명칭이 갖는 한 가지 문제점은 세대 명칭에 담긴 역사적 사건이나 시대 특성의 시점이 명시되지 않아 혼란을 줄 수 있다는 점이다. 예컨대 한국전쟁세대라 할 때, 그 세대가 전쟁 당시 출생했는지 청년기였는지 아니면 전쟁 당시 생존한 동시대인 전부를 일컫는지 불분명하다는 점이다. 통상 청년기의 역사적 경험을 세

26 이러한 규정이 세대 개념의 대표적인 용법 중 하나이며 이 글에서도 특별한 언급이 없을 경우 이 뜻으로 사용한다. 세대 개념은 다른 뜻으로 쓰이기도 하는데, 부모-자녀 세대와 같이 친족계보상 위치의 의미로 사용하는 경우가 한 예이다.(Kertzer, 1983과 박재흥, 2003a 참조)

대 명칭에 담는 방식이 일반적 관례이기는 하지만 해방둥이세대나 베이비붐 세대처럼 관례에서 벗어난 경우도 존재한다. 이 문제와 관련하여 애매모호함을 가급적 줄일 수 있는 방안을 찾는 것이 필요하다.

둘째로, 나이나 생애주기 단계에 따른 세대 명칭들이 있다. 나이를 10년 단위로 나누되 20대와 30대를 하나로 묶어 '2030세대'라고 작명하거나, 중·고교 연령층의 연령 범위를 적시하여 13세에서 18세까지를 '1318세대'라고 부르는 식이다. 또한, 청년세대나 노년세대, 실버세대와 같이 생애주기 단계나 그 상징을 세대의 이름으로 삼는 경우도 있다.

이러한 세대 명칭은 생산자나 사용자의 의도와는 무관하게 연령 효과age effect, 즉 생물학적·사회적 성숙에 따른 효과를 강조한 이름이다. 따라서 이러한 유형의 세대 명칭은 어떤 연령층에서 보이는 태도상의 특성이 나이가 들면 없어질 수 있다는 함의를 갖는다. 그러나 실제 용례에서는 2002년 대선 후 2030세대의 사례처럼 세대 특성이 지속성을 갖는 것으로 전제되어 독자에게 혼선을 준다. 이는 기표와 기의의 불일치 때문에 빚어지는 혼란이다. 즉, 전달하려는 의미(記意)의 측면에서는 코호트 효과를 인정하여 어떤 연령층이 역사적 경험을 공유하므로 어떤 태도 특성이 나이가 들어도 어느 정도 지속될 것이라 전제한다. 하지만, 다른 한편 의미의 전달 수단인 세대 명칭 자체(記票)는 연령으로 표현되어 지속성을 부정하기 때문에 혼란을 초래한다는 말이다.

많은 세대 명칭들이 마케팅 차원에서 소비자를 층화·차별화하기 위하여 고안되고 생산·유포되는데, 연령의 기준에 따른 세대 명名도 마찬가지이다. 10~20대 청소년들은 1990년대 이래 높은 구매력을 갖는 핵심 소비자층으로서 의류·패션잡화·전자제품 시장의 주요 공략대상이 되어 왔다. 학교 급별 연령 범위를 이용해 작명한 1318세대 등이 상업적 목적의 층화·차별화 전략을 전형적으로 동원한 세대 명名이다. 정도는 덜 하지만, 1020세대나 2030세대 역시 마케팅 목적으로 사용되기도 하며, 고령층을 상징하는 실버세대라는 작명에서도 실버산업의 유혹이 감지된다.

2030세대, 1318세대와 같은 세대 명名은 1990년대 중반 처음으로 모습을 드러냈는데[27] 2000년대에 접어들어서는 젊은 세대를 가리키는 대표적인 세대 명名으로 자리 잡았다. 이러한 유형의 세대 명칭 중에서 특히 '2030세대'에 주목할 필요가 있다. 왜냐하면 1318세대와 같은 세대 명名은 마케팅 내지 문화적 함의가 강함에 비하여 2030세대는 그런 함의와 더불어 정치적 함의도 함께 갖기 때문이다. 1995~2006년 기간 중 2030세대에 대한 미디어 담론을 분석한 권정민(2007)의 연구에 따르면, 담론의 성격이 시간 경과에 따라 지속적으로 변화했다 한다. 즉, 2030세대의 미디어 담론이 2000~2001년에는 라이프스타일과 가치관 중심으로 이루어졌고, 월드컵과 대선이 있던 2002년에는 변화의 주체세력이자 희망으로, 2003년에는 담론의 반전이 일어나 세대 갈등과 과소비에 대한 우려와 경계의 시각이, 2005~2006년에는 그들을 마케팅 대상으로 보는 상업적 담론이 강화됐다고 한다.

2030세대에 대한 담론이 가장 활발했던 시기는 16대 대선이 있었던 2002년과 그다음 해인 2003년이었다. 대선 당시 노무현 후보의 대 역전 드라마는 20대 신세대와 30대 386세대 간의 연대, 표현을 달리하면 정보화와 민주화의 만남, 혹은 문화와 정치의 결합 때문에 가능했던 것으로 독해된다.(홍덕률, 2003 참조) 그러나 이동연은 20대와 30대가 서로 이질적 성장배경과 경험을 갖기에 화학적 융합은 불가하다고 진단한다. 그리하여 2030세대 담론

---

27 MBC TV는 1996년 2월 새로 편성한 청소년 대상 프로그램 제목을 '1318! 힘을 내'로 정했으며(《언론재단 통합검색사이트》 http://www.kinds.or.kr), 동년 3월 새정치국민회의는 청년층을 겨냥한 당 외부조직의 이름을 '포럼 2030'이라 명명했다.(권정민, 2007:10)

은 "20대의 문화적 감성을 30대의 정치적 역량으로 흡수하려는 전략, 그래서 기성세대와 확연한 대립각을 형성하는 전략"이며 "2030은 5060과 대립시키기 위해 미디어가 만든 허구적인 조어"라고 규정한다.(이동연, 2004:151)

마지막으로, 문화적·행태적 특성을 반영한 세대 명칭이 있다. 이 유형은 다시 두 하위 유형으로 나눌 수 있다. 그 하나는 광고기획사가 표본조사에 근거하여 주로 소비자들의 소비 행태에 주목한 것이고, 다른 하나는 언론기관이나 개별 연구자들이 청소년들의 문화적·행태적 특성 일반을 고려하여 명명한 것이다. 두 하위 유형이 모두 상업적 목적의 층화 및 차별화를 위해 동원되곤 하지만 특히 전자는 그것을 명시적 목적으로 삼는다.

우리나라에서 문화적·행태적 특성을 반영한 최초의 영향력 있는 세대 명名은 1993년 폭발적 인기를 누렸던 '신세대'이다. 여기에서 말하는 '신세대'는 구세대와 대비되는 의미의 보통명사 신세대가 아니라 1993년 무렵 20세 전후의 젊은이들을 가리키는 고유명사급 '신세대'이다. 이 시기는 한국사회가 대중소비사회의 징후를 보이고 문민화를 통해 정치적 안정 국면에 접어들었으며 밖으로는 지구화와 탈냉전 흐름이 전개되던 시기였다. 큰 경제적 어려움 없이 자란 젊은이들은 정치적 쟁점이 실종된 상황에서 관심과 욕구가 다원화됐으며 소비지향, 개인지향, 탈권위지향적 특성을 보였다.(박재흥, 1995) 많은 평론가와 학자들이 '신세대' 현상에 주목하고 담론에 참여한 까닭은 그들이 386세대를 포함한 그 이전 세대들과 큰 차이를 보였고 앞 세대와의 연속성보다는 깊은 단절을 보였기 때문이다.

'신세대'에 뒤이어 등장한 젊은이의 새로운 코드가 'X세대'인데, 이 명칭은 본래 캐나다 작가의 소설 제목으로 처음 사용됐다. 1993년 말 모 화장품 회사의 남성화장품 광고 문안으로 사용되면서 널리 알려졌듯이, 'X세대'는 '신세대'에 비하여 상업적 성격을 더욱 강하게 갖는다. 90년대 말 정보화의 급속한 진전과 함께 'N세대'(Tapscott, 1998) 혹은 '디지털세대' 등의 명칭이 새로이 등장, '신세대'나 'X세대'를 대체하는 새로운 코드로 각광을 받게 된다. 젊은이들을 가리키는 세대 명칭은 그 이후에도 새로운 사건이 터질 때마다 새로이 포장되어 생산·유포됐다.(이동연, 2004 참조) 2002년 월드컵 거리응원 이후 출현한 '월드컵세대W세대', '붉은악마세대R세대', '광장세대'가 그 예이다.

한편, 표본조사나 심층면접 조사 결과를 토대로 신조어가 만들어지기도 한다. 대표적인 경우가 광고기획사 '제일기획'에서 만든 P세대2003, WINE세대2004, MOSAIC세대2006, 2.0소비자2007 등이다. 이들 중 'P세대'는 조사시점 기준 17~39세를, 'WINE세대'는 45~64세를 가리킨다.[28] 이러한 신조어는 마케팅 대상의 층화와 차별화를 명시적 목적으로 삼아 생산된다. 예컨대, 제일기획(2004)은 WINE세대의 경우 소비 주체가 여성으로 바뀌고 있으니 그들을 집중 공략 대상으로 삼아야 하고, 또 이들이 의심 많고 신중한 소비자층이니 그들을 우선 안심시켜야 한다는 등의 구체적인 마케팅 기법을 소개하기도 했다. 한편, 개별 연구자나 언론기관도 경험적 조사 결과나 심층취재 내용을 기반으로 새로운 세대 명칭을 생산하기도 한다. 현실참여보다는 공부와 취업에만 전념하는 요즘 대학생들을 '실용파세대'로 명명한 최평길 교수(2006), 20~30대 젊은이들을 독립적 생산자Independent Producer, 즉 'IP세대'로 규정한 동아일보2008. 9. 30.~10. 11. 연재의 경우가 그 예이다.

지금까지 1990년대 이후 한국사회에 출현했던 대표적 세대 명칭들을 유형별로 나누어 그 특성과 배경 등을 검토해 봤다. 그간 수없이 남발된 세대 이름들과 세대 담론이 한국사회의 역동성을 이해하는 데 어느 정도 도움이 됐을까? 우선, 어떤 코호트에 대한 세대 명칭 부여가 무슨 의미를 갖는지부터

28 'P세대'는 2002년 월드컵, 촛불시위, 대선에서 드러났듯이 적극적 참여participation, 열정passion, 힘potential power, 패러다임 변화 주도자paradigm-shifter라는 키워드로 특징지워지며, 'WINE 세대'는 "사회적, 개인적으로 잘 통합되고 숙성된 어른세대Well Integrated New Elder"를 뜻한다 한다.

생각해 보자. 그것은 명칭 생산자의 임의적인 구획 짓기를 통해 그 세대 내부인을 외부인들로부터 분리하여 내부인에게 일정한 의미를 부여하는 행위이다. 의미 부여는 광장세대처럼 긍정적일 수도 있고, 오렌지족에서 보듯 부정적일 수도 있으며, 386세대처럼 시간 경과에 따라 애초의 의미가 변할 수도 있다. 의미를 부여하는 행위가 산출하는 결과의 견지에서 보면, 긍정적 의미 부여는 해당 세대를 우대하는 결과를 낳고 부정적 의미 부여는 차별의 결과를 가져올 수 있다. 2002년 대선 직후 소위 세대교체론의 기치 아래 386세대가 누렸던 프리미엄과 5060세대에 대한 조기퇴출 압력을 상기해 보라. 또한, 세대 명칭 부여는 현실세계에서 연속선상에 있는 일군의 사람들을 생산자의 임의적 기준에 따라 구획지어 가공하는 행위이기 때문에, 명칭 부여가 세대차이를 불필요하게 부풀리고 세대 간 갈등을 조장한다는 비난을 받기도 한다.

세대 명칭을 부여하는 행위가 이처럼 중요한 함의를 갖고 예상 밖의 심각한 결과를 낳을 수 있다면 세대 명칭의 구성과 평가에 보다 신중한 태도가 필요할 것이다. 이에 대한 전상진의 지적이 신랄하다. 그는 "특수한 소집단의 일탈적 가치관이나 행동양식을 전체 연령집단의 성원들이 공유하는 것처럼 성급하게 일반화하거나, 일시적인 유행을 마치 특정 세대의 세대형상…(으)로 과장 해석하는 경향"을 경계한다.(전상진, 2002:195) 필자를 포함하여 신조어 생산에 관여한 사람들 모두가 경계해야 할 중요한 지적이다. 그렇다면 세대 명名은 어떠한 조건과 잣대를 가지고 그 유의미성 여부를 평가할 수 있는가? 이에 대해 전상진(2002:216)은 특정 코호트를 어떠어떠한 세대로 명명하기 위해서는 첫째, 이들이 "집합적 행위자로 공적인 영역에 등장"해야 하고, 둘째, "고유의 세대의식을 발전시키고 공유"해야 하며, 셋째, 세대 특성이 청소년기 이후에도 어느 정도 지속되어야 하고, 넷째, 그런 특성의 소지 여부가 그 세대를 타세대他世代와 구별하는 기준이 되어야 한다는 네 가지 조건을 제시한다.

이 틀은 고려해야 할 주요 사항들이 모두 포함된 포괄적인 틀이기에 더 추가할 조건을 찾기 힘들다. 그렇지만, 두 번째와 세 번째 조건에는 다소 모호한 부분이 있어서 보완이 필요하다. 편의상 세 번째 조건부터 논의하면, 세대 특성이 청소년기 이후까지 영향력을 미쳐야 한다는 조건은 어느 코호트가 세대로 정의되기 위한 가장 기본적 조건임에 틀림없다. 세대의 개념 정의로 보아 그러하다. 그러나 현실적으로는 개인이 나이가 들면서 나타나는 변화가 세대 특성의 유지와 충돌을 일으킬 수도 있다. 청년기 혁신운동의 시간 경과에 따른 보수화 경향에서 엿볼 수 있다. 소위, 연령 효과와 코호트 효과 간의 충돌 상황이다. 이에 대해, 세대 특성의 모든 영역에서 코호트 효과가 지속되기를 기대하는 것보다는 제한된 핵심 영역 내에서 세대 특성이 유지되고 있는지 여부로 평가하는 것이 현실적 대안이 될 수 있다.

두 번째 조건에서는 세대의식 개념을 구체화해야 한다. 즉, 세대의식이 "세대를 묶는 공유된 개념과 가치"(Esler, 1984:99)라는 포괄적 의미인지, 아니면 "소속감이나 동류의식" 정도의 뜻인지, 보다 엄격하게 "공동운명체로서 연대감이나 이해관계의 자각" 수준까지 의미하는지 밝힐 필요가 있다.(본서 제1장 참조) 필자 생각으로는 '연대감이나 이해관계의 자각'은 세대 명칭 부여의 조건으로서 지나치게 엄격하기 때문에 앞의 두 수준 정도로 보는 게 현실적일 것 같다. 물론 그 개념을 어떠한 수준에서 보든 세대의식 공유를 경험적으로 어떻게 확인할 것인가 하는 문제가 여전히 남는다. 그런데 이 문제는 소수 활동가의 가치관과 행동양식을 해당 코호트 모두가 공유하는 것으로 일반화시키는 게 과연 타당한가라는 곤혹스러운 문제를 야기한다. 이에 대해 명쾌한 답을 찾긴 어렵지만, 역사학자 스피처(Spitzer, 1973:1359-1360)의 제안에서 힌트를 얻을 수 있다. 그는 어느 세대의 특성을 그 세대의 선구자적 혹은 돌출적 소수의 특성에서 유추하는 건 불가피하지만, 그렇다고 해서 소수의 대표성마저 인정하는 것은 아니라는 점을 분명히 했다.

이 쟁점과 관련하여, '88만원세대'와 '웹2.0세대'를 20대와 10대 전체를 지칭하는 세대 명名으로 과도하게 일반화하기보다는 20대와 10대의 한 분파 정도로 이해하자는 전상진(2008)의 주장이 참신하다. 20대가 모두 골방에서 자신의 스펙 높이기에만 매달리는 것은 아니며 더욱이 그들 모두의 미래가 암울한 것도 아니다. 10대가 모두 인터넷 카페에서 놀고 촛불을 든 것은 아니며 2008년 촛불소녀들이 20대가 됐을 때 꼭 토익 책을 덮고 짱돌을 든다는 보장도 없다. 전상진의 지적처럼, 많은 경우 과도한 일반화는 어른들의 "우려와 기대"를 담고 있을 뿐이다. 청소년과 관련된 대형 사건이 터질 때마다 감각적이고 선정적인 수식어를 붙인 신조어가 순발력 있게 신문과 방송에 등장한다. 일정한 연령이 되면 반복적으로 나타나는 현상이나, 유행과 같이 짧게 나타났다 사라지는 현상을 세대 현상으로 포장하는 것은 세대 간 반목과 편 가르기만 심화시킬 뿐이다. 그러한 세대 명名 남용은 진보의 명분으로서도 정당화될 수 없다.

| 제3절 |

세대 구성과 세대갈등에 관한 쟁점들

최근 세대 간 경쟁과 갈등 관계에 대한 관심이 높다. 세대 관계는 불가피하게 세대 구성 혹은 세대 구분에 대한 논의를 전제한다. 세대 관계는 둘 이상 세대들 간의 관계를 의미하기 때문이다. 이 절에서는 우선 현대 한국사회가 어떠한 세대들로 구성되어 있는지 살펴보고 다음으로 세대 간의 관계를 경쟁 관계로 포착한 '88만원세대론'의 관점이 타당한지 검토할 것이다.

한국사회를 세대 범주의 맥락에서 거시적으로 논의하려 할 때 직면하게 되는 문제가 세대 구성(혹은 세대 구분)의 문제, 즉 현 시점의 한국사회가 역사적 경험과 세대 특성을 달리하는 어떤 세대들로 구성되는가 하는 문제이다. 독일의 미술사학자 핀더W. Pinder는 동시대인일지라도 출생 시기가 다르면 역사적 경험의 차이 때문에 세상을 다르게 읽으며 살아간다는 점에 주목하면서, 그 현상을 '동시대의 비동시대성'이라 불렀다.(Mannheim, 1952:283에서 재인용) 현 단계 한국사회의 세대 구성을 검토하는 작업은 '동시대의 비동시대성'의 구체적 실현 양상을 한국사회에서 경험적으로 검토하는 작업을 의미한다. 어느 사회의 세대 구성을 검토하려 할 때 요구되는 형식상의 과제는 세대를 출생 시기 어느 시점 기준으로 나눌 것인가라는 세대 구분의 문제와 그렇게 나눠진 각 세대를 무어라 부를까라는 세대 명칭 부여의 문제, 이 두 가지이다. 그런데 특정 시점의 동시대인을 역사적 경험과 특성에 따라 몇몇 세대로 나누고 명칭을 부여하는 것은 세대 내 차이를 과소평가했다는 비판을 받을 수 있다.

'단일한 세대의 가정'에 대해서는 전상진이 꾸준하게 문제를 제기해 왔다. 그의 입장을 요약하면, 세대는 가족적, 교육적, 사회적(정치·문화·경제) 차원으로 구성되는 다차원적 범주이고(전상진, 2002), 또한 특정 연령층은 동질적이 아닌 이질적 성원들로 구성되기 때문에 그들을 하나의 세대로 명명할 수 없다는 것이다.(전상진·정주훈, 2006; 전상진, 2008) 필자는 세대가 다차원적이고 특정 연령층이 동질적이 아니라는 점에 대해서 당연히 공감한다. 하지만 그 문제와 '하나의 세대' 문제는 분리해서 볼 필요가 있다. 다른 영향력 있는 범주들, 예컨대, 계급이나 젠더 범주의 경우에도 이 범주들은 다차원적이며 각각의 하위 범주 내 구성원은 이질적 성격을 갖는 것이 사실이지만 그런 작은 차이를 포용하고 압도하는 큰 공통분모가 있기에 하나의 계급, 하나의 성으로 명명하는 것 아닐까? 요컨대, 세대의 다차원성과 이질성 개념은 세대 논의를 한 단계 진전시켜 보다 풍요로운 논의를 가능케 하는 가치 있는 개념이지만, 그 개념들과 '단일한 세대의 가정'은 분리해 봐야 한다는 게 필자의 생각이다. '단일한 세대의 가정'을 문제 삼아 그에 대한 논의를 금기 영역으로 지정하면 세대 연구의 활성화를 위한 보다 풍요로운 논의를 제한할 수도 있다. 따라서 양자를 분리하여 보되, '하나의 세대' 담론이 갖는 위험성(세대의 다차원적 성격과 이질성에 대한 과소평가)을 의식적으로 자각하고 성찰하는 자세로 보완해야 할 것이다. 이러한 인식을 전제로 하여, 한국사회의 세대 구성과 세대갈등의 문제를 살펴보기로 하자.

세대 구분과 세대 명칭 부여 방식은 연구자에 따라 각양각색이지만 일정한 유형도 존재한다.(박재흥, 2005b:175-180 참조) 첫째로, 출생 시기 1970년경은 연구자들 다수가 동의하는 세대 구분의 분기점으로 보인다. 아마도 그 무렵 이후 출생자들은 보릿고개의 어려움을 겪지 않았고 1990년대 탈냉전과 정보화라는 변화된 환경에서 성장하여 그 이전 세대와는 사고방식과 행태면에서 큰 차이를 보이기 때문일 것이다. 둘째로, 민주화운동과 관련하여 출생 시점 1950년이나 1960년경을 기준으로 그 이후 출생자를 민주세대, 민주화세대, 광주세대, 386세대 등으로 부르는 경향이 있다. 1950년경이라는 분기점은 1970년대 유신시대의 민주화운동에도 의미를 부여한 것이고, 1960년경이라는 분기점은 1980년 광주항쟁 이후의 민주화운동에 의미 부여한 것이다.[29] 셋째로, 한국전쟁과 관련하여 1940년경이나 1950년경을 기준으로 그 이전 출생자를 전쟁체험세대, 전쟁세대 등으로 부르는 경향도 존재한다. 전자는 실질적인 전쟁체험 여부를, 후자는 출생 시점이 전쟁 이전인지 여부에 주목한 분기점이다.

필자는 일제 식민지 체제와 한국전쟁 경험, 산업화와 정보화 경험, 민주화운동과 국내외 정치상황 경험 등을 세대 구분의 결정적 기준으로 보고, 그 기준에 따라 한국사회의 세대를 식민지·전쟁체험세대, 산업화·민주화운동세대, 탈이념·정보화세대로 구분한 바 있다.(박재흥, 2003b, 2005b, 2008 참조)[30] 이러한 세대 구분과 명명 방식에 대해 몇 가지 반론이 제기될 수 있다. 첫째, 일반적으로 산업화세대는 민주화세대보다 일찍 태어난 보수적 성향의 세대로 알려져 왔는데 그러한 세대들을 어떻게 하나로 묶을 수 있는가라는 반론이다. 그러나 산업화와 민주화운동은 1960년대에서 1980년대까지 동시에 진행됐으며 산업화를 성취한 코호트가 동시에 민주화운동을 일으켰다. 따라서 '선 산업화(세대), 후 민주화(세대)'의 가정은 옳지 않다는 것이 필자의 입장

---

29 흥미로운 점은 1950년대 출생 연구자들은 민주화세대를 1950년경 혹은 그 이전 출생자로부터 보는 데 비해(정진민, 1992; 홍덕률, 2003; 박재흥, 2003b 참조), 1960년대 출생 연구자들은 소위 386세대를 민주화세대로 보는 경향이 있다는 점이다.(김호기, 2002(동아일보 인터뷰기사); 황상민·양진영, 2002; 김정훈, 2003 참조) 자신이 직간접적으로 체험한 운동에 중요한 의미를 부여하는 인지적 편향 때문에 빚어진 '자세대自世代 중심주의'의 한 단면을 잘 보여 준다.

30 세대 구분과 명명 방식은 그간 조금씩 수정되어 왔으나 큰 골격은 변함이 없다. 구체적 내용은 졸고 2003b, 2005b, 2008을 참조할 것.

이다.(박재흥, 2005b, 2008 및 본서 제2장 참조) 40~60대 개인들을 청·장년기 행적이나 정치 지향에 따라 산업화 세력–민주화 세력으로 분류하는 것은 충분히 가능하지만, 산업화–민주화 표현을 선후先後의 시대 구분이나 세대의 의미로 사용하는 것은 명백한 오류이다. 둘째, 탈이념·정보화세대는 대략 1970년경 이후 출생자, 즉 소위 IMF세대, 88만원세대, 웹2.0세대를 모두 포괄하는 세대인 셈인데, 그러한 이질적인 코호트를 하나의 세대로 구분하고 명명하는 것이 과연 적절한가라는 반론이다. 이들 하위 세대들은 물론 서로 일정한 차이를 갖는다. 그러나 앞서 언급했듯 산업화의 수혜세대이자 탈냉전과 정보사회세대인 이들은 그 이전 세대와 분명하게 구별되는 특성을 갖는 것도 사실이다. 소비주의, 개인주의, 탈권위주의 특성들이 그 예이다. 앞 세대와의 현격한 세대 격차를 감안한다면, 이들은 세대 내 차이가 존재함에도 불구하고 대동소이大同小異하다는 말이다. 요컨대, 연구자의 임의성 개입이라는 한계는 있지만, '단일한 세대의 가정'은 세대 논의를 위한 방편으로서 피할 수 없다.

〈표 2〉는 세대를 출생 시기에 따라 구분한 후 각 세대의 인구 구성비를 1970년과 2015년 두 시점에서 비교한 것이다. 앞서 지적했듯이 오늘날 한국사회의 세대는 식민지·전쟁체험세대, 산업화·민주화운동세대, 탈이념·정보화세대로 나눌 수 있는데, 필자는 그 분기점을 출생 시기 1930년대 말 무렵과 1970년경으로 본다. 물론 이 표에서는 통계자료가 허용하는 범위 안에서 그 시점에 가깝게 코호트를 나눈 것이다. 이러한 대분류 방식은 "결정적 집단경험"(Mannheim, 1952)의 차이에 주목하여 동시대인을 크게 세 범주로 나눈 것이다. 제2장 〈표 4〉에서는 대분류에 의거하여 인구 구성비를 살펴봤는데, 여기에서는 뒤의 두 범주를 다시 세분하여 검토했다.

각 세대의 인구 구성비 추이를 보면 45년이라는 세월이 세대 구성의 큰 변화를 야기했음을 알 수 있다. 1970년 당시 식민지·전쟁체험세대는 전체 인구의 1/3 정도를 차지했고 산업화·민주화운동세대는 나머지 2/3 정도의 규모였다. 그로부터 45년이 지난 2015년 현재, 식민지·전쟁체험세대는 5% 수준으로 대폭 축소됐고 1970년 당시 아직 태어나지도 않았던 탈이념·정보화세대가 전체 인구의 절반을 훌쩍 넘었으며56.5%, 산업화·민주화운동세대는 38.1%로 크게 축소됐다. 45년이라는 세월이 만들어 낸 엄청난 세대교체를 실감하게 된다.

〈표 2〉 출생코호트별 세대 명과 인구 구성비 1970~2015*

<table>
<tr><th rowspan="2">출생 시기</th><th colspan="2">세대 명**</th><th colspan="2">1970년</th><th colspan="3">2015년</th></tr>
<tr><th>대분류</th><th>소분류</th><th>연령</th><th>%</th><th>연령</th><th colspan="2">%</th></tr>
<tr><td>~1910</td><td rowspan="2">식민지·
전쟁체험세대</td><td>–</td><td>60 +</td><td>5.4</td><td>105 +</td><td>0.0</td><td rowspan="2">5.4</td></tr>
<tr><td>1911~1940</td><td>–</td><td>30~59</td><td>27.6</td><td>75~104</td><td>5.4</td></tr>
<tr><td>1941~1950</td><td rowspan="3">산업화·
민주화운동세대</td><td>탈식민지세대,
4·19/6·3세대</td><td>20~29</td><td>15.0</td><td>65~74</td><td>7.8</td><td rowspan="3">38.1</td></tr>
<tr><td>1951~1960</td><td>베이비붐세대,
유신세대</td><td>10~19</td><td>23.8</td><td>55~64</td><td>13.3</td></tr>
<tr><td>1961~1970</td><td>386세대,
민주화세대</td><td>0~9</td><td>28.1</td><td>45~54</td><td>16.9</td></tr>
<tr><td>1971~1980</td><td rowspan="3">탈이념·
정보화세대</td><td>신세대, IMF세대</td><td>–</td><td>–</td><td>35~44</td><td>16.1</td><td rowspan="3">56.5</td></tr>
<tr><td>1981~1990</td><td>W세대,광장세대,
88만원세대</td><td>–</td><td>–</td><td>25~34</td><td>13.4</td></tr>
<tr><td>1991~2015</td><td>웹2.0세대, 2.0세대</td><td>–</td><td>–</td><td>~24</td><td>27.1</td></tr>
<tr><td colspan="3">총 인구</td><td colspan="2">31,436천 명</td><td colspan="3">49,706천 명</td></tr>
</table>

* 세대는 특정 시점을 기준으로 명확하게 분리되지도 않으며 10년 단위로 기계적으로 나눌 수도 없다. 여기에서의 구분은 센서스 자료를 이용해 거친 수준에서 나눈 것에 불과하다.

** 대분류는 필자의 세대 구분과 명명 방식이며, 소분류는 사회에서 통용되는 세대 명이다.

자료 『한국의 사회지표』 1987, 2007; 국가통계포털(KOSIS)에서 재작성; 본서 제2장 참조.

이러한 통계는 한국사회의 무게 중심이 이미 1990년대 초중반 '신세대'와 그 이후 세대들 쪽으로 기울어졌음을 시사한다. 이들이 누구이던가? 신경정신과 전문의 이시형 박사(1987)가 "아무래도 정신 나간 애 같다. 이들은 이방인이다. (……) 아주 새로운 종자다"라고 평가한 바로 그들이다. 식민지·전쟁 체험세대가 유교적 가치관을 깊게 내면화한 세대라 한다면 그러한 가치관은 점차 퇴색하고 그 대신 개인주의, 탈권위주의, 소비주의 가치관이 한국사회의 지배적 가치관으로 등장하고 있음을 이 자료는 시사한다.(본서 제2장; 박재흥, 2008 참조) 그러나 다른 무엇보다 먹고사는 게 우선이라는 현실의 벽은 신세대의 '자유, 사랑, 열정, 저항, 연대'(현실문화 연구, 1993)를 향한 열망을 억압한다. 이러한 취업 전쟁 현실에 대한 인식이 최근 세대갈등과 경쟁 담론의 출발점이다.

연령성층화age stratification 이론을 만든 릴리(Riley, 1985:390)에 따르면, 연령이나 출생 시기가 다르면 종종 경험, 지각, 이해관계의 차이가 생길 수 있는데 이러한 차이를 바탕으로 관념적ideational 갈등, 권력 갈등, 배분적 갈등이 형성된다고 한다. 우선, '관념적 갈등'이란 기본 가치와 목표의 충돌 때문에 발생하며, '권력 갈등'은 권력을 부당하게 행사·남용하고 지배할 때 발생하고, '배분적 갈등'은 희소자원(권력이나 주요 역할) 배분과 관련하여 상대적 보상이나 기여의 몫을 둘러싸고 빚어진다.

이러한 갈등 유형의 견지에서 보면, 대부분의 세대갈등은 관념적 갈등이다. 1960~1970년대 청년 학생들의 군부독재 반대 투쟁이나 1980년대 대학생들의 민주화운동과 통일운동이 그 예이며, 부모-자녀 관계나 교사-학생 관계에서 나타나는 갈등도 대부분 관념적 갈등의 모습을 띤다. 중·고등학교에서 두발이나 복장 규제를 둘러싸고 벌어지는 갈등은 권력 갈등 유형으로 볼 수 있다. 2002년에 이르면 배분적 갈등 유형이 세대갈등의 주요 유형으로 등장하게 된다. 대선이 끝난 직후 한겨레신문에서 제기한 '주류主流 교체'

담론, 그리고 노무현 정부 등장 이후 소위 386세대들의 정계 및 고위 정무직 진출에 대한 고령 기득권층의 반발은 권력 배분을 둘러싼 갈등의 사례로 볼 수 있다.(유선영, 2004 참조) 한편, 2007년 '88만원세대 담론'이 제기한 세대갈등 역시 배분적 갈등이다. 그것은 권력이 아니라 취업 기회 즉 극소수의 괜찮은 직장descent job을 놓고 서로 인접한 연령계층 간에 벌어지는 배분적 갈등이다. '88만원세대 담론'은 한국 현대사에서 취업 기회의 연령계층별 배분 방식에 이의를 제기한 최초의 문제 제기이자 현재진행형 세대갈등 담론이다. 이 사례를 중심으로 세대갈등 담론을 보다 자세히 검토해 보자.

우석훈·박권일(2007)이 현 상황에 대해 내린 진단은 다음과 같다. 즉, 노무현 정부 등장 이후 신자유주의가 더욱 강화되는 가운데 세대 내 경쟁은 점차 의미가 없어지고 세대 간 경쟁, 세대 간 착취가 심화되고 있다는 것이다. 노동유연성은 노동 기능과 경험을 충분히 갖추지 못한 20대에게 일차적으로 적용되기 때문에 20대의 실업·반실업·비정규직화가 진행되고 있다.[31] 이런 상황에서 20대 이하와 30대 이상 연령층 간에는 취업 기회 선점을 위한 경쟁 관계가 불가피하게 형성된다고 본다. 유신세대는 20대의 경제적 후원자인 부모세대이기에 논외로 하고, 그 이후의 기득권층인 386세대와 신세대는 20대와 치열한 경쟁관계에 있다. 우선 386세대에 대한 평가는 혹독하다. 40대 386세대는 대학시절 독서량도 많아 개인적 능력도 있고 세대 내 연대감도 다른 어느 세대보다 강고하지만 바로 그렇기 때문에 세대 간 경쟁에서 "다음 세대에게 돌아갈 몫을 선점"하는 포식자의 위치에 있다는 것이다.(우석훈·박권

31 20대가 처한 심각한 취업대란 상황은 당시 신문 보도에서 쉽게 확인할 수 있다. 통계청의 '2008년 11월 고용동향'에 따르면 15~29세 청년층의 고용률은 40.8%로서 전체 고용률보다 19% 포인트 낮게 나타났으며(《경향신문》, 2008. 12. 11.), 한국노동사회연구소 조사 결과 2008년 3월 현재 20대 총 취업자 387만 명의 49.8%가 비정규직 노동자로 확인됐다.(《경향신문》, 2008. 7. 18.) 또한, 한국노동연구원 자료에 따르면 1985~2005년 기간 중 20대 신규 입직자(최근 1년간 직장을 얻거나 옮긴 사람)는 63.6%에서 41.6%로 떨어진 반면에 30대에서는 24.3%에서 31.9%로 늘어났다고 한다.(《한국일보》, 2008. 12. 4.) 20대와 30대 간의 치열한 경쟁 관계를 보여 주는 자료이다.

일, 2007:178-179) 한편, 외환금융 위기의 직접 피해를 입은 30대 신세대는 정부의 지원 대책에 의해 "한국경제의 안전지대로 넘어온 거의 마지막 세대"지만(우석훈·박권일, 2007:181), 20대는 "다음 세대들의 비참한 모습을 먼저 경험하는 새 시대의 첫 세대"라는 끔찍한 전망을 내린다.(우석훈·박권일, 2007:296) 요컨대, 세대갈등의 전선은 취업기회를 놓고 20대 이하와 30대 이상 연령층 사이에 형성된다는 것이다.

'88만원세대론'이 제기한 주요 쟁점은, 20대가 직면한 가혹한 현실이 어려운 경제상황 때문인가 아니면 윗세대가 이미 자리를 잡아 빈자리가 제한적이기 때문인가 하는 점이다. 『88만원세대』는 두 가지 모두 언급했지만, 이 책이 특히 주목받은 이유는 후자 즉 기성세대 책임론을 강하게 시사했기 때문이다. 그러나 이 논리에는 명백한 약점이 있다. 어느 시대, 어느 사회이건 예외 없이 기성세대가 노동시장의 상당한 지분을 점유한 상황에서 신출내기들이 그 시장에 진출하게 되며, 더 좋은 일자리를 차지하기 위한 세대 간 경쟁과 갈등 역시 어느 시대에나 존재하는 법이다. 이러한 일반론에 비추어 봐도 기성세대의 일자리 선점先占을 청년실업의 주요 배경으로 지목하는 것은 부당하다. 인과관계는 명확하다. IMF 이후 신자유주의적 구조조정과 경기침체의 장기화, 포스트포디즘적 유연생산체제와 자동화의 진전에 따라 일자리가 줄어들고 노동유연성이 강화됐다. 이런 변화가 노동시장을 치열한 경쟁체제로 만들어 전면적 경쟁(세대 내, 세대 간 경쟁 포함) 상황을 초래한 것이고 그 결과 중 하나가 청년실업 대란이다.[32] 이러한 인과적 관계에서 '기성세대의 일자리 선점'은 변수가 아닌 상수常數적 조건으로 보는 것이 옳다.

---

32 정부의 공식 통계자료는 이 점을 잘 보여 준다. 2008년 8월 현재 임금근로자 중 연령별 비정규직 비율을 보면, 15~19세 65.1%, 20대 31.0%, 30대 26.7%, 40대 31.6%, 50대 39.6%, 60세 이상 65.7%로 나타났다.(《통계청 국가통계포탈 자료》www.kosis.kr) 비정규직 문제는 결코 20대만의 문제가 아닌 모든 연령층에 해당되는 문제임을 잘 보여 준다.

계급론의 시각에서 봐도 88만원세대론은 또 다른 약점을 드러낸다. 부모가 중상류 계급일 경우 그 자녀가 88만원 비정규직의 덫에 빠지도록 가만히 내버려 두겠는가? 그럴 가능성은 거의 없다. 일차적으로 자녀의 피교육 기간과 취업준비 과정에서 가능한 최대한의 사교육비 투자를 하겠지만 이도저도 안 되면 자영업 점포라도 열어 주려 할 것이다. 그게 엄연한 현실이다. 그런 시각에서 본다면 청년실업과 비정규직 문제는 세대 간 경쟁의 문제이기 이전에 계급 문제이다. 물론 이러한 약점들에도 불구하고 이 책이 기여한 바는 상당하다. 언론매체나 학계, 정치권의 민감한 반응에서 확인할 수 있듯이, 이 책은 청년 실업과 비정규직 문제를 세대 간 경쟁의 맥락에서 쟁점화함으로써 기성세대에게 청년들의 고통에 공감하고 해법을 마련하도록 강하게 촉구했다는 데에서 소중한 가치를 지닌다.

책이 출간된 후 진행된 공격적 세대 담론은 불필요한 세대갈등을 야기했다는 점에서 되새겨 볼 만하다. 책과 관련된 두 가지 사례만 짧게 검토해 보자. 포문은 《포스트 386의 봉기》라는 도발적 제목의 한 칼럼이 열었다. 내용인즉, 포스트 386세대는 자신들의 일자리마저 꿰차고 있는 386세대에 대해 "경쟁 사회의 원리에 따라 한판 승부를 벌일 때가 됐"는데, 이 승부는 "'진보 정권 10년'에 대한 판정을 대행한다"는 것이다.(조선일보, 2007. 8. 25.) 아무리 관대하게 봐도 이 칼럼은 영화 〈디 워, D-War〉 찬반 논란과 관련하여 386세대 진보 논객과 일부 젊은이들 간에 벌어진 작은 틈새를 이용해 세대 간 분열을 조장했다고 평가할 수밖에 없다. 더구나 이 칼럼은 대선을 3개월 남짓 앞둔 시점에서 세대 간 편 가르기를 통해 386세대를 고립시키려 했으니 그 정치적 의도가 무엇이겠는가? 이 칼럼에 대한 성토가 언론매체에 한동안 이어진 것은 불문가지이다.(《프레시안》 2007. 8. 26.; 김헌식, 2007 참조)

두 번째 사례는 그 이듬해 촛불집회가 시작된 지 얼마 안 되어 우석훈(2008)이 한겨레신문에 기고한 「움직이는 10대 소녀, 어떻게 볼 것인가」라는 제하의 글이다. 이 글에서 그는 촛불집회에 최초로 불을 지핀 10대를 미래 한국의 "희망"으로 본 반면, 20대는 10대가 동영상 '죽음의 트라이앵글'로 입시지옥을 풍자했던 만큼의 "자각도 집단적으로 하지 않던 (……) '끝장세대'" 라고 부른다. 너무 가혹한 평가이다. 동영상 제작을 '집단적 자각'이라 의미 부여한 것은 과대 포장되긴 했으나 격려 차원의 의도이기에 이해할 수 있다. 그러나 20대의 문제의식 빈곤을 탓하며 '끝장세대'라 공격한 것은 후속 세대에 대한 금도襟度의 빈곤이다. 물론 저서 곳곳에서 그들에 대한 애정이 엿보이고 그의 날선 평가도 안타까움에서 비롯됐음을 이해한다. 그렇지만 아직 어린 청년들에게 상처를 줄 수 있다는 생각 또한 지울 수 없다. 이 역시 젊은 보수 논객의 호된 비판을 받게 된다.(변희재, 2008)

이 두 사례는 특정 연령층을 어떠어떠한 세대로 포장하여 과잉 일반화하고 비판하는 것이 어떠한 결과를 초래하는지 잘 보여 준다. 첫 번째 사례는 순수하지 못한 정치적 의도가, 두 번째 사례는 젊은 청년들에 대한 가혹한 평가가 일차적 문제겠지만, 이질적인 사람들로 구성된 어떤 연령층을 특정 세대 명名으로 묶어 놓고 싸잡아 공격했다는 점이 공통적이다. 세대 담론의 딜레마는 어느 세대를 집합적으로 평가하는 순간 동질성 가정에 대한 비판에 노출된다는 것이다. 그러나 그렇다고 집합적 평가를 금기의 영역으로 지정할 수는 없다. 세대 관련 논의의 지평을 크게 제한하기 때문이다. 이 두 사례가 제공하는 교훈은 다른 세대에 대한 공격과 비판은 해당 세대의 이질적 구성을 자각하고 자세대自世代 중심주의 편향을 경계하는 가운데 이루어져야 한다는 것이다.

| 제4절 |

88만원세대론의 문제 제기

지금까지 한국사회 세대 담론을 세대 명칭에 관한 쟁점과 세대 구성 및 갈등에 관한 쟁점 등 두 쟁점을 중심으로 검토해 봤다. 이제 앞의 논의 결과를 간략히 정리하며 이 장을 마무리할 것이다.

특정 코호트를 어떠어떠한 세대라고 부르는 것은 실제로는 연속선상에 있는 사람들을 세대 명칭 생산자/사용자의 임의적 기준에 따라 층화·차별화하고 해당 세대에게 일정한 의미를 부여하는 행위이다. 그러한 행위는 종종 세대차이를 과장하고 세대 간 갈등을 조장·심화할 수 있기 때문에 행위 이전에 그 결과마저 짚어 보는 고도의 신중함과 절제가 요구된다. 소수 일탈자·선구자의 문화적 실험을, 일정한 연령이 되면 반복적으로 나타나는 연령 효과의 산물을, 유행과 같이 잠깐 나타났다 스러지는 현상을 세대라 부르는 것은 세대 용어의 혼란을 초래하고 세대 간 갈등을 부추길 수 있다. 엄격한 잣대를 사용한다면, 소수의 실험과 저항이 동년배 다수의 공감을 얻어 확산되고 그런 가운데 동년배를 관통하는 이러저러한 정신적·행태적 스타일이 나타나고 연대감이 형성되어 그것들이 어느 정도 지속성을 가질 때 비로소 설익지 않은 세대를 말할 수 있다.

세대론은 몇 가지 약점을 갖는다. 연속선상에 있는 사람들(출생 시점이든 태도 측면이든)을 임의적 기준에 따라 나누는 것도 그렇고, 동질적이라 볼 수 없는 어떤 연령층을 단일 세대로 명명하는 것도 그러하다. 이런 약점들이 있음에도 불구하고 세대 담론이 꾸준히 재생산되는 것은 '세대' 개념만큼 시대 변화를 담아내는 은유로서의 매력을 갖는 용어가 별로 없기 때문이 아닐까 생각한다. 과거 역사를 요약 정리하는 데 세대만큼 편리한 용어가 없고〔예: 산업화세대, 민주화세대〕 현재의 시대풍속을 읽어낼 때도 세대론이 탁월한 능력을 발휘한다〔예: N세대, 2.0세대〕. 게다가 미래의 기대와 전망 역시 꿈나무세대를 동원하면 쉽게 해결되니〔예: 광장세대, 촛불소녀세대〕 이보다 더 편리한 용어가 있겠는가? 그러나 이렇게 유용한 세대론도 불필요한 갈등과 논쟁을 야기할 수 있으며 세대 담론이 종종 상업적·정치적 의도를 담아 생산·유포되기도 한다는 점에 주의를 요한다.

2015년 현재 인구의 56.5%가 1971년 이후 출생자이다. 1990년대 초중반경에 그 이전 세대와는 종자가 다르다며 별종으로 취급했던 1970년대 출생 '신세대'와 그 이후 세대가 한국사회의 중심이 된 것이다. 그런데 이들 젊은 세대가 처한 어려운 경제 현실이 최근 세대 담론의 주요 쟁점이 되고 있다. 20대가 직면한 암울한 현실은 '88만원세대'로 묘사되기도 한다. 그 책의 저자들은 20대에게 집단적 의사표현을 권유하지만 취업전쟁에 이미 출정한 그들에게 무기를 바꾸라는 요구는 실효성이 없다. '88만원세대' 문제는 세대간 경쟁 문제이기 이전에 계급문제의 성격도 갖는다. 따라서 그에 대한 해법 역시 전 사회적으로 찾아내고 대처해야 할 것이다. 유럽의 '1000유로세대'와 달리 한국의 '88만원세대'는 임금을 제외하곤 사회안전망의 보호를 거의 받지 못한다.(박명준, 2007) 그게 바로 미래의 기둥이라는 우리 젊은이들이 직면한 현실이다. '88만원세대론'의 문제 제기는 부드러운 세대 담론을 넘어서 신자유주의 경제 정책을 원점에서 재검토하고 사회안전망 확보를 최우선 순위의 사회적 의제로 삼는 계기가 되어야 할 것이다.

제4장

한국사회의 세대 간 권력·이념·문화 갈등

이 장에서는 정치와 문화 부문의 세대갈등을 권력 갈등, 이념 갈등, 문화 갈등으로 구분하여 갈등 형성의 배경과 실태를 살펴보고자 한다. 세대 간 권력 갈등의 핵심은 권력 이양 시기를 둘러싼 충돌에 있다는 견지에서 국회의원의 연령별 비율 변화에 주목하고, 이념 갈등은 정치, 경제, 사회문화 세 차원으로 나누어 검토할 것이다. 문화 갈등은 대략 출생 시점 1970년경 이전과 이후 세대 간에 발생한다고 보고, 이들 간의 갈등을 성장주의 대 소비주의, 집단주의 대 개인주의, 권위주의 대 탈권위주의의 맥락에서 논할 것이다.

세대 담론의 흐름

사회갈등이 최근 한국사회의 중요한 화두로 부각됐다. 자신이 속한 사회의 갈등이 특별히 심각해 보이는 것은 자기 삶과의 직접 관련성에서 비롯된 착시일 가능성이 높지만, 21세기에 접어들어 드러난 사회 균열과 갈등의 이상 징후는 단순한 착시 이상인 것 같다. 갈등의 심각성에 대한 시민들의 체감지수가 높다는 점은 사회통합위원회 주관 표본조사n=2,012에서도 잘 반영되어 나타났다. 사회통합에 대한 사회갈등의 부정적 영향이 심하다고 답한 응답자가 계층 갈등의 경우 총 응답자의 3/4을 넘어섰고, 이념 갈등과 노사 갈등의 경우 2/3, 세대갈등의 경우 1/2에 달했다.(노대명, 2010)

한국의 사회갈등은 다양한 차원에서 논의될 수 있는데 최근 주목을 받고 있는 차원이 세대갈등이다. 종종 지역갈등, 계급갈등과 함께 한국사회의 3대 갈등이라고 일컬어지는 세대갈등은 1980년대까지 등한시해 온 주제였다. 그러다가 1990년대에 접어들어, 그간 맹위를 떨쳐온 계급 요인이 실제 영향력보다 과대평가된 반면 세대/연령 요인은 오히려 과소평가됐다는 점을 성찰하게 됐다.(한완상, 1991) 1993년에는 '신세대'라는 문화코드가 각종 매체를 지배하면서 세대, 세대갈등 담론을 대중화시킨 중요한 계기를 제공했다. 거시적으로 보면 이데올로기의 영향력이 감소한 탈냉전 시대, 경제적 풍요에 기초한 대중소비사회의 도래가 세대 현상에 관심을 갖게 한 토양이 된 셈이다.

세대 개념은 칼 만하임(Mannheim, 1952)의 전통에 따라서, 비슷한 시기에 동일한 문화권에서 태어나 역사적 경험을 공유하는, 그에 따라 유사한 의식과 행위양식을 갖는 동시기 출생 집단birth cohort을 의미한다. 역사적 경험이

다르면 세상을 보는 눈이 달라지기 쉽기 때문에 서로 다른 세대 간에 세대차이가 생길 수 있고 그러한 차이에 근거하여 발생하는 갈등을 세대갈등이라고 규정할 수 있다.(박재흥, 2001) 그러나 세대, 세대갈등 개념은 연령, 연령갈등 개념과 겹치는 부분이 있다. 비슷한 시기에 출생한 사람들은 특정 시점에서 동일 연령층이 되고, 세대갈등 역시 특정 시점에서는 연령집단 간 갈등으로 나타나기 때문이다. 더욱이 계량화된 자료를 이용하는 경험적 연구에서는 세대갈등과 연령집단 간 갈등을 구분하는 것이 별 의미를 갖지 못한다. 세대갈등과 연령갈등의 함의는 분명히 다르지만 위와 같은 모호한 점이 있기 때문에, 세대갈등을 좁은 의미로 엄격하게 사용할 때에는 앞서 규정한 개념으로, 넓은 의미로 사용할 때에는 연령갈등을 포함하는 개념으로 이해하는 이중 전략이 불가피해 보인다. 이 장에서는 세대갈등을 연령집단 간 갈등과 구분하지 않고 넓은 의미로 함께 사용할 것이다.

한국사회에서 세대 담론의 주제와 성격은 역사적 시기에 따라 변화해 왔다. 변화의 큰 흐름을 짚어 보면, 1970년대 청년문화 담론, 1990년대 신세대 담론, 2002년 대선 전후의 정치적 세대 담론, 2007년 이래 경제적 세대 담론으로 중심 주제와 성격이 변화해 온 것이다.(박재흥, 2005a 제1장 참조) 청년문화 담론과 신세대 담론은 기본적으로 문화적 세대 담론의 성격을 갖는다. 통기타, 청바지, 생맥주로 표상되는 풍속을 1970년대 한국 청년을 대표하는 정통 청년문화로 볼 수 있는지, 혹은 과소비, 개인주의, 자유분방함, 향락주의와 같은 압구정 풍의 문화를 1990년대 젊은이들 일반의 문화로 볼 수 있는지와 같은 청년층의 정체성 문제가 세대 담론의 핵심 쟁점이었다. 2002년 대선 전후에는 주지하는 바와 같이 정치적 세대 담론이 형성됐다. 1999년 이래 본격화된 386세대 담론, 한미행정협정SOFA 개정 촛불집회를 둘러싼 담론, 2002년 대선과 노무현 정부 등장에 관련된 담론, 주류 교체론 등이 그 내용이다. 2007년에는 우석훈·박권일(2007)이 '88만원세대'라는 책을 펴내 청년실업 문제의 심각성을 고발함으로써 경제적 세대 담론의 단초를 제공했다. 이들이 내린 진단은 신자유주의적 경쟁의 강화 추세 속에서 세대 간 경쟁과 착취가 심화되고 있는데, 20대 이하 청년들은 월 소득 88만 원으로 상징되는 비정규직 노동자의 굴레에서 벗어나기 어렵다는 것이다.

문화적 세대 담론은 세대 간 문화 갈등(주로 가치관 갈등), 정치적 세대 담론은 세대 간 권력 갈등과 이념 갈등, 경제적 세대 담론은 세대 간 경제적 갈등(일자리와 연금을 둘러싼 갈등)과 관련된다. 이 장에서는 이들 중 세대 간 권력 갈등과 이념 갈등, 그리고 문화 갈등에 초점을 맞출 것이다. 일자리나 연금과 관련된 세대 간 경제적 갈등은 세대 문제이기 이전에 노동시장 인력수급과 사회복지에 관련된 문제이며, 갈등 해소를 위한 궁극적 대안 역시 노동시장정책, 거시경제정책, 복지정책의 수립과 관련된다는 점에서 이념 갈등이나 문화 갈등과는 성격을 달리한다. 이러한 차이를 고려하여 경제적 갈등에 관한 쟁점은 차후 다른 기회에서 다룰 것이다. 이 장의 논의 순서는 우선, 정치부문의 세대갈등을 세대 간 권력 갈등과 이념 갈등으로 나누어 갈등 형성의 배경과 실태를 살펴볼 것이다. 다음으로 세대 간 문화 갈등이 대략 1970년경 이전과 이후에 출생한 세대 간에 형성된 것으로 보고, 양 세대 간의 갈등을 몇 가지 차원으로 나누어 검토할 것이다. 마지막 절에서는 앞에서의 논의를 요약하여 정리하고 그와 더불어 세대갈등의 순기능과 역기능, 갈등 완화를 위한 기본 방향에 대해서도 간략하게 논의할 것이다.

정치부문의 세대갈등

1. 세대 간 권력 갈등 세대교체론을 중심으로

스페인의 사상가 오르테가 가셋José Ortega y Gasset은 세대갈등을 권력 갈등의 관점에서 설명한 대표적 인물이다. 그는 특정 시점의 세대를 15년 간격으로 나누면서, "창조·갈등의 시기"인 30~45세 연령층과 "지배·명령의 시기"인 45~60세 연령층 간에는 잠재적·실제적 갈등이 항시 존재하는데 이러한 갈등이 역사 변동과 밀접하게 관련된다고 주장했다.(Marías, 1974:90) 오르테가의 학맥을 계승한 마리아스는 이 쟁점에 대해 보다 직설적이다. 그는 45~60세 연령층을 모든 분야에서 권력을 갖는 "권력점유세대"로, 그 아래 세대인 30~45세 연령층을 윗세대로부터 권력을 이양받아 혁신innovation을 도모하고자 투쟁하는 "저항의 세대"로 설정하면서, 역사란 혁신이 점차 확산되어 전 사회에 걸쳐 지배적이 되는 과정이라고 봤다.(Marías, 1974:91) 연령성층화 이론의 창시자 릴리M. W. Riley 역시 권력 갈등을 연령계층 간 갈등의 한 유형으로 설정했다. 그러나 그녀에게 권력 갈등은 권력 획득을 위한 갈등이라기보다 권력 행사 방식의 정당성을 둘러싼 갈등을 의미한다.(Riley, 1985)

급격한 변혁기에는 기성세대가 청년층에 의해 종종 배척과 타도의 대상이 된다. 포이어(Feuer, 1969:25)는 기성세대에 대한 청년층의 불신감이 세대갈등의 핵심이라고 설파했다. 그는 "1964년 미국 버클리대 학생운동 진영에서 '30세 이상인 자는 믿을 수 없다'는 생각이 널리 퍼졌고, 스페인 학생운동의 경우에 우군友軍의 범위를 45세까지로 한정했다"는 사례를 들어 보였다. 우리나라에서도 1960년 4·19혁명 당시 "기성세대 물러가라"는 구호가 등장했으며 그 당시 30대는 20대 청년들에 의해 비판과 극복의 대상으로 평가됐다고 한다.(천정환, 2004:586–589)

오르테가와 마리아스가 제시한 40대 중반 전후 세대 간의 권력 갈등 이론, 그리고 20세기 국내외에서 경험적으로 관찰되는 청년층의 기성세대에 대한 배척과 비판, 이들 이론과 역사적 사례가 제공하는 함의는 세대 간 권력 갈등의 핵심이 세대교체 공방에 있다는 점이다. '시대가 바뀌었으니 구세대는 물러나라'는 요구와 '신세대는 아직 경륜과 내공이 부족하다'는 반론이 충돌하는 지점에서 세대 간 권력 갈등이 형성된다는 말이다. 장기간에 걸친 점진적 세대계승 즉 인구의 신진대사가 아닌, 젊은 세대의 세대교체 요구는 급격한 변동기이거나 전환기에 특히 일어나기 쉽다. 2000년대 한국사회에 등장한 세대교체 담론들을 꼽아보면, 2000년 정월 《조선일보》가 새해 특집으로 기획한 '세대 비약론', 2002년 대통령 선거 직후 《한겨레》 신문의 기획기사인 '주류主流 교체론', 그리고 2004년 총선 결과에 대한 '세대교체론'을 들 수 있다. 이들을 간략하게 검토해 보기로 하자.

아마도 'generation leap'의 번역어라 할 수 있는 '세대 비약론'이 펼치는 논리는 다음과 같다. 즉, 우리나라 정치, 행정, 경제, 문화 여러 분야에서 나이 든 세대가 권력을 움켜쥐고 양보하지 않는 '세대 정체' 문제가 심각한데, 이러한 현상은 국가경쟁력을 떨어뜨리고 사회의 활력을 잃게 하여 시대 변화에 적절히 대응할 수 없다는 것이다.(《조선일보》, 2000. 1. 1. 11면; 함인희, 2000). 외국의 사례들이 다수 소개되고 있는데, 그 내용인즉 우리나라와는 달리 외국에서는 삼사십대 젊은 세대가 각 분야의 리더로 부상하여 변화를 주도하며 미래에 대비한다고 한다. 결국 '세대 비약'은 '세대 정체'의 반의어로서, 권력이 나이 든 세대로부터 젊은 세대로 바뀌어야 한다는 세대 간 권력 이동을 시사하는 용어로 이해된다. 한국사회에서는 전통적으로 연공서열이 중시되고 권위주의 문화가 잔존한다는 점에서 '세대 비약론'의 문제 제기는 일면 정당하다. 그렇지만 오직 나이만을 기준으로 고령자를 배제하는 논리는 세대 정체 못지않게 부작용을 낳을 수 있다는 점에도 주목해야 한다.

흥미롭게도 '세대 비약론'은 2년의 세월을 뛰어넘어 '주류 교체론'으로 재현된다. 둘 다 세대교체를 주장하고 있기는 하지만 그 성격은 물론 다르다. 2002년 12월 대통령 선거가 끝난 직후 한겨레신문(《인터넷한겨레》 2002. 12. 22.)은 "한국사회 '주류'가 바뀐다"라는 기획 특집을 마련한다. 주장의 요지는 노무현 후보 당선이라는 대선 결과를 통해 한국사회의 주류가 5060세대에서 2030세대로 바뀌었음이 드러났다는 것이다. 과거에는 소수 권력층과 보수언론, 해외유학파들이 여론을 주도하는 한국사회의 주류로 군림했으나, 2002년 대선에서 그들의 여론 장악력은 한계를 보였고 그 대신 인터넷과 휴대폰으로 무장한 2030세대가 여론을 주도하여 예상 밖의 결과물을 얻었다는 말이다. 요컨대, 한국의 주류가 바뀌었으니 구주류舊主流, 즉 수구·보수적인 5060세대는 물러나라는 주장이다.

실제로 대선 후 한동안 나이 든 사람이 퇴물 취급받는 분위기가 존재했고 그런 흐름 속에서 2004년 제17대 총선을 치르게 됐다. 17대 총선 결과를 압축적으로 표현하는 핵심 코드는 '세대교체'이다. 〈표 1〉에서 볼 수 있듯이, 16대 때 33%에 이르렀던 60세 이상 국회의원 비율은 16%대로 반 토막 난 반면 16대에서 29%에 그쳤던 삼사십대 의원들은 43%로 크게 약진했다. 17대 국회 총 의석 중 6할 이상이 교체됐고, 진보 정당이 10개의 의석을 확보하여 원내 진출에 성공했으며, 학생운동·노동운동 경력 의원의 비율이 전체 의원 중 22%에 달했으니 예상을 크게 뛰어넘는 세대교체로 볼 수 있다.(《중앙일보》 2004. 4. 16., 4. 27.) 물론 이러한 대규모 세대교체를 가능케 한 주요 배경은 총선이 반 한나라당 정서가 팽배했던 탄핵 정국 속에서 치러졌다는 점에 있다. 그러나 2008년 18대 총선에서는 세대교체 열풍이 한풀 꺾였고 민주화운동 경력 의원 다수가 재신임 받는 데 실패했다.[33] 중앙선거관리위원회의 18대 총선 당선자 통계에 따르면 60세 이상 의원 비율은 4% 포인트 가량 늘어났고 삼사십대 의원 비율은 11% 포인트 줄어들었으며 초선의원 비율은 45%로서 17대 총선63% 때에 비하여 크게 낮아졌다.(〈표 1〉 참조)

〈표 1〉 국회의원 연령별 비율 및 초선의원 비율(%) 제15대 ~ 제20대 총선

구 분		제15대 총선 1996. 4. 11.	제16대 총선 2000. 4. 15.	제17대 총선 2004. 4. 15.	제18대 총선 2008. 4. 9.	제19대 총선 2012. 4. 11.	제20대 총선 2016. 4. 13.
연령	30~49세	23.7	28.6	43.1	31.8	29.7	17.7
	60세 이상	22.8	32.6	16.4	20.7	23.0	28.7
초선 의원		48.5	40.7	62.5	44.8	49.3	44.3

주 지역구와 전국구 국회의원 전체를 대상으로 한 통계임.
자료 중앙선거관리위원회 역대선거정보시스템 http://www.nec.go.kr/sinfo/index.html
동아일보 아카이브 http://www.donga.com/pdf/archive/
조선일보 아카이브 http://srchdb1.chosun.com/pdf/i_archive/

국회의원 연령별 분포와 초선의원 비율의 추이를 검토해 보면, 총선 직전에 치러지는 대통령 선거 결과나 2004년 대통령 탄핵사태와 같은 돌발 변수가 총선에 막강한 영향을 미치는 것으로 보인다. 노무현 정부 출범 후 17대 총선에서의 전대미문의 대폭적 세대교체와 진보화 경향, 이명박 정부 출범

33 17대 총선에서 당시 여당이던 열린우리당 의원 152명 중 초선이 108명(71%)이나 됐으나, 이들에 대한 평가는 곱지 않다. 일부 당 중진의원들은 이들 초선 의원들이 목소리만 크고 당내 불협화음을 일으키는 등으로 속을 썩여 '108번뇌'라 불렀다고 한다. 결과적으로 이들 중 18대 총선에서 공천을 받아 재선에 성공한 의원은 그 1/3에도 못 미치는 35명에 불과했다. (《동아닷컴》2014. 10. 4. 참조)

후 18대 총선에서의 진보성향 의원들의 대거 퇴진과 보수화 경향이 그 예이다. 그러나 특정 이념적 지향의 부침과는 무관하게 의회 권력 저低 연령화의 큰 흐름은 제19대 총선까지 유지되어 왔다. 즉, 18·19대 총선결과를 15·16대와 비교할 때 50세 미만 젊은 의원 비율은 늘어나고 60세 이상 고령 의원 비율은 전반적으로 줄어드는 추세를 관찰할 수 있다.

그러나 이러한 저低 연령화 추세는 최근 치러진 제20대 총선에서 나타나지 않는다. 50세 미만 국회의원의 비율은 15대 총선 이래 최저 수준인 18%로 크게 축소됐고 60세 이상 의원의 비율은 3할에 육박한다. 혹시나 하여 후보자 통계를 확인해 봤는데(중앙선거관리위원회, 《선거통계시스템》), 전체 후보자 중 50세 미만 후보의 비율이 19대29.8% 때나 20대28.6% 때나 큰 차이 없이 30%에 가까운 비율을 유지하고 있었다. 50세 미만 국회의원 당선자의 비율이 20대 총선에서 특히 낮았던 이유가 동일 연령대의 후보자들이 적었기 때문은 아니라는 말이다. 한편 20대 총선에서는 2030세대의 투표율이 이전 총선에 비하여 높게 나타났고 집권 여당은 예상 밖의 참패를 당했다. 이런 결과는 청년실업에 대한 젊은 세대의 반란이라 평가되기도 했다. 결국 젊은 세대의 반란이 집권여당을 심판한 것으로 볼 수 있겠지만, 그것이 세대교체의 동력으로까지 연결되지는 않은 것이다. 15대 총선 이래 지속되던 의회 권력 저연령화 추세가 20대 총선에서 왜 반전됐는지는 확실치 않다. 그러나 한 가지 분명한 것은 2002년 대선을 전후하여 정점을 찍었던 '세대의 정치'가 그 이후 급격하게 쇠퇴하기 시작했는데(윤상철, 2009 참조) 저 연령화 추세의 반전 역시 그 연장선상에서 봐야 할 것이라는 점이다. 물론 그 배경에는 17대 총선에서 대거 원내 진입한 초선의원들과 상대적으로 젊은 정치 신인들이 그리 좋은 평가를 받지는 못했다는 점도 포함될 것이다. 이에 대해서는 앞으로 보다 심층적인 연구가 필요해 보인다.

2. 세대 간 이념 갈등

선거에서 세대 요인이 갖는 중요성에 대한 인식은 1990년대부터 이루어졌으나 그 요인이 투표행태를 설명하는 가장 중요한 변수로 부각된 계기는 2002년 대통령 선거였다. 당시 노무현 후보는 대중 정치인들이 덧셈정치를 위해 입장 밝히기를 꺼려 왔던 민감한 사안에 대해 자신의 진보 노선을 분명히 했고 그런 솔직하고 당찬 모습에 열광한 2030세대가 부모세대를 배반하고(?) 그를 대통령으로 만들었다. 이념 갈등이 세대 요인을 매개로 하여 강력하게 표출된, 가까운 미래에 재현될 수 없는 극적인 사건이었다.

일반적으로 이념 갈등은 진보 대 보수 간의 갈등을 의미한다. 그런데 진보-보수 이념은 단일 차원의 연속선상에 있는 속성이라기보다는 상대적으로 독립적인 다양한 차원들을 포함하는 다차원적 현상으로 이해된다. 예컨대, 어떤 개인이 분배와 평등을 중시하는 좌파적 입장을 갖지만 동시에 전통적 가치를 존중하고 남성 우월주의적 시각을 가질 수도 있다는 것이다. 어찌 보면 현대와 같은 다원 사회에서 이념의 다원화는 당연하고 불가피한 귀결이기도 하다.[34]

일찍이 최석만·국민호·박태진·한규석(1990)은 통계분석방법(요인분석)을 동원하여 한국인의 진보-보수 태도가 ① 국가와 사회질서, ② 사회체제, ③ 사회운동, ④ 경제적 분배, ⑤ 문화적 전통 등 다섯 차원으로 구성됨을 밝혀냈다. 아울러, 진보-보수 여부는 세대, 학력, 직업에 따라 유의미한 차이를 갖는다는 점도 확인했다. 한편, 강원택(2005)은 보수-진보 간 이념 갈등의 차원을, Ⓐ 반공이데올로기를 둘러싼 갈등[35], Ⓑ 권위와 자유주의 간 갈등, Ⓒ

---

34 우리나라에서의 이념 논쟁과 이념적 프레임 투쟁, 이념의 분화에 대해서는 강수택(2008)을 참조할 것.

35 좌파 이념과는 모순관계에 있는 친북 이념마저 진보로 포장되는 현실은 보수진영 이념의 대립항을 진보진영의 자원으로 삼았다는(송호근, 2003:254) 한국 이념 갈등의 특수성을 잘 보여 준다.

좌파–우파 간 갈등, Ⓓ 근대적 가치와 탈근대적 가치관 갈등 네 가지로 구분하면서 이들 중 특히 Ⓐ와 Ⓑ가 한국사회에서 변별력을 갖는다는 점을 밝혀냈다. 이념의 차원에 관한 사회과학자들의 대표적인 이 두 연구는 연구방법상의 차이나 연구 당시 시대상황의 차이에 기인하여 일견 일관성이 없어 보이지만 분석에 사용한 지표 항목들을 살펴보면 공통점이 발견된다. 이념 갈등의 차원들을 비슷한 차원끼리 묶어 재분류해 보면, ②–Ⓐ가 사회주의 체제 및 북한에 대해 호의적인지에 관한 정치적 차원을, ③–④–Ⓒ가 분배와 성장, 노동과 자본 간의 경제적 대립 차원을, ①–⑤–Ⓑ–Ⓓ가 전통과 질서냐 혹은 개인 자유와 인권이냐 하는 사회문화적 차원을 다루고 있다. 이러한 정치적·경제적·사회문화적 차원의 구분은 최근 일부 연구자들(설동훈, 2005; 이현출, 2005 참조)이 취하는 분류 방식이기도 한데, 이는 우리에게 익숙한 방식〔정치·경제·사회〕이면서 동시에 단순성의 미덕을 갖추었다고 생각된다.

2000년대 전반의 이념 갈등이 다른 어떤 요인보다 세대/연령 간의 태도 차이로 표출됐다는 점이 여러 분야의 연구자들에 의해 반복적으로 지적됐다. 2002년 대선 이전에 이미 몇몇 정치학자들은 지역주의 약화 추세가 이념 분화 현상과 맞물리면서 바야흐로 "세대의 정치" 시대가 도래할 것임을 예상했었다.(이내영, 2002:75; 강원택, 2002도 참조할 것) 대선 이후 여러 학자들은 2002년 대선부터 2004년 총선 기간 전후까지의 여론조사 결과를 실증적으로 분석하여 그러한 예상이 정확했고 이념적 분화가 세대차이와 갈등으로 발현된다는 점을 밝혀냈다.(설동훈, 2005; 이현출, 2005; 윤상철, 2009) 3개 유력 일간지의 2002~2003년 기간 중 사회갈등 담론을 분석한 방정배·최세경(2003) 역시 지역주의와 이념 간의 연계가 약화된 상황에서 세대와 이념 간의 접합이 강화되는 담론의 변화에 주목했다.

보수진영의 관점에서 본다면, 호남의 상징이었던 김대중 정부가 이미 구성됐고 영남 출신 노무현 후보가 여당 후보로 확정된 마당에 지역과 색깔론의 결합은 별 의미를 갖지 못하게 됐다. 그런 상황에서는 노 후보가 급진좌파 2030세대의 지지를 받고 있다는 식으로 이념과 세대를 접합시켜 공격하는 공략방식이 더욱 효과적일 수 있다는 말이다.(방정배·최세경, 2003:256) 물론 노 후보와 그의 지지자들은 진보 이념이 깨끗하고 도덕적이라는 도덕적 우위론을 펼쳤고 그러한 이념적 인식틀은 2030세대를 결집시키는 데 크게 기여했다. 즉 2002년 대선을 전후하여 보수-진보 양 진영에서 공히 세대 간 이념 갈등을 정략적으로 활용했다는 말이다.

단순하게 말하면, 세대 간 이념 갈등은 젊은 세대는 진보적이고 나이 든 세대는 보수적이라는 이분법으로 요약된다. 세대 간 이념 갈등의 증거는 각종 선거에서의 투표행태에서 찾기도 하고 혹은 각종 이념 지표 조사 결과에서 찾기도 한다. 우선 2002년 대통령선거 당일 실시한 출구조사 결과를 통해 투표행태의 차이를 보면, 노무현 후보 지지 비율이 20대와 30대의 경우 62.1%와 59.3%로 나타났음에 비하여 50대 이상 연령층에서는 39.8%에 불과했다. 한편 이회창 후보의 지지율은 20, 30, 50대 이상이 각각 31.7%, 33.9%, 58.3%를 차지했으며, 40대에서는 양 후보에 대한 지지율이 47~48%로 거의 동일하게 나타났다.(Park, 2009:97 〈Table 2〉 참조) 이 결과는 세대 간 이념 갈등이 첨예했음을 보여 주는 자료로 적절하다. 세대별로 명료하게 지지 후보가 나뉘지 않았다거나 젊은 세대의 낮은 투표율에도 주목해야 한다는 논거를 펼치며 세대갈등 담론이 과장됐다는 주장도 제기됐다. 그러나 지지율 20% 포인트의 차이를 작은 차이로 볼 수는 없고, 투표율 면에서도 20대는 55~58%, 30대는 64~71%로 드러나 전체 투표율 70.8%에서 크게 벗어나지는 않았다.(윤상철, 2009:83; 중앙선거관리위원회, 《역대선거정보시스템》, 16대 대선 투표상황)

2002년 대선과 2004년 총선을 전후하여 언론기관과 학회 공동으로 다양한 진보-보수 이념 조사가 실시됐고 조사 결과에 대한 다양한 분석이 이루어졌다.(설동훈, 2005 참조) 여러 분석들 중에서도 이현출(2005)의 연구는 각종의 이념지표들을 정치, 경제, 사회 세 가지 차원으로 구분하고 지수화함으로써 세대별 이념 성향의 차이를 간명하게 보여 준다는 점에서 돋보인다. 그는 중앙일보가 2002년 1월 한국정당학회와 2004년 6월 한국정치학회와 공동으로 조사한 자료를 이용하여 세대별로 이념 성향의 차이가 통계학적으로 유의미한지 여부를 분석했는데 그 결과를 제시하면 다음과 같다.

〈표 2〉 세대별 정치·경제·사회 이념 지수

구 분	정치 이념		경제 이념		사회 이념	
	2002	2004	2002	2004	2002	2004
20대	57.3	51.7	61.3	62.3	58.0	58.7
30대	55.0	54.7	60.3	63.3	58.7	58.3
40대	51.7	49.3	59.7	59.3	55.3	50.3
50대 이상	43.7	39.3	59.7	55.3	44.7	44.3
평균값	52.0	48.7	60.3	60.0	54.3	53.0
F값***: p<.001	29.72***	33.78***	0.35 n.s.	10.54***	53.53***	46.48***

주 1) 각 차원을 구성하는 지표항목은 다음과 같다. 즉, '정치 이념'은 대미관계, 국가보안법 개정문제, 대북지원 문제로, '경제 이념'은 재벌개혁 문제, 집단소송제 도입 여부, 복지예산 축소/확대로, '사회 이념'은 환경·교육·여성 정책, 사형제 폐지 문제 등으로 구성됐다.

2) 본래 각 연령층별 이념 지수 값은 각 차원의 지표항목 점수를 합산한 후 4점 만점으로 지수화한 것이었는데, 이 표에서는 직관적 이해를 돕기 위해 100점 만점으로 환산하여 제시했다.(0점: 가장 보수적, 100점: 가장 진보적) 평균값은 네 세대 점수의 평균인데, 상호 비교를 위한 기준치의 의미로 제시했다.

자료 이현출(2005:329 〈표 2〉)의 내용을 토대로 재구성.

〈표 2〉에서 볼 수 있듯이, 이삼십대 젊은 세대의 이념은 정치, 경제, 사회 세 차원에서 공히 사오십대에 비하여 진보적이었다. 각 세대 간의 이념 차이

는 2002년 경제 이념을 제외하고는 모두 통계학적으로 유의미했다. 진보 성향이 강한 정도는 20대와 30대 간에 일관성 있게 나타나지는 않았다. 통상 젊을수록 진보적인 경향이 강할 것으로 예상할 수 있지만, 30대의 경우 386세대 효과를 갖기 때문에 진보 성향이 20대보다 강하게 나타나기도 한 것이다. 세대별 이념 성향의 차이는 국제 비교를 해 봐도 한국이 미국, 대만, 독일에 비해 예외적으로 크게 벌어졌다.(이내영, 2002:67) 이러한 세대별 이념 지수의 차이와 국제적 비교 결과는 한국사회에 세대 간 이념 갈등이 존재함을 강력하게 시사한다.

2002~2004년 당시에 전문가들은 세대별 이념 성향의 차이가 상당 기간 지속되고 '세대의 정치'가 장기화되리라 예상했지만 2007년 대선과 2008년 총선 결과는 그러한 예상을 크게 벗어났다. 한 예로 2007년 대선에서의 출구조사 결과에 따르면(Park, 2009:97), 한나라당 이명박 후보는 30대12% 포인트 차이를 제외한 전 연령층에서 민주당의 정동영 후보를 20% 포인트 이상 최대 34% 포인트 비율 차이로 크게 압도했다. 청년실업 문제의 심각성과 진보정권에 대한 실망이 젊은이들에게 진보 이념을 외면하고 이명박 후보의 실용주의 경제관에 동조하도록 만든 것이다.[36]

윤상철(2009:82-85)의 진단에 따르면, 세대의 정치는 1997년 대선을 기점으로 성장하기 시작해 2000~2004년 기간 중 전성기를 구가했으나 그 이후 급격한 쇠락의 길을 걷기 시작하여 세대 정치가 사회운동의 정치로 대체됐다

36 세대 간 이념 갈등 완화 추세는 진보-보수 성향에 대한 주관적 평가 조사에서도 관찰된다. 2004~2008년 조사 결과에서 드러난 큰 흐름은 자신이 진보적이라고 평가한 응답자가 전반적으로 감소했다는 점인데, 이와 더불어 자신이 진보적이라고 답한 20대 이하와 60대 이상 세대 간 비율의 격차 역시 17.0% 포인트에서 13.5% 포인트로 축소했다.(석현호 외, 2005; 김상욱 외, 2009) 이 결과는 '청년은 진보적이고 노인은 보수적'이라는 세대 간 이념균열 구도가 2004년 총선 이래 약화됐음을 시사한다.

한다. 세대 정치는 세대균열generation cleavage을 정치균열로 끌어들임으로써 가능한데 2007년 대선과 2008년 총선에서는 세대균열, 이념균열 등의 각종 사회균열들이 약화되면서 균열의 정치적 동원력이 상실됐다는 것이다. 현재는 잠복한 것처럼 보이는 세대 간 이념 갈등이 앞으로 어떤 상황 변화를 계기로 다시 활성화될지 예단하기가 쉽지 않다. 각 세대 구성원의 처지에 주목해 보면, 30대 신세대와 40대 386세대는 진보정권에 대해 실망감을 갖고 있고, 또한 연령 증가에 따라 점차 중도화·보수화된다고 한다.(황아란, 2008; 윤상철, 2009:82에서 재인용) 한편, 20대 88만원세대는 취업 압박으로 인해 정치에 신경 쓸 여력이 없는 것처럼 보인다.[37]

37 세대균열은 정치, 문화, 경제 부문에서 중층적으로 나타날 수 있다. 386세대와 그 이전 세대를 가르는 정치적 세대균열, 1970년대 출생 신세대와 그 이전 세대로 나눠지는 문화적 세대균열, 88만원세대와 그 이전 세대로 구분되는 경제적 세대균열이 그것이다. 그러나 제 부문 간 균열의 경계는 분석상의 경계일 뿐이며 현실에 있어서는 대체로 느슨하고 서로 넘나들 수 있는 경계이다. 예컨대, 2002년 대선에서 신세대의 문화적 감수성과 386세대의 정치의식이 결합한 예를 들 수 있다.(홍덕률, 2003 참조) 우석훈·박권일(2007)은 88만원세대와 그 이전 세대를 신자유주의적 세대 경쟁의 패자와 승자로 규정했으나, 세대 간 경제적 균열이 계급균열을 압도할 정도로 명료한지의 여부는 앞으로 면밀하게 검증되어야 한다. 또한, 2008년 촛불집회에 적극 참여한 10대를 촛불세대 혹은 2.0세대라 명명하며 그들의 높은 정치 참여 의식에 주목했지만, 의식의 지속 여부에 대해서도 추적 관찰이 필요하다. 장기적 경제 침체와 신자유주의 경쟁 시스템하에서 불행히도 대다수 청년들의 관심은 오직 취업으로만 국한되어 있다. 윤상철(2009:85)은 오늘날 한국이 사회균열이나 정치균열이 실종된 "정치적 아노미"상태에 있다는 비관적 전망을 내린 바 있다. 젊은이를 옥죄는 냉혹한 경제 현실이 이러한 씁쓸한 전망의 배후에 도사리고 있는 것으로 보인다.

문화부문의 세대갈등

1. 탈이념·정보화세대의 출현과 세대균열

1993년 여름, '신세대' 브랜드가 대중매체의 최고 인기품목으로 등장하여 문화평론가들도 '신세대 현상'에 주목하기 시작할 무렵 『신세대: 네 멋대로 해라 — 더 이상 탄원은 없다. 돌파하라!』(현실문화연구, 1993)라는 제목만큼이나 내용도 도발적인 한 권의 책이 출간됐다. 이 책은 18세의 의식 수준에서 멈추고자 하는 30세 전후의 필진이 신세대 중심의 문화변혁운동을 공개적으로 표방하며 펴낸 책이다. 이들은 기성세대가 만든 억압적이고 권위주의적인 질서를 거부하고 감성이 억압받지 않는 자유의 왕국을 갈망한다. 신세대는 자유, 사랑, 열정, 광기, 섹스, 저항의 감성을 공유하지만, 기성세대는 계몽주의적이고 따라서 위선적이며 "규격과 질서에 얽매어" 살아가는 "계획의 노예, 규칙의 노예, 질서의 노예"로 묘사된다.(현실문화연구, 1993:16-17) 신세대에게 기성세대는 탄원과 화해의 대상이 아니라 돌파해야 할 대상이고, 그들의 문화는 청산해야 할 문화일 뿐이다.

1990년대 세대 간 문화 갈등은 이렇게 시작됐다. 서로 다른 세대 간의 사고방식이나 정서, 가치관 차이 때문에 빚어지는 갈등을 세대 간 문화 갈등이라고 정의할 때, 그 차이는 역사적 경험과 문화적 사회화 경험의 차이에 기인하여 발생하므로 문화 갈등은 어느 시대에나 존재하는 보편적 현상이다. 하지만, 1990년대 신세대는 분명 여러 면에서 그 이전 세대와 질적으로 달랐고 그에 따라 문화 갈등의 양상도 전면적이라는 점에서 앞 시대의 갈등과 구분된다. 신세대 열풍이 강하게 몰아치던 1993년 당시 신세대는 중·고등학생과 대학생 정도의 연령층을 가리켰으므로 출생연도로 치면 대략 1970년대 출생 청소년이고 2015년 현 시점에서는 30대 후반부터 40대 전반 연령층에 해당한다.[38]

이들 1970년대 출생코호트birth cohort를 그 이전 세대와는 질적으로 다른 세대로 만든 역사적 배경은 무엇인가? 그 배경은 경제적 풍요, 정보화와 지구화globalization, 민주화와 동구권 붕괴, 억압적 교육환경과 자율화, 그리고 이러한 변화들의 복합적 산물인 대중소비문화의 발달, 관심과 욕구의 다원화로 요약할 수 있다.(박재흥, 1995, 2005a 참조)

첫째, 대략 1970년경 이후에 출생한 이들은 상대적으로 풍요로운 시기에 출생하여 경제적 어려움을 거의 겪지 않고 성장했다. 1965년 100달러 수준이었던 1인당 국민총소득은 고속 성장을 거듭하여 85년에는 2,300달러에 이르렀다. 이들은 절대적 빈곤 상황을 넘어선 시기에 태어나 컬러텔레비전을 보고 햄버거를 먹으며 자란 '산업화의 수혜세대'이다.

둘째, 이들은 20세기 말 정보화와 지구화라는 거대한 구조변동의 시대에 성장한 세대이다. 우선 이들은 1980년대 후반 컴퓨터 자판을 두드리고 90년대 후반 인터넷 서핑을 즐기며 청소년기를 보낸 정보화세대이다. 또한 이들은 청소년 시절 한국에서 개최된 1986년 서울아시안게임과 1988년 서울올림픽을 지켜보며 후진국 콤플렉스에서 벗어났고, 뮤직비디오·위성방송 등의 영상매체나 배낭여행을 통해 외국문화를 일상적으로 접하며 성장한 글로벌 시민이다.

---

38 X세대와 N세대(Net세대)도 1990년대 한국의 청소년을 가리키는 세대 명칭으로 사용됐다. 이 중에서 X세대는 1991년 출간된 캐나다 작가의 소설 제목인데 등장인물들이 1960년대에서 70년대 초 사이에 태어난 청년들이라는 점에서 X세대는 신세대보다는 386세대에 가까운 연령층이다. 하지만 1990년대 초 X세대를 신세대 남성용 화장품 광고 카피로 사용하면서 X세대가 신세대의 대체 용어로 자리 잡은 듯하다. 한편, N세대는 탭스콧(Tapscott, 1998)이 1977~1997년에 태어난 청소년들에게 붙여준 세대 명칭인데 우리나라로 치면 출생연도가 다소 늦은 신세대 및 그 이후 세대라 할 수 있다.

셋째, 이들은 1987년 민주화대투쟁 이래 절차적 민주주의의 정착과 1990년 전후 동구 사회주의 국가들의 연속 붕괴라는, 그 이전과는 전혀 다른 정치지형에서 청소년기를 보낸 세대이다. 동구권과 소련의 붕괴는 80년대 후반 대학가를 풍미했던 마르크스주의의 위기를 초래하고 이데올로기의 호소력을 격감시켰으며, 4반세기 지속된 폭압적 군부집권의 시대에 뒤이어 출현한 노태우 민선民選정부와 김영삼 문민文民정부의 등장은 정치투쟁의 동력을 크게 떨어뜨렸다.

넷째, 이들은 교육과 사회화 부문에서 한편으로는 통제·억압을 받았지만 다른 한편으로는 제한적이나마 자율도 경험한 세대이다. 대입 중심의 중등교육은 예나 다름없이 통제와 억압으로 얼룩졌지만, 1983년 시행된 교복 및 두발 자율화 조치는 일제 강점기부터 끈질기게 강요한 군대식 획일주의의 철폐, 자율화의 한 단면을 보여 준다. 더군다나 탈식민지 세대이자 한글 1세대인 그들의 부모가 자신을 억눌러 왔던 전통적 가치관에 자식을 묶어 두지 않고 새로운 가치관을 갖도록 허용했다는 점(박재흥, 1992) 역시 이들의 매우 중요한 자율화 체험이다.

이러한 경제, 문화, 정치, 교육부문에서의 변화는 대중소비문화의 발달과 관심·욕구의 다원화를 낳았고 그러한 조건하에서 1970년대 출생코호트는 그 이전 세대와는 뚜렷이 구분되는 특성을 갖게 된 것이다. 첫째, 대중소비문화는 상품생산 자체보다는 정보, 서비스, 이미지, 기호의 생산과 그것의 대중적 소비가 중심이 되는 대중소비사회의 문화형식이다. 대중소비문화는 당연히 다른 무엇보다 경제적 풍요, 구매력의 확대를 전제로 발달하는데, 한국의 경우 80년대 후반기부터 관찰되는 실질임금 상승과 내수시장 확대가 대중소비문화 출현을 가능하게 한 중요한 조건이 된다. 당연히 문화상품의 주요 고객은 입시전쟁에 내몰려 공부 아닌 것에 허기진 청소년들이고 이들이 문화산업 발달의 일등공신이다. 둘째, 경제적 풍요와 정치지형의 변화는 관심·욕구의 다원화를 야기했다. 신세대의 관심과 욕구는 기성세대의 관심사인 먹고사는 문제, 출세의 욕망에 국한되지 않았고 소비와 여가, 개성 표출, 자아실현으로 확장됐다. 정치적 쟁점이 불분명해지고 적과 동지가 불투명해진 상황에서 젊은 세대들의 관심은 정치와 이데올로기 과잉에서 벗어나 일상생활, 사적 영역, 문화의 영역으로 다변화됐다.(이상, 박재흥, 1995, 2005a 참조)

문화적 세대균열generation cleavage의 깊은 골은 대략 출생 시점 1970년경을 중심으로 형성된 것 같다. 왜냐하면 세대의식 형성에 있어서 청소년기 경험이 결정적으로 중요한데(Mannheim, 1952; Rintala, 1974) 1970년대 이후 출생 코호트의 청소년기 경험은 그 이전 코호트의 경험과 명료하게 대비되기 때문이다. 단순화의 위험을 무릅쓰고 주요 경험의 차이를 대비해 보면, 궁핍의 시대 대 풍요의 시대, 산업사회 대 정보사회, 국민국가nation-state 대 지구화 시대, 1987년 이전 권위주의 시대 대 민주화 시대, 동구권 붕괴 이전 냉전·반공주의 대 탈냉전·탈이념의 시대 등을 들 수 있다. 이러한 심대한 차이에 주목하여 필자는 1970년경 이후 출생코호트를 '탈이념·정보화세대'[39]라 명명한 바 있다. 한편, 1980년대 민주화운동을 주도했고 1987년 대통령 직선제를 되찾은 1960년대 출생코호트를 종종 '386세대'라 부르는데 이들은 몇몇 측면에서 '탈이념·정보화세대'와 유사한 점이 있다(예: 지구화와 정보화세대, 반공주의 거부 등). 더욱이 2002년 대선 당시 세대균열이 2030세대와 5060세대 간 균열로 나타났다는 점에서 세대균열의 분기점을 출생 시점 1970년경이 아니라 1960년경으로 보는 견해도 있을 수 있다. 그러나 386세대는 학창 시절

39 이 세대는 1993년 신세대 담론이 한국사회에 횡행할 때 신세대로 통칭되던 1970년대 출생 청소년들로부터 출발한다. 하지만 신세대는 구세대와 대비되는 보통명사로도 사용된다는 점에서 혼란을 야기할 수 있고, 또한 신세대는 대체로 1970년대 출생코호트로 국한된다는 한계가 있다. 그러한 이유 때문에 새로이 명명한 세대명이 1970년대 이래 출생한 코호트를 가리키는 '탈이념·정보화세대'이다.(박재흥, 2003b)

궁핍·피억압·저항의 경험이 있고 감성보다는 이성의 세대이며, 또한 앞선 세대들의 유산인 전통주의, 권위주의, 연고주의, 집단주의의 변형된 특성도 갖는나는 점(소내엽, 2002)에서 '탈이념·정보화세대'보다는 1950년대에 출생한 유신세대에 가깝다. 요컨대 386세대는 그 앞 세대와 탈이념·정보화세대를 잇는 과도기적 세대이지만 탈이념·정보화세대보다는 그 앞 세대에 가깝다고 보는 것이 정확할 것이다.

2. 문화 갈등의 세 가지 축

한국사회 문화 갈등이 탈이념·정보화세대와 그 이전 세대 간의 충돌로 나타난다면 그 구체적 내용은 무엇인가? 달리 말하면, 양 세대 간의 생활양식, 세계관, 만하임식 표현으로 세대 스타일generation style 차이의 핵심은 과연 무엇인가? 필자는 1993~1994년 기간 중 젊은이들을 대상으로 한 심층면접 자료를 분석하며 1970년대에 출생한 젊은이들의 특성을 '소비지향', '개인지향', '탈권위지향' 이 세 가지로 압축한 바 있다.(박재흥, 1995, 2005a)

이 연구에서는 그 연구에 기초하여 탈이념·정보화세대와 그 이전 세대(편의상, 기성세대로 표현) 간의 문화 갈등을, 성장주의 대 소비주의, 집단주의 대 개인주의, 권위주의 대 탈권위주의라는 세 차원으로 나누어 살펴볼 것이다.[40] 성장주의, 집단주의, 권위주의는 탈이념·정보화세대의 특성인 소비주의, 개인주의, 탈권위주의의 대립항으로 설정한 것이다.[41]

40 성장주의·집단주의·권위주의 문화의 전형적 시대 배경은 먹고사는 문제의 해결을 위해 다른 모든 것의 희생이 강요되던 1960~1970년대 개발독재시대였다. 한편, 소비주의·개인주의·탈권위주의 문화의 전형적 시대 배경은 경제 형편도 좋아지고 절차적 민주주의의 정당성도 확보한 1990년대 이래 상대적으로 풍요롭고 민주화된 공간이다. 이는 한 사회의 문화가 경제력 수준이나 정치 발전 정도와 밀접하게 연관되어 있음을 보여 준다. 이 글에서는 이들 간의 관계를 심도 있게 다루지 못했다. 각 차원 간 상호작용 분석은 그 자체로 하나의 중요한 연구주제가 되는 앞으로의 연구과제이다.

2-1. 성장주의 대 소비주의

1960~1970년대는 고도경제성장의 시대였다. 경제개발계획을 단계적으로 추진한 1962년부터 연평균 실질 경제성장률은 세계적 불황기를 제외하고는 10%에 육박하거나 초과했고, 성장률과 수출의 목표치는 추진 과정에서 종종 상향조정됐다. 그러나 성장의 신화 앞에서 다른 중요한 가치들은 가차 없이 배제·희생됐고 시민들에게는 침묵과 굴종이 강요됐다.

자유, 인권, 민주주의, 분배, 사회운동, 균형발전, 환경 등의 귀중한 가치들이 개발독재의 동토에서 봄을 기다리고 있었다. 전형적인 성장주의 사고방식은 열심히 일하는 게 나의 발전이자, 회사·공장의 발전이요, 국가의 발전이라는 생각이다. 나태와 여가와 과소비는 죄악이고 생산·수출·근검절약만이 자신과 가족, 그리고 회사와 나라가 살 길이다. 성장주의 세대는 별을 보며 출퇴근하고 밤샘 근무를 밥 먹듯 하면서도 자신이 경제성장의 주역이라는 자부심으로 지친 몸을 달래던 추억이 있다.

1980년대 후반부터는 경제성장 20여 년의 성과가 나타나기 시작해 실질임금이 상승하고 내수시장이 확대되는데 이런 변화는 대중소비사회 진입의 신호탄이다. 백욱인(1994)은 내구소비재와 개인서비스 부문 구성비의 급격한 상승추세를 통해 80년대 후반 이래 진행된 소비영역의 확장을 실증적으로 보여 준다. 기계화와 대량생산체제가 정착됨에 따라 이제 생산이 아니라 소비가, 공급이 아니라 수요가 중요한 시대가 된 것이다. 절약보다는 소비가 미

41 송호근(2003)은 세대 간 문화충돌을 2030세대의 구질서로부터의 탈주, 즉 기성세대가 구축한 국가주의, 성장우선주의, 권위주의 질서에 대한 거부와 저항이라는 맥락에서 설명한다. 이 장에서 소비주의의 대립항을 성장주의로 설정한 것은 이 연구로부터 착안한 것이다. 박길성·함인희·조대엽(2005:200) 역시 성장주의, 국가주의, 권위주의, 그리고 반공이데올로기를 기성세대의 특성으로 열거하고 있다. 한편, 같은 책에서 송호근(2003:19)은 성장시대 가치관의 대립항으로 "유동성 문화" 개념을 소개하는데 그 내용은 '탈이념·정보화세대' 문화의 핵심을 압축적으로 잘 묘사하고 있다.

덕이 되는 사회가 되고, 추가 수요의 창출을 위해 광고 산업은 비약적 발전을 거듭하며, 다양한 연령집단은 상업적 목적에 따라 분할·동원된다. 이러한 소비의 시대에 청소년기를 보낸 탈이념·정보화세대가 소비주의 가치관을 내면화하는 것은 자연스러운 이치이다. 억압적 교육환경으로부터 탈출 욕구, 정치쟁점 축소와 여가시간 증가, 소자녀화少子女化 덕분에 넉넉해진 용돈 사정 등이 소비주의 활성화의 주요 배경이다.

심층면접조사 결과 밝혀졌듯이, 젊은이들이 일 못지않게 여가를 중시하고 브랜드 패션상품의 구매를 통해 개성을 표현하려 한다는 점은 성장주의 세대의 잣대로는 독해 불가한 소비주의 특성을 잘 보여 준다.(박재흥, 1995 참조) 한국종합사회조사(김상욱 외, 2009:101,104) 결과를 봐도 젊은 세대와 기성세대 간에는 현격한 태도 차이를 보인다. 기업이 국민들의 호감을 얻는 데 가장 중요한 것이 무엇이냐는 질문에 대해 20~40대에서는 30% 전후의 응답자가 '투명한 경영'을 지적했음에 비해(60대 이상: 12%), 50대 이상 연령층에서는 2할 이상이 수출증대를 지적했다(이삼십대: 10~12%, 40대: 15%). 이 결과는 수출주도형 경제성장의 주역이었던 50대 이상 연배에서 성장주의가 여전히 강력한 위력을 발휘하고 있음을 보여 준다. 또한 60대 이상 응답자의 6할 정도가 한국 대기업그룹의 규모 확대를 지지한 조사 결과 역시 성장주의의 한 단면을 드러내 준다. 이러한 연구 결과들은 성장주의-소비주의 축을 둘러싼 세대 간 문화 갈등의 한 단면을 잘 보여 준다.

2-2. 집단주의 대 개인주의

집단주의는 성장주의와 함께 기성세대의 중요한 문화이다. 최재석(1965) 교수가 한국인의 사회적 성격으로 제시한 '가족주의'가 집단주의의 한 예이고 '공동체 지향의식'은 집단주의의 다른 표현이다. 일반적으로 '집단주의'는 개인의 목표와 이해관계보다는 집단의 목표와 이해관계를 중시하고 집단 화합을 위해 자기주장을 삼가는 문화를 의미한다. 가족주의, 직장을 위한 자기희생과 헌신, 국가주의 등이 집단주의의 보기들이다. 집단주의는 성장주의와 불가분의 관계에 있다. 앞서 언급한 직장과 국가와 자신의 동일시는 성장주의의 한 단면이기도 하지만 집단주의의 표현이기도 하다. 가족과 직장과 국가 앞에서 개인은 오직 가족구성원·직원·국민의 한 사람으로만 존재할 뿐이었다. "우리는 역사적 사명을 띠고 이 땅에 태어났다"는 국민교육헌장의 첫머리에 1960~1970년대 집단주의 문화가 고스란히 응축되어 있다. 그것은 한편으론 강요된 것이었으나 다른 한편 자발적인 것이기도 했다.

성장주의와 집단주의 문화가 비합리적이고 억압적 측면을 가진 것은 사실이지만, 다른 한편 이들 문화가 한국전쟁 후 파괴와 궁핍의 시대를 창조와 풍요의 시대로 조기에 전환시킨 압축적 근대화의 동력이었음은 객관적으로 의심의 여지가 없다. 그렇지만 이 논리는 탈이념·정보화세대에게 전혀 통하지 않는다. 어렵사리 이해시킬 수는 있겠지만 결코 설득하거나 강요할 수는 없다. 기성세대와 달리 젊은 세대는 다른 사람들의 눈치를 안 보는 편이다. 자신이 좋아하나 싫어하나, 재미있나 재미없나, 자신에게 도움이 되나 되지 않나가 1차적 판단기준이지 자신이 속한 공동체의 관점에서 판단하려 들지 않는다. 개인의 이익과 관심을 중요하게 여기고, 개인 자유를 침해하고 억압하는 권위를 인정하지 않으며, 자아실현을 최고의 목표로 삼는다. 집단주의가 성장주의와 중첩되듯이, 개인주의는 소비주의와 결합된다. 젊은이들의 개인주의 문화와 관련된 여러 특성들, 예컨대 자기표현, 개성 표출, 다양성 추구, 자유분방함, 자기 방식의 삶 등은 많은 경우 소비를 통하여 실현된다. 유행을 좇아[소비주의] 개성을 표현하는[개인주의] 역설이 성립한다.

한국종합사회조사(김상욱 외, 2009:239-241) 설문 항목 중에는 집단주의와 개인주의에 관한 문항들이 포함되어 있다. '신입사원 채용 시 실력이 좋은 사람보다 친척이나 친구에게 기회를 주는 것이 낫다'는 의견에 대하여 50대는 16%, 60대는 18%가 동의했는데[40대 이하: 4~7%], 이러한 연고주의는 집단주의의 변형된 모습으로 볼 수 있다.

한편, '본인 생각과 다르더라도 다수의 생각에 반대하는 것은 바람직하지 않다'는 의견에 동의한 응답자의 비율은 이삼십대의 경우 20~26%에 불과했음에 비하여 사오십대는 37%, 60대는 49%가 동의했다. 마지막으로, '원만한 관계를 위해 불평을 드러내지 말아야 한다'는 의견에 동의한 응답자 비율은 이삼십대에서 18~24%였음에 비하여 40대 38%, 50대 46%, 60대 이상 58%로 나타났다. 이러한 사회조사 결과는 집단주의 문화와 개인주의 문화가 세대 간 문화 갈등의 중요한 축임을 잘 보여 준다.

2-3. 권위주의 대 탈권위주의

한국에서 권위주의는 이중적 의미를 갖는다. 일반적으로는 나이, 신분, 지위의 차이를 근거로 개인 간의 관계를 상명하복의 수직 관계로 보는 문화를 의미하지만, 경우에 따라서는 정치적 권위주의 즉 민주주의를 왜곡·부정하는 전제적 통치의 의미로 사용되기도 한다. 1960년대부터 1987년 이전까지 한국사회는 정치적 권위주의가 지배했다. 1960~1970년대 박정희 정권의 경우 정부주도형 경제성장정책의 과감한 추진은 억압적 독재 통치가 강력하게 받쳐 줬기 때문에 가능했는데 그러한 권위주의 유산이 전두환 군부정권에 그대로 승계됐다. 이와 더불어, 최재석(1965)교수가 "상하서열의식"을 한국인의 사회적 성격 중 하나로 봤듯이 개인 간 관계를 수직 관계로 보는 문화는 전통 유교질서의 핵심이었다. 나이 지긋한 어른이 손아랫사람에게 불편한 심기를 내비치는 말이 "너는 어미 애비도 없니?"라는 치욕적 질책이다. 이 짧은 표현에 권위주의의 의미가 잘 녹아 있다. 최재석(1965:101-102) 교수의 관찰에 따르면, 그 말은 부모가 하는 처사가 설사 부당할지라도 순종해야 하며,

그러한 원리가 가족 밖의 관계에까지 확대 적용된다는 점을 시사한다. 나이 든 기성세대들은 전통적 권위주의 문화를 어려서부터 학습하고 내면화했다. 어린 시절에는 어른들의 위세에 눌려 싫어도 감히 내색하지 못했지만, 자신이 나이가 들면 또다시 배운 대로 따라하여 그 문화는 재생산됐다. 권위주의 역시 집단주의나 성장주의와 불가분의 관계에 있다. 실상 이들 문화는 1960~1970년대 개발독재시대에 서로 뒤엉켜 나타났다. 그러나 그럼에도 불구하고 개념의 분석적 구분은 필요하고 유용하다.

윗세대와는 달리 탈이념·정보화세대는 권위주의적 억압에 못견뎌하고 강한 거부감을 갖는데 그 중요한 배경은 다음 두 가지이다. 첫째는 그들의 부모세대(대략 1940년경 이후 출생)는 해방 이후 한글로 근대적 교육을 받은 첫 세대였고, 둘째는 가족계획사업의 결과 소자녀화少子女化가 빠르게 정착됐다는 점에서[42], 이들의 자녀 양육방식이 과거에 비해 민주적·개방적인 방향으로 전환한 것으로 추정할 수 있다. 이러한 양육방식 변화가 탈이념·정보화세대로 하여금 탈권위주의 문화를 갖게 하는 데 결정적으로 기여했으며, 부차적으로는 권위주의 정권의 붕괴, 억압적 제도교육의 경험 등도 일정 부분 기여했을 것이다. 이들의 탈권위주의 성향은 거시 수준에서는 정부나 조직체의 권위주의적 통제에 대한 저항으로, 미시 수준에서는 수직적 인간관계에 대한 거부감이나 전통 예절과 격식에 대한 반감으로 나타난다.

신세대에 대한 심층면접조사 결과에 따르면, 젊은이들이 기성세대에게 바라는 가장 중요한 것 중 하나는 자신들에게 간섭하거나 강요하지 말고 자유롭게 풀어달라는 것이었다.(박재흥, 1995:219) 권위주의적 억압의 거부와 자

42 공세권 외(1987:144)의 가족생활주기 조사에 따르면 1965~1974년 혼인코호트의 첫 자녀 출산부터 막내 출산까지의 소요기간은 5년으로 나타났다. 이러한 결과는 이들 자녀의 수가 대략 3명 정도일 것임을 시사해 준다.

유의 추구는 젊은이들을 읽는 데 없어서는 안 될 핵심 코드이다. 한편, 한국종합사회조사(김상욱 외, 2009:243-244) 설문 항목 중 권위주의에 관련된 문항으로, "지도자가 능력이 있다면 모든 것을 결정하도록 하는 것이 좋다"는 의견에 동의하는지 여부를 묻는 항목(7점 척도)이 있다. 이 의견에 대해 '매우 동의' 혹은 '동의'한 비율은 육십대 이상 연령층에서 43%, 이삼십대에서 12%로 나타났다. 지도자의 능력 유무를 객관적으로 평가하기란 쉽지 않기에 쉽사리 여론 조작의 대상이 될 수 있다는 점에서 이 견해는 정치적 권위주의를 합리화할 수 있는 위험한 논리이다. 이삼십대에서 동의비율이 낮게 나온 것은 그들의 탈권위주의 문화를 잘 보여 주며, 육십대 이상에서의 높은 비율은 '박정희 향수'가 일정 정도 반영된 결과일 수 있다. 이러한 연구 결과들 역시 권위주의를 둘러싼 문화 갈등의 양상을 잘 보여 준다.

세대갈등의 기능과 갈등 완화 방안

지금까지 정치와 문화 부문의 세대갈등을 권력 갈등, 이념 갈등, 문화 갈등으로 구분하여 갈등 형성의 배경과 실태를 살펴봤다. 이 절에서는 위의 분석 내용을 간추려 정리하며 연구 결과의 함의를 논의하는 한편, 갈등의 순기능과 역기능은 무엇인지, 갈등 완화 방안은 무엇인지에 대해서도 간략하게 검토할 것이다.

세대 간 권력 갈등에 관한 선행연구와 국내외 역사적 사례들을 살펴보면 세대 간 권력 갈등의 핵심은 세대교체를 둘러싼 공방, 즉 권력 이양 시기를 둘러싼 충돌에 있었다. 2000년대에 접어들어 등장한 세대교체 담론은 대체로 젊은 세대가 나이 든 세대의 퇴진을 요구하고 나이 든 세대는 방어적으로 대응하는 형국이 지배적이었다. 세대 간 권력 갈등을 의회 권력에 국한시켜 볼 때, 제19대 총선까지는 정권교체기의 이념적 지향의 변화와는 무관하게 의회 권력 저低 연령화 추세가 어느 정도 유지됐다. 그런데 탄핵 정국에서 치러진 2004년 17대 총선에서의 이례적인 세대교체 열풍은 이명박 정부 등장 이후 치러진 총선에서 점차 약화되다가 2016년 시행된 20대 총선에서는 그 흐름이 완전히 끊기고 반전된다. 그 원인이 무엇인지는 분명치 않다. 세대교체의 결과가 기대에 부응하지 못한 것도 중요한 배경이 되지 않았을까 추측해 본다.

한편 세대 간 이념 갈등은 2002년 대선 전후에 전례가 없을 정도로 극대화됐다. 기성 정치인과 달리 진보적 성향을 분명히 드러내고 탈권위주의적 행보를 보인 노무현 현상에 젊은 층이 열광했기 때문이다. 그러나 2004

년 총선이 끝난 후 세대 간 이념 균열 구도가 점차 완화됐음이 2007년 대선 결과에서 그리고 사회조사 자료에서 반복적으로 드러난다. 2004년 총선까지만 해도 치열했던 세대 간 이념 갈등은 그 이후 점차 수면 아래로 잠복하여 현재로선 표면상 평온한 듯 보인다.[43] 그렇지만 세대 간 이념 갈등이 잠복해 있다 함은 조건의 변화에 따라 일정한 계기가 주어지면 다시 활성화될 수 있다는 말이 된다. 2010년 여론조사에서 이명박 대통령에 대한 국정운영 지지율이 세대 간에 다시 첨예하게 양극화되는 것으로 나타났는데[44] 이는 세대 간 이념 갈등의 한 징후일 수 있다. 이런 상황에서 10~30대 청년 실업자와 비정규직 노동자들의 노동조합인 '청년유니온'이 어떤 역할을 할지 주목된다. 이 단체는 2010년 3월 출범한 이래 다방면의 활동을 펼치고 있다.(청년유니온 홈페이지 참조)

한때 권력을 점유·행사했던 세대가 나이가 듦에 따라 젊은 세대에게 권력을 승계하는 것은 거스를 수 없는 자연의 순리이다. 또한 현실에 발을 디딘 정도가 다른 청년층과 기성세대가 이념 갈등을 빚는 것도 당연하고 건강한 모습으로 볼 여지도 있다. 사회통합과 발전의 견지에서 볼 때, 세대 간 권력 갈등과 이념 갈등을 꼭 부정적으로 볼 필요는 없다. 순기능도 존재한다는 말이다. 이러한 갈등들은 첫째, 어느 사회의 부조리나 구조적 모순을 겉으로 드러내어 노출시키고, 둘째, 이에 대한 해결책을 찾는 과정에서 미래의 대안적 전망을 모색하게 하며, 셋째, 사회구성원들이 매너리즘과 과도한 이기주

43 이념 갈등의 완화 배경을 다른 각도에서 비춰볼 수도 있다. 강수택(2008)이 지적한 이분법적 이념구도의 분화, 이념의 다차원화, 이념에 대한 인식틀의 축소 경향(총체적 인식 틀에서 특정 쟁점의 설명체계로) 등은 모두 '전부 아니면 전무all or nothing' 식의 첨예한 이념 갈등을 완화시키는 변화 양상들이다.

44 한국사회여론연구소KSOI와 경향신문의 MB집권 2주년 기념 공동 여론조사에 따르면, 60세 이상 응답자의 67.7%가 이 대통령의 국정운영을 긍정적으로 평가한 반면, 30대에서는 66.3%가 부정적으로 평가했다고 한다.(《경향신문》 2010. 2. 23. 4면)

의에 빠지지 않고 적절한 긴장감을 갖게 해 주며, 넷째, 공적 쟁점에 관심을 갖게 하고 사회참여 의식을 고양함으로써 민주적 시민사회의 기풍 조성에 기여하는 순기능을 갖는다. 문제가 되는 것은 갈등이 지나치게 첨예화, 장기화되고 불신의 골이 깊어져서 사회 통합에 심각한 문제가 초래되는 경우이다. 이와 관련하여 한 가지 경계해야 할 점은 특정 세대 사람들에게 그들이 어떠어떠하다는 부정적 스테레오타입을 덧씌워 세대를 분할, 정치적으로 공격하는 것이다. 386세대는 친북좌파, 5060세대는 보수꼴통이라는 낙인찍기 labelling가 그 예들이다. 이러한 낙인은 어떠한 출생코호트도 이질적 개인들로 구성된다는 점에서 부당하다. 더구나 이러한 행태에는 종종 이념이 다른 상대 진영을 공격, 고립화시키고 나머지 구성원들의 동원을 극대화하고자 하는 정치공학적 고려가 개입된다. 낙인찍기가 상호 불신과 분열의 골을 심화시키고 차별과 배제를 정당화하는 이데올로기로 작용한다는 점에서 특히 경계해야 할 것이다.

문화 격차의 견지에서 볼 때 세대균열의 깊은 골은 대략 출생 시점 1970년경을 중심으로 형성됐다. 가장 중요한 근거는 70년대에 출생한 '탈이념·정보화세대'는 집합적으로 볼 때 큰 경제적 어려움 없이 자랐으며 또한 이들은 정보화와 지구화, 국내 민주화와 동구 사회주의권 붕괴, 대중소비사회 출현이라는 그 이전과는 질적으로 구분되는 환경에서 청소년기를 보냈기 때문이라는 점이다. 이전과는 전혀 다른 경험들의 공유에 기인하여 이들은 이전 세대와 뚜렷이 구분되는 생각과 정서, 생활양식을 갖게 된 것이며 이런 새로운 모습이 기성세대 눈에는 "정신 나간 애" 혹은 "아주 새로운 종자" (이시형, 1987)로 비친 것이다.

이 장에서는 세대 간 문화 갈등의 핵심이 이들 '탈이념·정보화세대'와 그 이전 기성세대 간의 갈등에 있다고 보고, 문화 갈등의 축을 성장주의 대 소비주의, 집단주의 대 개인주의, 권위주의 대 탈권위주의 등 세 가지로 설정했다. 그리고 각 차원에 대하여 세대별 지향의 차이를 가져 온 사회문화적 배경을 살펴보고 문화 갈등의 잠재력을 보여 주는 경험적 조사 결과도 검토했다. 세대 간 문화 갈등의 생생한 모습은 질적 연구에서 잘 드러난다. 미시적 수준에서 볼 때 문화 갈등이 일어나는 대표적 현장은 가정과 학교와 직장인데, 정현숙(2009)은 심층면접 방법을 동원하여 가정 내 부모–대학생 자녀 간의 갈등 사례를 심층 연구했다. 그는 부모–자녀 간의 가치관 차이(부모의 권위주의, 자녀의 개인주의 등)와 더불어 의사소통 방식(즉, 자기 의견의 표현방식)도 갈등을 야기한다는 점을 밝혔다. 특히 자녀의 학업 성취에 대한 부모의 높은 기대가 갈등 심화의 공통 요인이라는 연구 결과를 얻어 냈다. 자녀의 성공을 자기실현과 동일시하여 교육과 진로 면에서만큼은 자녀를 끝내 독립시키지 않으려는 한국 부모 세대의 독특한 특성이 가정 내 갈등심화의 주요 요인이라는 것이다.

세대 간의 역사적 경험과 사회화 경험의 차이 때문에 빚어지는 문화 갈등은 불가피하고 또한 순기능적인 측면이 있다. 의식과 정서, 행위양식이 개인·집단·코호트가 처한 상황과 경험으로부터 크게 영향을 받는다고 전제할 때 상황과 경험이 다른 세대 간의 문화 갈등은 자연스러운 현상이다. 또한, 젊은 세대가 기성旣成의 규범과 가치관, 세계관에 의문을 제기하지 않고 앞선 세대의 방식을 그대로 답습할 때 사회가 활력을 잃고 정체될 것임을 상상한다면 문화 갈등의 순기능도 쉽사리 짐작할 수 있다.

그렇지만 이와 함께 문화 갈등의 역기능 가능성에도 주목해야 한다. 세대 간 문화 격차 확대는 상호 의사소통을 원만하지 않게 할 수 있고 세대 간 반목反目은 상호 교류와 공동 활동 기피라는 바람직스럽지 못한 결과를 빚을 수 있다. 이러한 결과들이 공동체의 공동목표 추구를 방해하고 사회화와 문화 전승 기능의 약화를 초래할 수 있다는 점에서 세대 간 문화 갈등은 역기능을 갖는다.(박재흥, 2005:314) 다행히 세대갈등은 장기간에 걸쳐 전면화,

첨예화되지 않는 경향이 있어서 사회 분열과 사회 해체로까지 이어질 가능성은 별로 없다. 그렇게 본다면, 문화 갈등의 현실적 완화 방향은 문화 격차를 좁혀서 소통을 원활하게 하고 아울러 세대 간 반목을 넘어 상호 이해를 증진시킬 수 있는 방안을 모색하는 데에서 찾아야 할 것이다. 세대갈등 완화를 위한 기본 방향은 다음 두 가지로 압축할 수 있다.

첫째, 제도적 수준에서 볼 때 세대갈등 완화를 위한 첫걸음은 과거에 관행이라는 이름으로 묵인해 온 정치, 행정, 경제, 사회문화 제 부문에 있어서의 부조리와 비리, 온정주의와 부패를 바로잡는 일이다.(서문기, 2004:214-216 참조) 그러한 관행이 한국사회의 다양한 갈등을 야기하는 데 기여했고, 세대갈등의 경우에도 그런 불합리한 행태와 제도가 기성세대를 불신하고 배척하는 배경이 됐다. 기성세대의 모습에 부패와 비리가 어른거리고 그들이 만든 기성 문화와 제도 역시 부실해 보이니 신뢰를 얻지 못하는 것이다. 물론, 굴곡진 격동의 현장에서 살아남기 위한 처절한 몸부림 속에 부패와 비리, 굴종과 변절이 끼어들었고, 민주주의와 시장경제의 짧은 역사 속에 사회 구조와 제도 역시 충분한 시행착오 기간을 거치지 않은 것은 사실이다. 그렇지만 그런 변명이 젊은이들에게 통할 리 없다. 구조적 부정과 비리를 바로잡는 일이 쉬운 일은 아니겠지만 그것을 위한 적극적 노력 없이 신뢰를 회복하기란 더더욱 어려울 것이다.

둘째, 세대 간 문화격차를 줄이고 상호 이해의 폭을 넓히기 위해서 세대통합 교육 프로그램을 도입·시행할 필요가 있다. 교육 내용으로는 첫째, 각 세대가 어떤 시대상황에서 성장하여 어떠한 세대 특성을 갖게 됐는지에 대한 내용, 둘째, 청소년기, 성년기, 중년기, 노년기 등 각 생애단계에서의 생물학적·사회적·심리적 특성에 관한 내용, 셋째, 의사소통을 촉진하고 자신의 감정을 조절하는 커뮤니케이션 기술에 관한 내용, 넷째, 중·고령층 대상의 평생교육으로서 정치, 경제, 문화, 테크놀로지 발전 등에 관한 내용, 다섯째, 정보격차 완화를 위한 중·고령층 대상의 정보화 교육 등을 포함하는 것이 필요하다.(박재흥, 2005:320-324) 2000년대에 접어들어 교육학과 사회노년학 분야에서는 세대 통합을 위한 세대 공동체 교육 프로그램에 대한 논의가 활발하게 진행되고 있다. 세대 공동체 교육은 노인과 젊은 세대 간의 상호 이해와 결속을 돕기 위해 각 세대가 상대 세대를 도와주고 공동 활동을 하며 학습의 기회도 함께 갖는 프로그램을 뜻한다.(한준상, 2000; 한국청소년학회·한국노년학회, 2002 참조) 이 프로그램이 일차적으로 노인을 위한 프로그램이긴 하지만 위에서 언급한 세대 통합 교육 프로그램과 접목시켜 운영한다면 시너지 효과를 가질 수 있을 것이다.

제5장

한국의 세대 변천과 탈물질주의

코호트 분석

이 장의 목적은 탈물질주의 가치의 변화 추이를 출생코호트별로 분석함으로써 한국사회에서 그 가치가 어느 정도 공유되고 있으며 각 코호트가 어떠한 특성을 갖는지를 경험적으로 검토하는 데 있다. 코호트 분석은 연구표본을 전체적으로 보거나 연령별로 볼 때 드러나지 않는 코호트별 특성을 관찰할 수 있다는 장점을 갖는다. 이 연구에서 사용한 자료는 '세계가치조사WVS' 자료로서 1981~2005년 기간 중 다섯 차례에 걸쳐서 조사한 자료이다.

잉글하트의 가설과 세대 간 가치 변화 이론

세대사회학의 기본 명제 중 하나는, 사람들이 언제 어디에서 출생했는지에 따라 역사적·문화적 경험을 달리하게 되고 그에 따라 가치관이나 태도, 행위 양식의 차이를 갖는다는 점이다. 즉 어느 세대의 상대적 동질성이 특정 출생 코호트birth cohort의 역사적·문화적 경험 공유에서 비롯된 것으로 본다는 말이다. 1970년대 초부터 잉글하트가 주도해 온 물질주의/탈물질주의 논의도 이 명제의 연속선상에 있다. 잉글하트는 세계 여러 나라들의 가치관 조사 자료 분석 결과에 기초하여, 형성기에 궁핍과 동요를 경험한 나이 든 세대는 경제적 안정이나 질서 확립에 높은 가치를 두는 반면, 풍요와 안정을 경험한 젊은 세대는 삶의 질, 표현의 자유, 정치 참여 등 탈물질주의적 측면을 중시하는 경향이 있다고 주장해 왔다. 경제 발전이 물질주의 가치에서 탈물질주의 가치로의 점진적 변화를 야기한다고 가정한 것이다. 잉글하트가 40여 년에 걸쳐 지속적으로 주장해 온 이 이론을 그는 "세대 간 가치 변화 이론theory of intergenerational value change"이라 명명한다.(Inglehart, 1997:4) 이 장에서는 과연 이 이론이 한국사회의 세대를 설명하는 데에도 적절한지 검토할 것이다. 우선 이 이론이 기반으로 삼는 두 가지 가설과 그 이론 자체에 대해서 조금 더 자세히 검토해 보자.

잉글하트는 1970년대 논저에서 그 가설의 윤곽을 이미 드러낸 바 있지만(Inglehart, 1971, 1980(1977)), 이에 대한 명시적 정식화는 1997년에 발간된 『근대화와 탈근대화』(Inglehart, 1997:33)라는 저서에서 이루어졌다. 그가 제시한 가설은 "결핍 가설scarcity hypothesis"과 "사회화 가설socialization hypothesis" 두 가지이다. 우선 '결핍 가설'이란, 개인이 결핍 혹은 공급 부족 상태에 있는 대상에 일차적 가치를 부여한다는 것인데, 이는 개인의 가치 선호가 그가 처한 사회경제적 환경의 반영이라는 점을 시사한다. 다음으로, '사회화 가설'은 개인의 가치가 대체로 성인기 이전에 형성되고 지속되는 경향이 있기 때문에 사회경제적 환경과 가치 선호 사이에는 그에 상응하는 시간적 지체time lag 현상이 수반된다는 점이다.

우선, 잉글하트도 분명히 밝혔듯이 '결핍 가설'은 심리학자 매슬로우A. H. Maslow의 욕구 5단계설에 의존하고 있다. 매슬로우(Maslow, 1943)는 인간의 기본 욕구가 생리적 욕구, 안전 욕구, 사랑 욕구, 존중 욕구, 자아실현 욕구로 구성된다고 보면서 이들 간에 위계 서열이 있다고 가정했다. 즉 앞 순서에 위치한 낮은 수준의 욕구가 충족되어야 비로소 그다음에 열거된 높은 수준의 욕구가 활성화된다고 봤다. 물론 매슬로우는 자신의 이론을 예외가 전혀 없는 경직된 틀로 이해해선 안 되며 경향성을 뜻하는 정도로 이해해야 한다고 조심스럽게 주장했다.(Maslow, 1943:386-387 & 395) 잉글하트는 매슬로우의 낮은 수준 대 높은 수준의 욕구라는 대립항을 '생존 가치'(혹은 '결핍 가치') 대 '자기표현 가치'(혹은 '웰빙 가치')라는 대립항으로 치환한다.(Inglehart, 1997, 2000) 여기에서 '생존 가치'란 빈곤이나 전쟁 등으로 생존이 위협받는 상황에서 경제성장이나 치안 유지 등을 중시하는 가치이며, '자기표현 가치'란 먹고사는 문제가 어느 정도 해결된 상황에서 정치 참여, 다양성 존중, 환경보호, 삶의 질 등을 중시하는 가치를 뜻한다.

개인의 가치관이 성인기 이전에 형성되고 그 이후 성인이 되어서도 지속되는 경향이 있다는 잉글하트의 사회화 가설은 세대 문제에 관한 최초의 이론가인 칼 만하임(Mannheim, 1952(1928))이 1920년대에 이미 설득력 있게 주장한 가설이다. 그는 인간은 17세경에야 비로소 사물을 '자신의 현재 문제'로 인식하고 인생에 대한 처절한 실험을 시작하게 되며, 대략 25세경에는 의식 기반이 확립되고 세계관이 안정화된다고 봤다.(Mannheim, 1952(1928):300). 다른 각도에서 볼 때, 잉글하트의 사회화 가설은 인구학이나 사회학 분야에서 종종 사용하는 코호트 효과cohort effect 개념을 통해서도 쉽사리 이해할 수 있다. 코호트 효과란 비슷한 시기에 출생하여 역사적 사건들의 경험을 공유함으로써 유사한 가치관, 태도, 행위 양식을 갖게 되는 효과를 말하는데 청소년기에 형성된 가치관 등은 성인이 된 이후에도 지속되는 것으로 가정된다. 잉글하트가 사회화 가설에서 특별히 주목하는 것은 사회경제적 조건과 가치관 사이의 시간적 지체 현상이다. 즉 청소년기에 경제적·신체적 안전을 경험했는지 여부가 성인이 된 이후의 가치관(물질주의/탈물질주의)에 절대적 영향을 미친다고 봤다는 점이다.

잉글하트는 이 두 가설에 입각하여 그의 세대 간 가치 변화 이론의 핵심을 다음과 같이 요약한다. 즉, "2차 대전 이래 급속한 경제 발전과 더불어 복지국가로 팽창하면서, 대부분의 산업 사회에서 젊은 출생코호트들의 형성기 경험은 나이 든 코호트들이 겪은 경험과 근본적으로 크게 다르며 그 결과 각 코호트들은 상이한 가치관을 갖게 됐다"(Inglehart, 1997:4)는 주장이다. 구체적으로 말하면, 생존이 위협받는 상황에서 성장한 전쟁 이전 세대는 경제적·신체적 안전을 강조하는 생존 가치 혹은 물질주의 가치를 중시함에 비하여, 경제적·신체적 안전을 당연시하는 전후 세대는 자기표현, 삶의 질 등을 강조하는 탈물질주의 가치를 선호한다는 논리이다.

잉글하트의 이론적 틀을 가지고 한국사회의 지난 역사를 되돌아보면 한국은 그의 세대 간 가치 변화 이론이 꽤 잘 적용될 것처럼 보인다. 주지하듯이, 우리나라는 경제 발전 정책이 1960년대에 와서야 뒤늦게 본격적으로 추진됐으나 그로부터 불과 25여 년 만에 대중소비사회의 단계로 진입함으로써 소위 초고속 성장의 신화를 만들었다. 일제식민통치와 한국전쟁, 궁핍과 혼란의 고통을 뼈저리게 겪은 나이 든 세대는 당연히 물질주의적 가치를 중시할 것이고, 그 이후 풍요롭고 안정된 환경에서 출생·성장하여 이전 세대가 겪은 고초를 실감하지 못하는 젊은 세대는 탈물질주의 가치를 선호할 것으로 기대된다. 세대 경험의 차이가 뚜렷하기에 가치 지향의 차이도 확연할 것으로 보인다. 잉글하트는 세계가치조사 1990~1991년 자료를 분석하면서, 그가 분석한 세계 여러 국가들 중에서 한국은 세대 간 가치 차이가 가장 컸다고 보고한 바 있다.(Inglehart, 1995) 그로부터 20여 년의 세월이 흘렀고 그 이후 조사 자료도 축적됐다. 이 장에서는 1981~2005년 세계가치조사 자료를 분석하여 한국사회의 세대 간 가치 변화의 실상이 과연 어떠한지 실증적으로 검토할 것이다. 자료 분석은 '사회과학 통계패키지SPSS'를 활용하여 교차분석, 요인분석, 회귀분석 등을 실시할 것이다.

| 제2절 |

한국에서의 탈물질주의 연구 경향

1990년대 이래 탈물질주의론의 시각에서 한국의 가치 변화를 고찰한 연구 성과가 비교적 꾸준하게 축적되어 왔다. 잉글하트 연구진은 1970년 서유럽 6개 국가에서 시작한 가치조사를 한국을 포함한 전 세계 여러 국가들로 확대해 왔다. 세계가치조사World Value Survey가 바로 그것인데, 그 자료를 이용할 수 있게 된 것이 국내 탈물질주의 연구를 활성화시킨 주요 계기가 된 것으로 짐작된다.[45] 한국이 포함된 조사는 1981년에 처음으로 실시됐으나 연령과 같은 주요 문항이 포함되지 않아 자료 분석에 다소 제약이 따른다. 그러나 다행히 1990년부터는 주요 문항들이 포함됐고 그 이후 대략 5년 간격으로 조사가 지속적으로 실시되어 왔기 때문에 그 자료를 이용한 탈물질주의 연구가 90년대 이래 활성화됐다.

세계가치조사 자료를 활용하여 한국에서의 탈물질주의 추세를 지속적으로 추적해 온 대표적 학자는 어수영(1992, 1999, 2004)이다. 그는 1990년 조사 자료의 분석으로부터 시작하여 1996년, 2001년 자료를 잇달아 분석해 왔다. 세 시점의 시계열 자료를 종합적으로 분석한 논문에서 어수영(2004)은 첫째, 탈물질주의자에 비해 물질주의자가 훨씬 많음, 둘째, 지난 10여 년간 물질주의자 비율이 감소했고 그만큼 혼합형이 늘어났으나 탈물질주의자 비율에는 큰 변동이 없음, 셋째, 연령별로 보면 탈물질주의자 비율이 젊은 층에서 일

45 세계가치조사 자료는 http://www.worldvaluessurvey.org에서 구할 수 있다.

관성 있게 높게 나타남, 넷째, 탈물질주의자는 시민적 관용성이 높고 저항적 정치 행위에 적극적으로 참여하며 정치제도나 사회제도에 대해서 비판적임을 보여 주고 있다. 이러한 분석 결과로 알 수 있는 사실은, 서구에 비해 한국은 탈물질주의 가치가 아직 널리 확산되지 않았고 확산 속도 역시 꽤 더디다는 점, 그리고 탈물질주의가 민주주의와 일정한 상관관계를 가지고 있다는 점이다. 또한 어수영(2004:201)은 가치 변화는 나이가 아니라 세대 경험 차이 때문이라는 가설, 즉 연령 효과가 아닌 코호트 효과 가설을 자료가 뒷받침해 준다고 강조하고 있으나 증거가 충분치는 않다. 보다 장기간의 시계열 자료가 확보될 때 비로소 가설에 대한 정교한 검토가 가능할 것이다.

세계가치조사 자료를 이용했지만 탈물질주의 지수를 어수영과는 다른 방식으로 구성한 김욱(2007:85-86) 역시 기본적으로 어수영이 얻은 것과 비슷한 연구 결과를 제시했다. 물론 지수 구성 방식이 다르기에 가치 지향 비율도 약간의 차이를 보이지만, 앞에서 언급한 첫 번째와 두 번째의 큰 흐름은 동일하게 나타났다. 그의 분석에서 한 가지 흥미로운 발견은 바람직한 국가적 목표로서 물질주의 혹은 탈물질주의 가치를 선택한 응답자가 개인적 수준에서도〔직업선택 기준으로 측정〕 동일한 가치 지향을 갖는 경향이 있다는 점이다.(김욱, 2007:98-99). 탈물질주의 가치 담론이 거대 담론에 그치는 것이 아니라 일상생활에서의 미시 담론과 연결되어 있음을 보여 주는 의미 있는 연구 결과이다. 한편 한국에서 독립적으로 수행한 전국표본조사 자료를 활용하여 탈물질주의 가치와 사회인구학적 배경 변수와의 관계를 경험적으로 고찰한 연구들도 있다. 마인섭·장훈·김재한(1997)은 그들이 새로이 고안한 탈물질주의 지수로써 그리고 김욱(2009)은 잉글하트의 지수를 가지고 변수 간의 관계를 검토했는데 비슷한 결과를 얻었다. 예상했던 바와 같이 두 연구에서 공히 연령이 젊고 교육 수준이 높은 응답자에서 탈물질주의 가치 지향이 강하게 나타났다.

세계가치조사 자료를 활용한 다른 연구로는 정철희(1997)와 강수택·박재흥(2011)의 연구가 있다. 어수영의 연구가 주로 한국에서의 탈물질주의 추세 검토에 주안점을 둔 반면, 이들의 연구는 탈물질주의 추세를 사회운동 주제와 관련시켜 이론적 함의를 찾고 있다. 정철희(1997)는 세계가치조사 1996년 한국 자료 분석을 통해, 탈물질주의 가치가 시위·파업 등의 저항적 정치 행위나 각종 자원적 결사체 참여와 높은 상관관계를 갖는다는 점을 실증적으로 보여 줬다. 그는 궁극적으로 그러한 가치 지향이 사회민주화를 촉진하는 데 기여할 것이라고 전망했다. 강수택·박재흥(2011)은 1990~2005년 기간 중 이루어진 네 차례의 시계열 자료를 이용하여 자료를 분석한 결과, 사회운동에 참여하는 응답자들의 탈물질주의 가치 지향은 전반적으로 강화됐으며 저항적 정치 행위 참여는 탈물질주의자 집단에서 보다 높게 나타났음을 밝혀냈다. 이러한 결과는 탈물질주의 가치가 한국 사회운동 과정에서 적극적 역할을 수행해 왔음을 시사한다. 한편, 환경주의와 탈물질주의 가치 간의 관계를 경험적으로 탐색한 연구들도 있다. 김두식(2005)은 1990~2001년 기간 중 세 시점의 세계가치조사 자료를 분석했다. 그는 양자 간의 유의미한 정positive의 관계는 2001년 조사 자료에서 비로소 나타나고 그 이전 1990년대 조사 자료에서는 발견되지 않았다고 보고했는데 그 배경은 분명치 않다. 박재묵·이정림(2010)은 태안지역 기름유출 사고 방제작업에 참여한 자원봉사자를 대상으로 설문조사를 실시했다. 그들은 전국 표본에 비해 이들 자원봉사자 집단에서 탈물질주의자 비율이 매우 높게 나타났으며, 탈물질주의 가치를 갖는 자원봉사자들이 특히 강한 환경주의 태도를 견지하고 있음을 밝혀냈다.

지금까지 한국에서의 탈물질주의 추세에 관한 주요 경험적 연구 성과를 간략하게 검토해 봤다.[46] 한국의 경우 탈물질주의에 관한 연구의 전통은 정치학 분야에서 특히 깊고, 연구 성과 역시 많이 축적됐다. 이는 잉글하트가 정치학자라는 점과도 무관하지 않을 것이다. 정치학 분야에서는 탈물질주의 가치의 변화 추이에 대한 관심을 기본으로 하고 아울러 탈물질주의 가치와 민주주의[혹은 정치적 태도] 간의 관계에 주로 관심을 기울여 왔다. 이에 비하여 사회학계에서는 탈물질주의 연구의 역사도 상대적으로 짧고 연구자층도 그리 두텁지 않은 편인데, 탈물질주의 가치가 사회운동이나 환경주의에 미치는 영향은 무엇인지에 대해 주로 관심을 기울여 왔다.

탈물질주의 연구자 대부분이 주목하듯이, 한국은 지난 반세기에 걸쳐 급속한 사회변동을 겪어 왔다. 주지하다시피 한국은 1960년대 중반 본격적인 공업화와 도시화가 시작되어 초고속 경제성장을 이룩했으며 1980~1990년대에는 강력한 정보화 정책이 추진되고 정보통신기기 사용이 확산됨으로써 정보사회로 빠르게 진입했다. 몇 가지 지표만 보더라도 지난 반세기 동안 한국사회가 얼마나 빠르게 변화해 왔는지 실감할 수 있다. 1인당 GNP는 1955년 65달러에서 2007년 2만 달러1인당 GNI를 넘어섰고, 1차 산업 종사자 구성비는 1965년 59%에서 2005년 8% 미만으로 크게 떨어졌으며, 대학 취학률은 70년대 10% 미만에서 2005년에는 62%로 급상승했다.(박재흥, 2009:363-368 참조) 한국은 1960년대부터 경제가 빠르게 발전해 왔을 뿐만 아니라 1990년대 이래 사회정치적으로도 상대적 안정 국면을 맞게 됐다. 이러한 변화는 당연히 탈물질주의라는 이론적 틀이 한국사회에 잘 적용될 수 있을 것이라는 전망을 갖게 한다. 즉, 한국전쟁 전후에 태어나 경제적 궁핍과 사회정치적

46 탈물질주의론의 주요 쟁점들을 이론적으로 깊이 있게 검토한 논문으로는 성기중·박기형(1999)이 있으니 이를 참조할 것.

혼란·동요를 경험한 나이 든 세대는 생존 가치 혹은 물질주의 가치를 갖기 쉬운 반면, 1970년대 혹은 그 이후 태어나 경제적 어려움을 포함하여 극심한 생존의 위협을 느껴 보지 못한 세대는 탈물질주의 가치를 갖기 쉬울 것이라 예상할 수 있다.

다른 한편 한국 지역이 포함된 세계가치조사는 1982년부터 2010년까지 약 30년에 걸친 기간 중에 실시되어 총 6개 시점의 시계열 자료가 축적됐다. 이 연구에서는 이용 가능한 시계열 자료가 어느 정도 축적됐고 또한 코호트 별로 세대 경험이 극심한 격차를 보인다는 점에 주목하여, 탈물질주의 가치 변화의 추이를 심층 검토하고 그 함의를 찾는 데 주안점을 둘 것이다. 앞서 검토한 바와 같이 어수영을 비롯한 국내외 여러 연구자들은 한국사회에서 탈물질주의 가치가 아직 확고하게 뿌리내리진 않았으나 점차 형성되는 단계에 있고, 이러한 탈물질주의 추세는 청년층이 주도한다고 가정하는 것 같다.[47] 이러한 연구 성과를 염두에 두고, 이 장에서는 한국사회에서 탈물질주의 가치가 어떻게 형성되고 확산됐는지를 다른 주요 국가군의 추세와 비교하여 검토할 것이고, 또한 탈물질주의 가치를 출생코호트별로 나누어 봄으로써 가치의 확산을 과연 젊은 코호트가 주도하고 있는지에 대해서도 살펴볼 것이다.

47 특히 잉글하트(Inglehart, 1995, 1997:145-146)는 1990~1993년 세계가치조사 자료 분석을 통해, 한국은 유럽공동체를 포함한 8개 국가/공동체 중 출생코호트별 물질주의/탈물질주의 가치 격차가 가장 크다는 자료를 제시한다. 그는 이러한 자료를 통해 경제적 풍요와 안정된 환경에서 형성기를 보낸 청년층이 한국사회의 탈물질주의 경향을 주도한다는 점에 주목했다.

탈물질주의 가치의 형성과 확산

국가 간 비교

1. 자료의 성격과 측정의 문제

탈물질주의 가치의 변화 추이를 살펴보기에 앞서 이 연구에서 사용하게 될 자료의 성격과 탈물질주의 지수 등에 관하여 짧게나마 미리 언급하는 것이 필요하다. 이미 밝혔듯이 이 연구에서는 세계가치조사 자료를 사용할 것이다. 이 자료는 약 5년 간격으로 조사가 이루어지는 시계열 자료이기 때문에 장기간의 변화 추이를 살펴보는 데 적절하며 더구나 여러 국가에서 거의 동일한 조사표로 조사가 수행됐기 때문에 국제적 비교 연구가 가능하다는 장점을 갖는다. 더군다나 물질주의/탈물질주의 가치뿐만 아니라 광범위한 영역의 가치에 대한 문항들도 포함하는 방대한 조사이기 때문에 자료의 분석적 가치가 상상 외로 높다. 세계가치조사는 제1차 조사1981~1984년에서 시작하여 제6차 조사2010~2014년까지 완료됐으며 제7차 조사2016~2018년가 진행 중에 있다.[48] 한국은 제1차 조사 때부터 조사 대상국으로 지정되어 제1차 1981년, 제2차 1990년, 제3차 1996년, 제4차 2001년, 제5차 2005년, 제6차 2010년에 조사가 실시됐다. 제1차 조사는 갤럽Gallup이 주관했고 제2차 조사부터는 어수영 교수와 한상진 교수의 책임하에 조사가 수행됐다.[49] 제1차 조사의 표본 크기는 970명이며 제2차 조사부터는 1,200명 이상이다.

48 세계가치조사의 기원과 조사 진행 경위, 표집 방법과 조사 주관자, 코드북 등은 Inglehart et. al. (2000: ICPSR 2790, 2005: ICPSR 3975)을 참조할 것.

49 제2차, 제3차 조사는 어수영 교수와 한상진 교수 공동 주관하에, 제4차~제6차 조사는 어수영 교수 주관하에 조사가 실시됐다.

물질주의/탈물질주의 가치는 몇 개 문항의 점수를 합산하여 지수 값을 구하는 통합지수composite index 방식으로 측정됐다. 잉글하트가 관여한 최초의 가치조사인 1970년 유럽 6개국 조사에서는 4개 항목 지수를 사용했으나 곧이어 8개 항목을 추가로 개발함으로써 1973년 조사부터는 4항목 지수와 12항목 지수를 함께 사용하기 시작했다.(Inglehart, 1971; 잉글하트, 1980(1977) 참조) 지수를 구성하는 문항 세트와 12개 항목을 〈표 1〉에 제시했다.

〈표 1〉 물질주의/탈물질주의 가치의 측정 문항

문항 세트	물질주의	탈물질주의
I	A. 높은 경제성장	C. 직장과 지역사회에서 보다 강한 발언권
	B. 강한 군사력	D. 도시와 농촌의 환경 미화
II	E. 국가의 질서 유지	F. 주요 정부 결정에 보다 강한 발언권
	G. 물가 상승 억제	H. 표현의 자유 보호
III	I. 경제 안정	J. 보다 인간적인 사회로의 진보
	L. 범죄와의 전쟁	K. 돈보다 생각이 중시되는 사회로의 진보

〈표 1〉에서 문항 세트 II가 1970년 조사에서 사용한 문항인데, 4개의 선택지 항목 중 '개인적으로 가장 바람직한 것' 두 개를 고르게 했다. 그러나 측정 오차와 시기 효과period effect의 영향을 줄이기 위하여(잉글하트, 1980(1977):39) 문항 세트 I과 III을 추가로 개발했다. 이와 함께 질문 방식도 바꾸어 각 문항 세트별 총 4개 선택지 중에서 '10년 후 국가 목표로서 가장 중요한 것' 2개씩을 각각 고르게 했다. 잉글하트는 4항목 지수의 경우, 물질

주의 항목 2개 모두 선택한 응답자를 물질주의자로, 탈물질주의 항목 2개 모두 선택한 응답자를 탈물질주의자로, 나머지 각각 하나씩을 선택한 응답자를 혼합형으로 분류했다. 12항목 지수의 경우에는 문제가 다소 복잡하다. 12개 선택지 항목에 대해 요인분석을 했는데 '도시와 농촌의 환경 미화' 항목의 경우 물질주의나 탈물질주의 중 어느 하나로 명확하게 분류되지 않는 사례가 일부 국가군에서 발견됐기 때문이다.[50] 따라서 잉글하트는 환경 미화 항목을 제외한 나머지 5개의 탈물질주의 항목 중 몇 개를 선택했는지 합산하여 12항목 지수를 개발했다(5개 선택: 5점, 0개 선택: 0점).(Inglehart, 1997: Ch. 4 및 Appendix 4 참조) 이 장에서는 교차분석의 편의상 지수 값을 세 범주로 재부호화recoding했다. 즉 지수 값 0~1인 응답자를 물질주의자, 2~3인 응답자를 혼합형, 4~5인 응답자를 탈물질주의자로 분류했다.(김욱, 2007; 김욱·이이범, 2006 참조)

이 연구에서는 코호트별 분석을 할 것이므로 연령 변수에 대한 재부호화가 필요하다. 코호트는 통상 5년 혹은 10년 단위로 나누는 것이 일반적이지만 여기에서는 15년 단위로 구분할 것이다. 즉 응답자를 출생 시기에 따라 1925~1939년, 1940~1954년, 1955~1969년, 1970~1984년 출생코호트 등 4개 범주로 나눌 것이다. 코호트 구분 관행과는 달리 15년 간격으로 나눈 이유는 코호트 범주 수를 줄이기 위한 분석상의 편의 목적도 작용했지만, 다른 한편 각 코호트별 세대 경험의 차이를 고려했기 때문이다. 박재흥(2003b,

50 그러나 한국 자료에서는 이러한 경향이 나타나지 않았다. 어수영(2004:198)은 1990년, 1996년, 2001년 한국 자료를 대상으로 한 요인분석을 통하여 〈표 1〉의 12개 항목들(항목 D 포함)이 물질주의-탈물질주의 가치로 확연하게 나눠짐을 보여 줬다. 필자 역시 2005년 자료에 대해 주성분 분석방법으로 요인을 추출해 봤는데, 어수영의 분석과 마찬가지로 주 구성 요인에 대한 부하량이 정과 부로 뚜렷하게 구분되는 결과를 얻었다.(% 분산: 18.7%)

2009)은 주요 역사적 사건의 경험 여부라는 엄격한 기준에 의거하여, 오늘날 한국사회의 세대를 출생 시점 기준으로 1930년대 말과 1970년경을 경계로 하여 식민지·전쟁체험세대, 산업화·민주화운동세대, 탈이념·정보화세대로 구분한 바 있다. 물질주의–탈물질주의 가치 지향의 차이는 역사적 경험의 차이에서 비롯된다고 가정하기 때문에, 이러한 세대 경험의 차이를 반영하기 위해 15년 간격으로 코호트를 나누었다.

〈표 2〉 연구 표본의 출생코호트별 응답자 수 1990~2005

출생코호트	세계가치조사 조사연도 (한국)			
	1990년	1996년	2001년	2005년
1925~1939년	173	106	53	39
1940~1954년	373	347	309	276
1955~1969년	600	505	439	383
1970~1984년	74	278	397	461
합계	1,220	1,236	1,198	1,159
시스템 결측값*	31	13	2	41
총 표본 수	1,251	1,249	1,200	1,200

* 전체 응답자 중에서 1925년 이전 및 1985년 이후 출생자의 수.

〈표 2〉에 각 조사연도의 출생코호트별 구성을 제시했다. 표에서 드러나듯이, 1925년 이전 출생자와 1985년 이후 출생자는 사례 수가 적어서 코호트별 분석에서 제외했다. 사례 수가 너무 적으면 대표성이 떨어지기 때문이다. 2001년, 2005년 조사에서 1925~1939년 코호트, 그리고 1990년 조사에서 1970~1984년 코호트도 사례 수가 적지만 분석 범위를 너무 좁히지 않기 위

하여 일단 분석에 포함했다. 분석 결과를 해석할 때 감안해야 할 부분이다. 물론 코호트별 분석이 아닌, 전체 표본을 대상으로 분석할 경우에는 모든 응답자를 분석에 포함했다. 조사 표본을 한국의 총인구 구성비와 대조해 보면(통계청, 1993, 2010), 1990년 조사 표본의 경우에는 응답자 연령을 만 18세 이상으로 제한했기 때문에 1970~1984년 코호트가 불가피하게 과소 대표됐고, 2005년 조사에서는 고령자 면접의 어려움에 기인하여 1925~1939년 코호트가 과소 대표됐음을 알 수 있다. 그 밖의 경우에는 총인구와 연구 표본의 코호트별 구성비가 비슷하게 나타나 연구 표본이 어느 정도 대표성을 가짐을 확인했다.[51]

2. 탈물질주의 가치의 형성과 확산

잉글하트의 탈물질주의 가치 연구에 따르면 높은 수준의 경제 발전을 이룬 서구 선진 공업국에서는 탈물질주의 가치가 이미 널리 확산되어 있는 것으로 나타난다.(Inglehart, 1997, 2008 참조) 그렇다면 1960년대에 본격적인 경제 발전 계획이 추진되어 압축적 성장을 이룩한, 그리하여 출생 시기에 따라 젊은 층과 나이 든 층 사이에 역사적 경험이 크게 다른 한국사회의 경우에도 탈물질주의 가치가 형성·확산되고 있을까? 지금까지 세계가치조사 자료를 활용한 한국 탈물질주의 추세 연구는 주로 1990~1996년 자료를 이용한 연구가 대부분이었다. 가치조사가 한국에서 1981년에 처음으로 실시됐음에도 그 자료를 별로 이용하지 않은 까닭은 연령 변수가 제외되어 있는 등 자료 분석상의 제약이 따르기 때문이다. 그러나 1981년 조사에 탈물질주의 12항목 지

51 1990년의 경우에는 1925~1969년 출생자만을 대상으로 과소 대표 여부를 다시 계산해 대조했고, 2005년의 경우에는 총인구 구성비의 합계(71.2%) 대비 각 코호트의 백분율을 다시 구해 표본의 구성비와 대조했다. 대조 결과, 본문에서 언급한 점을 제외하곤 대체로 구성비가 비슷했다.

수는 빠져 있으나 4항목 지수는 포함됐다. 따라서 연구 표본을 코호트별로 나누지 않고 전체적으로 본다면 4항목 지수를 이용하여 1981년부터 2005년까지 25년에 걸친 시계열 자료 분석이 가능하다.[52]

〈그림 1〉에는 1981~2005년 기간 중 탈물질주의자 비율이, 그리고 〈그림 2〉에는 탈물질주의자 비율에서 물질주의자 비율을 뺀 값이 어떻게 변화해 왔는지를 보여 주는 시계열 자료가 제시되어 있다.[53] 한국 자료와의 비교 대상 지역은 중국과 일본, 그리고 벨기에, 덴마크 등 선진공업국 8개 국가[54], 세계가치조사에 참여한 모든 국가들(세계)이다.[55] '세계'는 여러 대륙에 걸쳐 다양한 역사 문화권에 속해 있고 경제 발전 정도가 다른 여러 나라들을 포함한다. 구성 국가들의 이질성을 지표의 약점으로 볼 수도 있겠지만, 다른 한편 지구촌 시민들의 가치관을 전체적으로 조망해 준다는 점에서 적극적 의미 부여도 가능하다.

52 이 절에서는 주로 4항목 지수를 사용하겠지만, 코호트 분석을 하게 될 다음 절에서는 12항목 지수를 사용할 것이다.

53 조사 시기는 나라에 따라 다르다. 1차 조사는 1981~1984년, 2차는 1989~1993년, 3차는 1994~1999년, 4차는 1999~2004년, 5차는 2005~2008년에 수행됐는데, 이 논문의 국제 비교를 하는 표와 그림에서는 한국 조사 시점을 기준으로 표기했다.

54 서구 선진공업국은 벨기에, 덴마크, 프랑스, 독일, 이탈리아, 영국, 네덜란드, 미국 등 8개국을 포함하는데, 1981년에는 미국이, 2000년에는 영국이 조사에 불참하여 나머지 7개국의 자료를 이용했으며 2005년에는 이탈리아와 미국만 조사에 참여했다.

55 세계 자료는 조사 참여국 전체의 비율을 제시했다. 1차 조사에는 23개 국가, 2차에는 43개 국가, 제3차부터는 50여 개 국가가 참여했다. 3차 이래 참여국의 총인구는 전 세계 인구의 8할 내지 그 이상을 포괄한다.

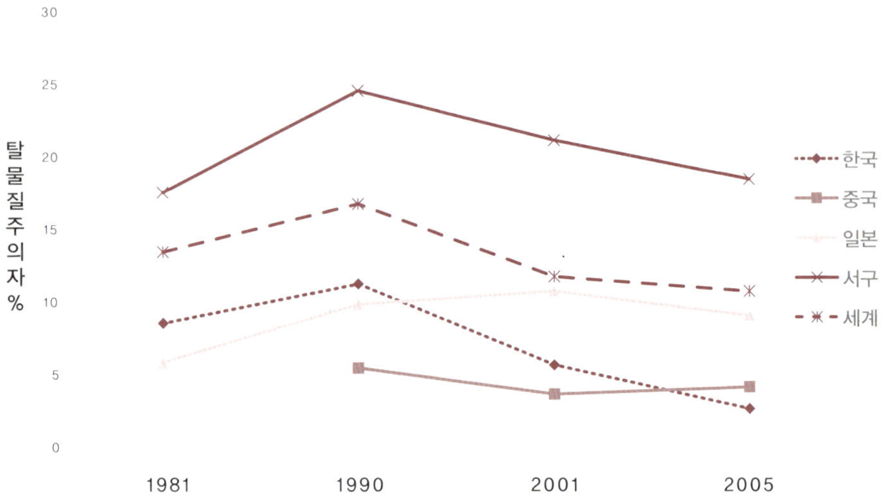

〈그림 1〉 탈물질주의자 비율 국제 비교(4항목지수).

〈그림 2〉 탈물질-물질주의자 비율 격차 국제 비교(4항목지수).

〈그림 1〉에서 볼 수 있듯이, 한국의 탈물질주의자 비율은 상대적으로 낮은 편이다. 구미 선진공업국들에 비해서는 10~15% 포인트 가량 낮고 조사에 참여한 세계 전체와 비교해도 그 비율이 대략 5% 포인트 정도 낮은 편이다. 그러나 1981~1990년 조사에서 나타난 높은 비율을 보면, 한국에서도 탈물질주의 가치가 형성되어 확산되는 초기 단계에 있다고 추론할 수 있다. 경제 발전 수준이 훨씬 높았던 일본에 비하여 한국의 탈물질주의자 비율이 높게 나타났다는 점이 주목된다(그러나 12항목 지수를 사용하면 일본이 높음). 한국의 1980년대 후반이라는 시기는 정부 주도하에 20여 년간 강력하게 추진해 왔던 경제성장정책이 가시적 성과를 보이고 시민들 역시 생활수준 향상을 일상적으로 체감하던 시기였다. 특권층의 상징이었던 승용차나 개인용 컴퓨터, 대형 가전제품 등이 빠르게 보급·확대되던 시기가 바로 그때였기 때문이다.[56] 더군다나 1987년 민주화대투쟁 이후 시민사회 영역의 급성장은 적극적 정치 참여 등 자기표현적 가치의 중요성을 극대화했을 가능성이 높다. 결국 1990년의 높은 탈물질주의자 비율은 이제는 먹고살 만해졌다는 상황 인식 그리고 그에 따라 이제 먹고사는 문제를 넘어서서 다양한 방식으로 자신의 견해를 표출하고자 하는 한국 시민들의 평균적 인식을 반영한 결과로 보인다.

1981~2005년 기간 중의 변화 추이를 살펴보면, 한국은 선진공업국 8개국가나 세계 전체의 추세와 비슷한 유형을 보이고 있다. 즉, 1980년대에 탈물질주의자 비율이 다소 늘어났으나 90년대 이래 떨어지고 있다. 한국의 경우는 감소 폭이 특히 심한데, 그 비율이 1981년 8.6%, 1990년에는 11.3%에

56 백욱인(1994)은 총 가계 지출 중 내구 소비재와 개인서비스 부문 구성비가 1980년대 후반 급격하게 상승했다는 점을 실증적으로 보여 줬다. 그 무렵 한국이 대중소비사회에 진입했다는 근거로 삼을 수 있는 자료이다.

까지 이르렀으나 2005년에는 2.7% 수준으로 급격하게 감소한 것이다. 일본과 중국의 경우에도 1990년에 비하여 2005년에 그 비율이 줄어들기는 했으나 감소 폭은 상대적으로 작았다. 1981~2005년 기간 중 탈물질주의자 비율이 증가한 국가군은 경제 발전 정도가 높은 서구와 일본 등 선진공업국들이었다. 이러한 결과들은 한국이 경제적으로 고속 성장하여 탈물질주의 가치가 형성되기 시작했으나 아직 안정적인 단계에까지 이르지는 않았음을 시사한다.

〈그림 2〉에는 탈물질주의자 비율에서 물질주의자 비율을 뺀 값이 제시되어 있다. 이러한 비율 격차 지표는 잉글하트 연구진이 탈물질주의 추세를 분석할 때 자주 사용해 온 지표이다. 이 격차 값은 물질주의자 비율 증가/감소분 대비 탈물질주의자 비율의 증가/감소분을 보여 준다는 점에서 앞 그림의 지표를 보완해 준다. 세로축의 '0' 값은 탈물질주의자와 물질주의자의 수가 같다는 것을 뜻하며, 격차 값의 상승 혹은 하강 추세는 탈물질주의자 비율의 상대적 증가 혹은 감소 추세를 의미한다. 1981~2005년 기간 중의 전반적 추세를 살펴보면, 일본과 서구 선진공업국가군은 물질주의자 대비 탈물질주의자 비율이 약 10~15% 포인트 가량 증가했음에 비하여 다른 국가군은 거의 변화가 없거나 오히려 감소했음을 알 수 있다. 뒤늦게 시장경제제도를 도입하여 경제 발전을 가속화하고 있는 중국의 경우에는 물질주의자 비율이 탈물질주의자 비율보다 45% 포인트 정도 높은 상태가 1990년 이래 유지되고 있다. 상대적 감소 폭은 한국이 가장 크게 나타났는데, 세계 전체적으로 약 4% 포인트 감소했음에 비하여 한국은 무려 18% 포인트 가량 감소했다.

그러나 탈물질주의 12항목 지수를 사용한 한국의 1990~2005년간 비율 격차 추이는 4항목 지수를 사용한 〈그림 2〉에서의 격차 추이와 사뭇 다르다. 즉 12항목 지수를 사용하면 위 기간 중 비율 격차가 최소 −26.9% 포인트, 최대 −29.6% 포인트로 거의 동일한 수준을 유지하는 것으로 나타난다. 앞의 〈그림 1〉과 〈그림 2〉는 관찰 기간을 최대한 늘이기 위하여 4항목 지수를 사용했지만, 12항목 지수가 그보다 더 높은 분석적 가치를 갖는다는 점은 명확하다. 보다 많은 항목을 사용할 경우 측정 오차를 줄이고 시기 효과 period effect의 영향도 줄일 수 있기 때문이다.(잉글하트, 1980(1977):39) 탈물질주의자 비율이 1990~2005년 기간 중 줄어들었는데도 탈물질-물질주의자 비율 격차가 일정한 수준을 유지하고 있다는 것은 기간 중 혼합형의 비율이 확대됐음을 시사한다. 만일 그러하다면 혼합형까지 포함하여 전체적인 구성비가 어떻게 변화해 왔는지 살펴보는 것이 필요할 것이다. 〈그림 3〉은 12항목 지수를 사용하여 1990~2005년 기간 중 물질주의자, 혼합형, 탈물질주의자의 분포가 어떻게 변화해 왔는지를 보여 준다.

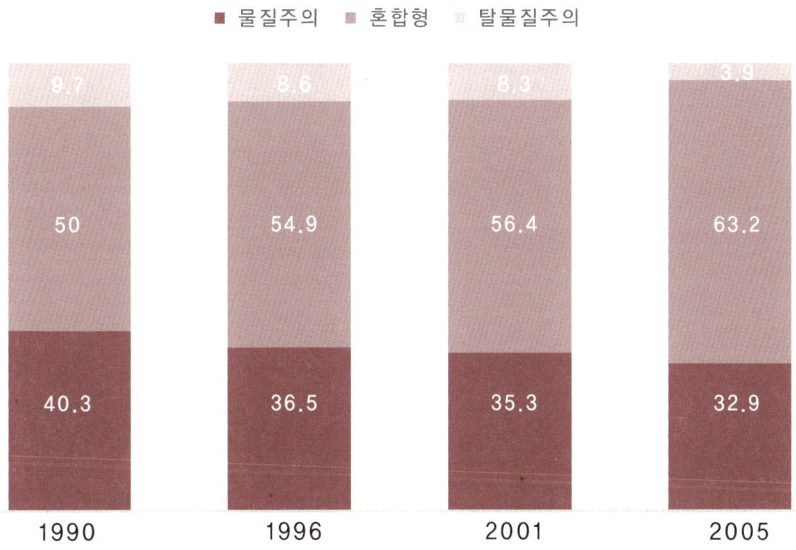

〈그림 3〉 물질주의자-혼합형-탈물질주의자 구성비 변화(12항목 지수).

〈그림 3〉에서 볼 수 있듯이, 1990~2005년 기간 중 탈물질주의자 비율은 감소 추세(9.7% → 3.9%)에 있기는 하지만 4항목 지수를 이용한 〈그림 1〉에서 보이는 급격한 감소 추세(11.3% → 2.7%)보다는 완만하다. 주목할 만한 점은 탈물질주의자 비율과 마찬가지로 물질주의자 비율 역시 감소했는데 감소 폭이 오히려 크다는 점이다. 이는 그 기간 중 탈물질주의자가 감소하긴 했으나 물질주의자는 그보다 더 많이 감소했다는 의미이다. 양 극단의 가치 소유자가 줄어든 바로 그만큼이 혼합형 가치 소유자의 증가로 귀결됨은 불문가지이다. 이러한 결과가 주는 함의가 무엇일까 따져 보는 것은 흥미롭다. 아마도 1990년대 중반 이래 신자유주의 경쟁 체제하에서의 경제적 위기의식이나 대북 관련 안보 불안감이 탈물질주의자의 축소를 야기했다고 일단 생각할 수 있다. 그런데 탈물질주의적 가치 소유자가 물질주의자로 회귀한 것이 아니라 탈물질주의 가치와 함께 물질주의 가치도 중시하는 중도적 입장으로 변화한 것으로 해석된다.(강수택·박재흥, 2011:20-21). 잉글하트·웰젤 (2011(2005):183)은 경제 발전에 따라 나타나는 탈물질주의 추세가 불가역不可逆 irreversible 과정은 아니며 높은 실업률, 복지국가 기능 축소 등 물질적 안전이 위협받게 되면 물질주의 가치가 다시 부활할 수 있다고 지적한 바 있다. 탈물질주의 가치 형성의 초기 단계에 있는 한국은 1990년대 중반부터 심화된 경제적 위기의식이나 안보 불안감에 의해 탈물질주의 가치의 확산이 당분간 유보되고 있다는 해석이 가능하다.

탈물질주의 가치의 세대별 변화 추이

지금까지 한국에서의 탈물질주의 가치의 형성 과정을 다른 국가군과 비교하여 분석해 봤다. 이 절에서는 탈물질주의 가치의 변화 추이를 세대별로 나누어 분석함으로써 표본 전체를 집합적으로 봤을 때 드러나지 않았던 새로운 특성을 찾아볼 것이다. 이미 지적했듯이 여기에서는 탈물질주의 가치 12항목 지수를 사용할 것이다. 1981년 자료에는 연령 변수가 포함되어 있지 않아서 세대별 분석을 애당초 허용하지 않기 때문이다. 12항목 지수를 사용할 경우 분석 기간이 짧아지는 단점은 있지만 그 대신 측정 오차가 줄어들기 때문에 지수 값이 보다 안정적이 된다는 탁월한 장점이 있다. 〈그림 4〉에는 코호트별 탈물질주의자 비율의 변화 추이가, 그리고 〈그림 5〉에는 탈물질주의자 비율에서 물질주의자 비율을 뺀 비율 격차가 코호트별로 제시되어 있다.

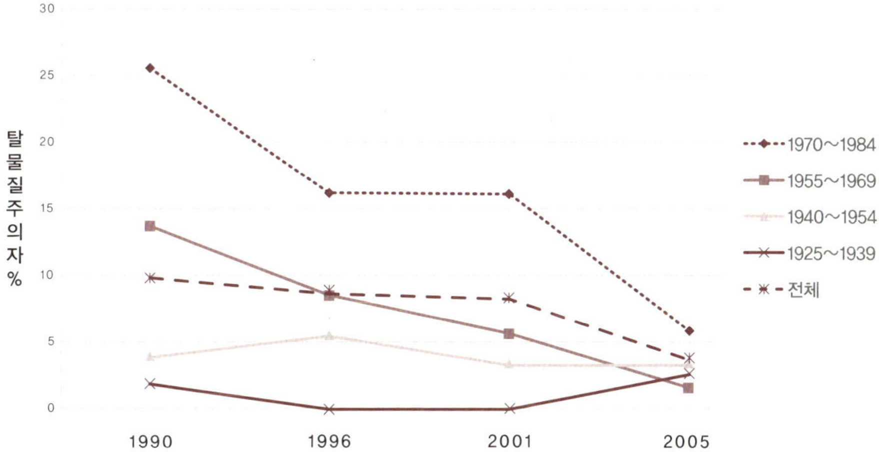

〈그림 4〉 코호트별 탈물질주의자 비율 변화 추이.

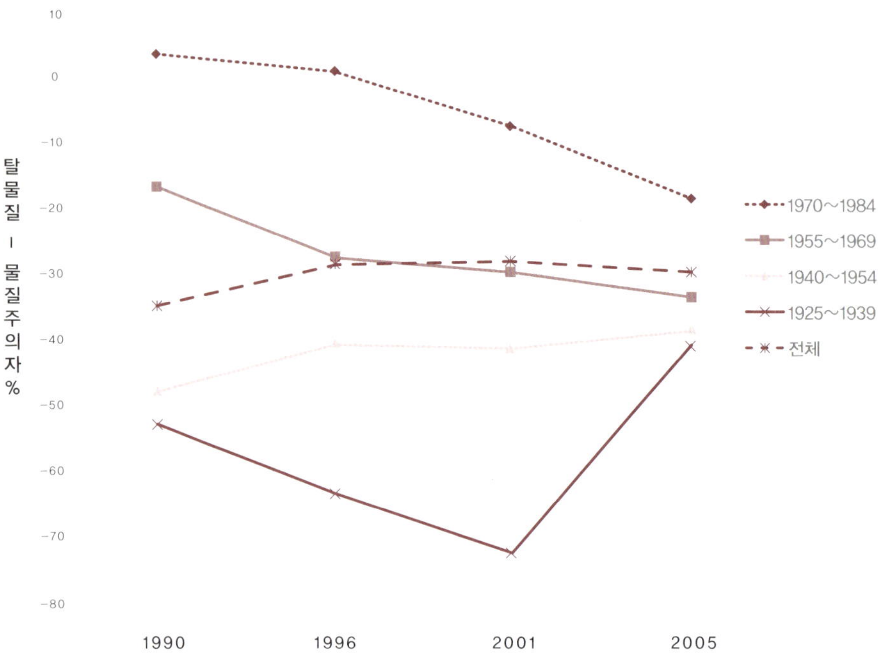

〈그림 5〉 코호트별 탈물질-물질주의자 비율 격차.

〈그림 4〉에서 드러나듯이, 전체적으로 볼 때 탈물질주의자 비율은 1990년 이래 15년 동안 6% 포인트 남짓 감소했다. 이러한 감소 추세는 이탈리아, 미국, 일본 등의 국가에서도 발견되지만 이들 선진 공업국가군에서는 감소 폭이 한국에 비해 작게 나타났다. 한국의 탈물질주의자 비율을 출생코호트별로 나누어 보면 흥미로운 현상을 발견할 수 있다. 그것은 같은 기간 중 탈물질주의자 비율 감소에 적극적으로 기여한 코호트가 주로 1970~1984년 코호트와 1955~1969년 코호트라는 점이다. 탈물질주의자 비율 감소 폭이 1970~1984년 코호트의 경우 20% 포인트, 1955~1969년 코호트의 경우 12% 포인트에 달했다. 1954년 이전 코호트의 경우에는 그 비율이 대략 5% 이내의 낮은 수준을 유지하고 있었다. 특히 1925~1939년 코호트의 경우에는 탈물질주의 경향이 오히려 강화되는 추세마저 보였다. 결국, 1990년 조

사에서 탈물질주의 비율이 평균 10% 수준에 이를 정도로 비교적 높게 나타나도록 하는 데 기여한 세대가 1970~1984년 코호트와 1955~1969년 코호트였는데, 그로부터 15년 후 탈물질주의자 비율을 급격하게 떨어뜨리는 데 주도적으로 기여한 세대 역시 바로 그 코호트였다고 정리할 수 있겠다.[57]

〈그림 5〉를 보면, 1990~2005년 기간 중 탈물질주의자–물질주의자 비율 격차는 전체적으로 보아 30% 포인트에 조금 못 미치는 낮은 수준에서 큰 변동이 없었다. 4항목 지수를 이용했을 때 그 격차가 크게 확대됐음에 비해 (〈그림 2〉 참조), 12항목 지수를 사용한 경우에는 비율 격차가 안정적으로 나타난 것이다. 이러한 추세는 구미 선진공업국이나 동아시아 국가와 비교해도 이례적인 결과이다. 같은 기간 중 그 격차가 미국과 일본의 경우 12~14% 포인트 더 확대됐고 이탈리아와 중국도 4~6% 포인트 가량 확대됐으나, 한국의 경우에만 그 격차가 확대되지 않고 1990년 수준을 그대로 유지하고 있는 것이다. 비율 격차 변화 추이를 출생코호트별로 나누어 보면 또 다시 흥미로운 결과가 나타난다. 동일한 기간 중 탈물질주의자 비율에서 물질주의자 비율을 뺀 비율 격차 값이 1970~1984년 코호트와 1955~1969년 코호트에서는 크게 벌어졌으나 1954년 이전 코호트에서는 크게 축소됨으로써, 비율 격차가 평균적으로는 변함없이 일정한 수준을 유지하게 된 것이다. 기간 중 변화 추이로 보면 비율 격차가 젊은 층에서 확대(물질주의자 대비 탈물질주의자 비율의 축소)됐으나, 물질주의자 대비 탈물질주의자 비율의 견지에서 보면 네 시점 모두에서 젊은 코호트일수록 높게 나타났다.

57 물론 분석 결과를 해석할 때, 1990년 조사에서의 1970~1984년 코호트(응답자: 74명), 2001년과 2005년 조사에서의 1925~1939년 코호트(응답자: 55명, 39명)는 응답자 수가 적다는 점을 고려해야 할 것이다. 예컨대 〈그림 4〉에서 1970~1984년 코호트의 1990년 통계치와 〈그림 5〉에서 1925~1939년 코호트의 2001년, 2005년 통계치는 사례 수가 적어서 표집오차가 크다는 점을 고려해야 한다.

지금까지 살펴봤듯이, 1990~2005년 기간 중 1955년 이후에 출생한 젊은 코호트에서는 탈물질주의자 비율이 줄어들고 탈물질주의-물질주의자 비율 격차 역시 확대됐으나 그 이전 출생코호트에서는 이와 정반대의 결과를 얻었다. 이러한 코호트별 차이를 보다 깊이 있게 검토하기 위해서는 탈물질주의와 물질주의자뿐만 아니라 혼합형도 포함하여 분석할 필요가 있다. 〈표 3〉에서 1990~2005년 기간 동안 탈물질주의자, 혼합형, 물질주의자의 구성비가 얼마나 증가 혹은 감소했는지 그 변화량을 코호트별로 나누어 검토해 봤다.

〈표 3〉 1990~2005년 기간 중 탈물질주의자-혼합형-물질주의자 구성비 변화량

가치 지향	출생코호트				전체
	1925~1939년	1940~1954년	1955~1969년	1970~1984년	
탈물질주의	+0.7	−0.6	−12.2	−19.8	−5.8
혼합형	+10.0	+9.0	+6.9	+16.1	+13.2
물질주의	−10.7	−8.4	+5.4	+3.7	−7.4

앞의 〈그림 3〉에서 이미 봤고 〈표 3〉 우측 열에서도 확인할 수 있듯이, 코호트 구분 없이 전체적으로 본다면 15년이라는 시간의 흐름 속에서 탈물질주의자와 물질주의자 비율은 모두 감소하고 그 감소분만큼 혼합형이 증가했다. 이러한 구성비의 변화를 경제적 위기의식이나 대북 안보 불안감 증대에 따라 탈물질주의 가치와 함께 물질주의 가치도 중시하는 관망적 자세로의 변화로 해석한 바 있다. 이러한 변화를 코호트별로 나누어 보면, 1955년 이전 코호트와 그 이후 코호트가 구성비 변화량 면에서 뚜렷하게 대비된다. 즉 1925~1939년 코호트와 1940~1954년 코호트의 경우 탈물질주의자 비율

은 낮은 수준에서 거의 변화가 없었으나 물질주의자 비율은 크게 감소하고 그 감소분만큼 혼합형 비율이 증가했다. 이와는 대조적으로, 1955~1969년 코호트와 1970~1984년 코호트에서는 탈물질주의자 비율이 매우 큰 폭으로 감소하고 그 감소분만큼 혼합형과 물질주의자가 증가하는 유형을 보여 준다. 특히 1970~1984년 코호트의 구성비 변화가 주목할 만하다. 이 코호트의 경우 15년 기간 중 탈물질주의자 비율이 20% 포인트 가까이 대폭 축소됐는데, 다른 한편으로 혼합형은 16% 포인트 정도, 물질주의자 역시 4% 포인트 정도 증가했다.

종합적으로 정리해 본다면, 첫째, 전체적으로 볼 때 탈물질주의자와 물질주의자 비율은 모두 감소하고 그 감소분만큼 혼합형이 증가하는 것으로 나타났다. 둘째, 이를 코호트별로 나누어 본다면, 1955~1969년 코호트와 1970~1984년 코호트는 탈물질주의자 비율 감소에 기여했으며, 1925~1939년 코호트와 1940~1954년 코호트는 물질주의자 비율 감소에 기여했음을 알 수 있다. 그렇다면 1955년 이후 출생코호트에서는 탈물질주의자 비율이 감소하는 데 반해 그 이전 출생코호트에서는 물질주의자 비율이 감소하는 이유가 무엇일까? 1990년대 중반 이래 신자유주의의 거친 파고가 국내에 세차게 밀려 오는 과정에서 특히 젊은 세대가 심한 고용 불안정 상황에 놓이게 된 데에서 일차적 원인을 찾을 수 있을 것 같다.

우선 전체 인구와 15~29세 청년층의 실업률을 비교해 보면, 1997년 말 외환위기 이후 양 집단 간의 실업률 격차가 확대됐음을 알 수 있다. 통계청 자료 《국가통계포털》에 따르면, 1990년대 전반에는 전체 인구 실업률이 2% 중반 그리고 청년층이 5% 후반대로 그 격차가 3% 내외였으나, 외환위기 직후 그 격차가 5% 정도로 확대됐고 그 후 잠시 축소됐으나 2004년부터 다시 4% 중반대로 확대되고 있다. 한편, 안주엽(2011:24-26)은 청년층의 노동시장이 경기변동에 상대적으로 더욱 민감하다는 점에 주목한다. 외환위기 전후

실업률 변동 폭이 청년층에서 가장 높게 나타났고, 또한 전년도 동 분기 대비 실업률 변화의 견지에서도 청년층은 타 연령층에 비하여 변동 폭이 매우 높게 나타난 것이다. 청년층 노동시장이 경기변동에 민감하다 함은 그들이 상대적으로 불안정한 고용상태에 있음을 시사한다. 외환위기 이래 청년층의 고용상태가 악화일로에 있음은 다른 자료에서도 엿볼 수 있다. 15~24세 청년층의 1998~2002년 기간 중, 고용 형태 변화를 분석한 자료에 따르면, 그 기간 중에 상용고는 40.9%에서 34.6%로 6% 포인트 이상 감소한 반면에 일고日雇는 13.4%에서 21.0%로 8% 포인트 가까이 증가한 것으로 나타났다.(윤석천, 2004:34) 외환위기 이후 신규 채용이 억제되고 경력직 채용 경향이 강화된 점 역시 청년실업을 심화시킨 주요 요인이다. 30대 대기업, 공기업, 금융기관을 대상으로 조사한 자료에 따르면 경력자 채용 비중이 외환위기 이전인 1997년에는 40.7%였으나 2002년에는 81.8%로 나타났다.(윤석천, 2004:35)

정부의 공식적인 실업률 지표는 취업 준비 중이거나 구직을 단념한 사실상의 실업자 등이 포함되지 않기 때문에 청년실업의 실상을 제대로 파악하기 어렵다는 지적을 받아 왔다. 따라서 그에 대한 대안으로 고용률 지표를 분석하거나 사실상의 실업률 지표를 새로 만들어 분석하기도 한다.[58] 〈표 4〉에 1980~2009년 기간 중 고용률 변화 추이가 연령집단별로 제시되어 있다.

58 실업률은 경제활동인구(취업자+실업자) 중 실업자의 백분율을 의미하는데, 구직 단념자, 취업준비자, 취업 무관심자 등 사실상의 실업자들이 비경제활동인구로 분류되기 때문에 실제보다 과소평가되는 문제점을 갖는다. 사실상의 실업자들을 실업자로 분류하면 실업률은 공식 실업률보다 훨씬 높게 나타날 것이다. 한편, 고용률은 15세 이상 인구 중 취업자의 백분율을 의미하는데 공식 실업률 지표의 단점을 보완해 줄 수 있는 유용한 지표이다.

〈표 4〉 연령집단별 고용률 변화 추이 1980~2009

연령집단	1980년	1990년	1997년	2003년	2009년
15~29세	45.7	43.6	45.6	44.4	40.5
30~54세	71.4	75.6	76.6	74.2	74.4
55세 이상	39	46	48.5	43.3	44.4

자료 안주엽(2011:21) 〈표 2-3〉으로부터 재작성.

〈표 4〉에서 쉽게 드러나듯이, 경제적으로 가장 활동적인 연령대인 중장년층의 고용률은 고령자와 청년층에 비하여 매우 높게 나타난다. 청년층의 고용률이 고령층과 마찬가지로 낮은 것은 그 기간이 학령기와 중복되며 또한 한국의 경우 대학 진학률이 높아서 노동시장 진출이 늦다는 점과도 관련될 것이다. 고용률은 외환위기 직전인 1997년에 최고점을 찍은 후 점차 낮아지는 추세를 보인다. 그런데 고용률 변화를 연령집단별로 나누어 보면 청년층이 외환위기의 가장 큰 피해자였음이 다시 한 번 드러난다. 30~54세와 55세 이상 연령층에서는 외환위기 이후 고용률이 점차 원상회복되어 2003년에는 1980년 수준보다 3~4% 포인트 높아졌음에 비하여, 15~29세 청년집단에서는 고용률이 지속적으로 하락하여 2009년에 이르면 1980년에 비해 무려 5% 포인트나 감소한 것이다. 표의 자료가 출생코호트별로 제시되지는 않았지만 2003년의 15~29세1974~1988년 출생 연령집단이 본 연구에서의 1970~1984년 코호트에 가깝다는 점을 감안하여 젊은 세대의 경제적 위기 상황을 짐작할 수 있다.

한편 청년 고용률의 하락은 구직 단념자 등 사실상의 실업자 증가에서 비롯된 측면도 있다. 이러한 관점에서 현대경제연구원(2011:4)에서는 구직 단념자, 취업 준비자, 취업 무관심자를 사실상의 실업자로 분류하여 청년 실업률을 다시 계산해 봤는데 7~8%대의 공식 실업률을 훌쩍 뛰어넘어 2003년

17.7%, 2011년 22.1%로 나타났다. 청년실업 문제는 청년층이 단순히 노동시장에서 배제되는 데 그치는 것이 아니라 노동·복지제도로부터 배제되고 나아가서 빈곤의 늪에 빠져서 정상적 인간관계를 갖는 데 어려움을 겪기도 한다는 점에서, 즉 사회적 배제social exclusion의 다면적 성격을 갖는다는 점에서 매우 심각한 문제가 아닐 수 없다.(이성균, 2009)

잉글하트·웰젤(2011(2005):193)은 사회경제적 상황이 급격히 변화하여 청년층이 존재적 불안감을 경험하게 되면 물질주의 가치가 다시 부활할 수 있다고 시사한 바 있다. 한국은 1995년 세계무역기구WTO체제에 편입되어 시장개방이 가속화되는 과정에서 1997년 말 외환위기를 맞게 됐다. 위기 수습과정에서 신자유주의 경쟁체제가 전면 도입됐고 그 체제에서 가장 큰 고통을 겪은 세대가 바로 1970년경 이후 출생한 젊은 세대이다.(우석훈·박권일, 2007 참조) 대략 1970년대에 출생한 소위 '신세대'는 외환위기의 직격탄을 맞은 세대이며, 그 이후 1980년대 무렵에 출생한 세대는 우석훈·박권일(2007)이 이름 붙인 바 평생 비정규직 인생, "88만원세대"이다. 그에 앞선 세대인 1955~1969년 출생코호트는 1970~1984년 코호트에 비하여 사정이 좀 낫긴 하지만 이들 역시 외환위기 이후 신자유주의적 구조 조정과 장기화된 경기침체의 늪에서 승자 독식, 무한 경쟁의 논리를 온몸으로 생생하게 체험했다는 점에서 경제적 위기의식 면에서는 아래 세대와 차이가 없다. 이와 같은 물질적 안전에 대한 위협 상황이 이들로 하여금 탈물질주의 가치에 대해 유보적 입장으로 선회하게 만든 주요 배경이 됐다고 생각한다.

한편, 베이비붐 이전 세대 역시 1990년대 중반 이래 경제적 위기 상황을 겪은 점은 동일하다. 하지만 이들은 집합적으로 볼 때 이미 직장을 안정적으로 선점했거나 나이에 따라 이미 퇴직을 했을 연령층이기 때문에 위기의식의 강도 면에서는 젊은 세대에 비하여 아마도 낮았을 것으로 추측된다. 다른 한편, 이들은 자신의 어린 시절에 비해 상대적으로 높아진 경제적 안정과 물질적 풍요, 신체적 안전을 뒤늦게 체감했다고 볼 수 있는데 그러한 점이 가치 변화에 작용할 수 있을 것이다. 그리하여, 앞서 제시한 〈표 3〉의 물질주의 가치의 감소와 혼합형의 증가 추세에서 볼 수 있듯이, 물질주의 가치와 함께 탈물질주의 가치도 뒤늦게 부분적으로 받아들이며 시류에 적응해 간 것이 아닐까 추정해 본다.[59]

이 절에서 탈물질주의 가치의 세대별 추이를 분석한 부분에서는 탈물질주의 가치 12항목 지수와 출생코호트 간의 교차표 분석 결과를 바탕으로 논의해 왔다.(〈그림 4〉, 〈그림 5〉, 〈표 3〉 참조) 그러나 이러한 두 변수 간의 교차표 분석은 제3의 관련된 변수를 통제하지 않았다는 점에서 보완되어야 한다. 따라서 종속변수에 영향을 미칠 가능성이 있는 다른 사회인구학적 변수를 포함한 추가 분석이 필요하다. 이 연구에서는 탈물질주의 가치 12항목 지수를 종속변수로 두고 연령, 교육 수준, 수입 정도, 이념 성향 변수를 독립변수로 삼아[60] 2001년 자료[61]를 다중회귀분석 방법으로 분석해 봤다. 그 결과가 〈표 5〉에 제시되어 있다.

59 1990년대 초 이래 1, 2차 북핵 위기, 수많은 사상자를 낸 연평 해전 등의 안보 위기 상황 역시 신체적 안전 욕구를 자극하여 물질주의로의 회귀 혹은 혼합형으로의 변화를 유도하는 배경이 됐을 가능성이 높다. 그러나 이러한 요인이 젊은 세대에게만 차별적으로 작용했다고 보기는 어렵다. 젊은 세대가 직접적 이해당사자인 점은 분명하지만, 나이 든 세대의 레드콤플렉스도 함께 자극할 것이기 때문이다. 이에 대해서는 추후 별도의 심층 분석이 필요하다.

60 각 변수 값의 범위는 다음과 같다. 탈물질주의 가치(물0~5탈물), 연령(18~78세), 교육 수준(초등중퇴1~8대졸), 수입 정도(최하1~10최상), 이념성향(좌1~10우).

61 2005년 자료가 아닌 2001년 자료를 선택해 분석한 이유는 첫째, 연령과 교육 수준 간 상관관계 계수가 2005년 자료에서는 −.597로 다소 높게 나와서 다중공선성의 문제가 상대적으로 크기 때문이며(2001년: −.456), 둘째, 모형의 설명력 면에서도 2001년 모형(R^2 = .134)이 2005년 모형(R^2 = .063)보다 높기 때문이다.

〈표 5〉 탈물질주의 가치(종속변수)에 관한 다중회귀분석

모 형	비표준화 계수		표준화 계수	t 값	유의 확률
	B	표준오차	Beta		
(상수)	2.089	.219	–	9.527	.000
연령	–.019	.003	–.219	–7.111	.000
교육 수준	.122	.022	.173	5.571	.000
수입 정도	.016	.017	.027	.967	.334
이념 성향	–.039	.014	–.079	–2.836	.005

주 R^2 = .134, 수정된 R^2 = .131, F = 46.199 (유의확률: .000)

〈표 5〉에서 볼 수 있듯이, 연령 변수는 교육 수준이나, 수입 정도, 이념 성향 등의 유관 변수를 통제한 상태에서도 종속변수인 탈물질주의 가치의 예측 변수로서 통계적으로 유의미한 영향을 미치는 것으로 나타났다. 게다가 설명력의 정도를 시사해 주는 베타 값에서 알 수 있듯이, 연령 변수는 네 변수 중에서 가장 높은 설명력을 갖는 것으로 밝혀졌다. 교육 수준과 이념 성향 역시 탈물질주의 가치의 유의미한 설명 변수로 나타났다. 젊은 연령과 높은 교육 수준이 탈물질주의 가치와 유의미한 관계를 갖는다는 점은 이미 여러 연구에서 밝혀진 바 있다.(Inglehart, 1997; 마인섭·장훈·김재한, 1997; 김두식, 2005; 김욱, 2009 참조) 이에 덧붙여서 이 연구에서는 좌파적 이념 성향 역시 탈물질주의 가치를 예측하는 데 의미 있는 변수임이 드러났다. 이러한 결과는 탈물질주의 가치가 시위, 파업 등 저항적 정치 행위와 유의미한 관계를 갖는다는 연구 결과(정철희, 1997; 김욱·이이범, 2006; 강수택·박재흥, 2011)의 연장선상에서 이해할 수 있다.

| 제5절 |

코호트 분석 결과의 함의

이제 지금까지의 분석 결과를 간략하게 요약·정리하고, 이 연구의 의의와 한계, 그리고 앞으로의 연구 과제를 제시하면서 이 장을 마무리할 것이다.

우선 이 연구에서의 자료 분석 결과를 요약하면 다음과 같다. 첫째, 서구 선진공업국들과 비교할 때 한국에서의 탈물질주의 가치는 아직 널리 확산되지 않은 상태이다. 한국사회는 1980년대 후반 대중소비사회 단계에 진입하고 시민사회 영역이 급성장함에 따라 탈물질주의 가치가 빠르게 확산됐으나 90년대 중후반부터는 세계화, 개방화 흐름 속에서 무한경쟁 논리와 배금주의 풍조가 팽배하면서 탈물질주의 가치도 위축되기 시작했다. 둘째, 1990년 조사에서 탈물질주의자 비율이 높게 나타나도록 하는 데 기여한 세대가 1955년 이후 출생한 코호트였는데, 그 이후 조사에서 비율의 급격한 감소에 기여한 세대 역시 동일한 세대였다. 탈물질주의-물질주의자 간 격차는 1955년 이후 출생한 젊은 코호트에서는 확대됐으나 그 이전 코호트에서는 축소됨으로써 전체적으로는 30% 포인트 정도의 일정한 수준을 유지했다. 셋째, 전체적으로 볼 때 탈물질주의자와 물질주의자 비율은 모두 감소하고 그 감소분만큼 혼합형이 증가했다. 이러한 변화를 코호트별로 나누어 분석해 보면, 1955~1969년 코호트와 1970~1984년 코호트는 탈물질주의자 비율 감소에 기여했으며 1925~1939년 코호트와 1940~1954년 코호트는 물질주의자 비율 감소에 기여했다.

이 연구의 중요한 의의는 코호트 분석에서 찾을 수 있다. 지금까지 한국에서의 탈물질주의에 관한 많은 연구들은 탈물질주의 추세를 연구 표본 전체적으로 보거나 연령집단별로 봤기 때문에 코호트별 특성이 잘 드러나지 않았다. 간혹 코호트별 분석을 한 경우도 있었으나 깊이 있는 분석과 논의가 이루어지지는 않았다.(어수영, 2004) 그러나 이 연구에서는 1990~2005년 기간 중 코호트 분석을 시도함으로써, 연구 표본 전체로 볼 때 드러나지 않았던 물질주의/탈물질주의 가치의 코호트별 변화 유형을 탐색할 수 있었다. 극심한 취업난 속에서 청년층의 탈물질주의 가치가 위축되리라는 점은 실상 상식적으로도 충분히 예상할 수 있는 결과였다. 하지만 나이 든 세대의 경우 시간 경과에 따라 물질주의 가치가 약화되는 경향, 달리 말해 물질주의 가치와 함께 탈물질주의 가치도 함께 수용했다는 점(혼합형 증가에서 드러나듯이)은 이 연구에서 밝혀진 중요한 성과이다.

그러나 이러한 코호트별 차이가 나타난 배경이 무엇인가에 대해서는 정교한 분석을 하지 못했다. 특히 청년실업 문제의 직접 당사자인 1970~1984년 코호트와는 달리 1955~1969년 코호트에서도 탈물질주의 가치의 약화 추세가 발견되는 점에 대해서 충분한 설명이 이루어지지 못했다. 물론 이들 역시 신자유주의적 구조조정과 장기화된 경기침체 속에서 경제적으로 어려움을 겪었다는 점은 분명하지만 외환위기 충격의 강도는 1970~1984년 코호트에 비하여 낮을 것이다. 또한 다른 각도에서 볼 때, 1980년대 격동기에 민주화 투쟁에 앞장섰던 386세대는 탈물질주의 가치 지향이 높은 수준에서 유지될 것으로 기대할 수도 있다. 이러한 정황에도 불구하고 탈물질주의 비율이 크게 떨어진 점에 대해서 앞으로 보다 깊이 있는 분석이 필요하다.

1955년 이전에 출생한 나이 든 세대에서 물질주의 가치가 약화되고 혼합형이 증가한 추세에 대해서도 앞으로 깊이 있는 분석과 논의가 이루어져야 할 것이다. 이 연구에서는 베이비붐 이전 세대는 집합적으로 볼 때 직장을 안정적으로 선점했거나 이미 퇴직을 했을 연령대라서 위기의식의 강도가 상대적으로 낮을 것이고, 또한 이들은 자신의 어린 시절에 비해 상대적으로 높아진 경제적 안정과 물질적 풍요, 신체적 안전 등에 의해 물질주의 가치가 약화되지 않았을까 추측했다. 이러한 추론은 사실 잉글하트의 사회화 가설과 대립되는 가설이다. 잉글히트는 성장기에 신체적·물질적 안전을 경험한 젊은 코호트가 탈물질주의 가치를 쉽사리 수용할 것이고, 시간이 경과하여 세대가 교체됨에 따라 탈물질주의 가치가 점차 지배적 가치로 확산될 것으로 전망했기 때문이다. 이 추론의 유의미성 여부를 알아보기 위해서는 보다 긴 기간에 걸친 관찰이 필요할 것이다.

유럽의 몇몇 국가에서는 1970년 이래 1990년대 중반까지 거의 매년 물질주의/탈물질주의 가치에 관한 조사가 수행되어 왔고 그 이후에도 제4차~제6차 세계가치조사를 통해 40년이라는 긴 기간에 걸친 자료가 축적되어 왔다.(Inglehart, 2008) 이에 비하여 한국이 참여한 세계가치조사는 1981부터 2010년까지 30년 기간 동안 총 6회 실시됐으나 그나마 코호트별 분석이 가능한 기간은 20년에 불과하다. 이 연구에서는 제5차 조사까지의 자료를 이용했는데 이렇게 제한된 기간의 자료 분석을 통해 드러난 추세를 통해 탈물질주의 가치의 형성과 확산을 논의하고 일반화하는 데에는 분명 한계가 있다. 앞으로 보다 긴 기간의 자료가 축적되어야 보다 심층적인 코호트 분석이 가능할 것이고, 또한 자료 분석 결과 드러난 추세가 안정적인지 여부도 평가할 수 있을 것이다. 한국의 경우 2010년에 세계가치조사 제6차 조사가 실시됐고 2017년에는 제7차 조사가 예정되어 있기 때문에 추후 자료 축적에 따라 보다 깊이 있는 분석과 논의가 이루어질 것을 기대해 본다.

제6장

환경의식의 코호트별 변화 추이와 국가 간 비교

이 장에서는 환경의식의 변화 추이를 출생코호트별로 검토하고자 한다. 우선 환경의식의 성장을 환경운동 전개과정과 관련하여 짧게 개관한 후, 환경의식 개념과 측정의 문제에 대해 살펴볼 것이다. 다음으로, 한국인의 환경의식 수준을 서구 공업국 및 극동 아시아 국가들과 비교할 것이다. 마지막으로 환경의식의 변화 추이를 코호트별로 나누어 분석해 봄으로써 환경의식 면에서 세대별로 어떠한 특성이 있는지, 또한 세대 간에 유의미한 차이가 있는지 검토할 것이다.

| 제1절 |

인간과 환경 간의 관계

미국 환경사회학의 개척자 캐턴과 던랩(Catton & Dunlap, 1978:42)은 기능주의로부터 마르크스주의에 이르기까지 사회학의 다양한 이론적 관점들이 서로 큰 차이를 갖는 것처럼 보이지만 기실 이들 간의 차이점은 과장된 반면 공통점이 간과되어 왔다고 지적한 바 있다. 그들은 인간과 환경 간의 관계에 관해 대부분의 사회학자들이 공유하는 전형적 세계관을 "인간예외주의 패러다임Human Exceptionalism Paradigm: HEP"이라 명명하는데, 그 내용인즉 인간은 문화를 공유하고 전승한다는 점에서 지구상에서 독보적인 존재인데 바로 그러한 능력이 어떠한 어려움도 극복하고 무한한 진보의 가능성을 보장해 준다는 것이다.(Catton & Dunlap, 1978:42-43) 이러한 관점에 대한 대안적 세계관으로 그들이 제시한 관점이 바로 "신환경주의 패러다임New Environmental Paradigm: NEP"[62]인데, 이 관점에서는 인간이 자연생태계의 일부이며 이들 역시 생태계의 법칙에 종속된다는 점이 강조된다. 이러한 관점에서 보면, 우리에게 익숙한 가정, 즉 인간이 만물의 영장이며 지구 혹은 자연환경은 인간을 위해 존재할 뿐이고 그것은 우리에게 유익한 범위 내에서만 의미를 갖는다는 가정은 유아론적唯我論的 변형에 불과하다.

한국에서도 이러한 환경주의적 인식이 어느 정도 자리를 잡아가고 있지만 그러한 인식이 싹튼 지 그리 오래되지 않았다. 성장주의 이데올로기가 한국

62 이 개념은 1980년대 이래 오존층 파괴, 기후 변화, 종種 다양성 감소 등 전 지구적 환경문제가 등장함에 따라 신생태주의 패러다임New Ecological Paradigm 개념으로 확장된다.(Dunlap et al., 2000)

사회를 확고하게 지배했던 1970년대까지만 해도 도로나 댐 건설, 공단 조성, 자연자원 채취 등은 발전과 성장의 상징으로, 국토개발 이전 상태는 "가난과 저발전"을 의미하는 것으로 인식했다.(조명래, 2001:145) 대부분의 국민들이 자연환경 파괴, 그리고 그것이 초래할 후폭풍에 대해서 잘 몰랐거니와 설혹 환경오염으로 인한 개발의 역기능을 어렴풋이 알았다 하더라도 그에 대한 문제 제기 자체가 체제 저항으로 간주되어 철저하게 억압됐다. 그러나 1980년대에 접어들어 선구적인 환경운동가들이 환경운동 조직을 결성하여 피해 보상운동을 지속적으로 전개함으로써 국민적 관심을 폭넓게 불러일으켰다. 나아가 90년대에는 오존층 파괴, 지구온난화 등 전 지구적 환경쟁점을 부각시키면서 공단 주변 주민뿐 아니라 지구촌 모든 시민들이 직접적 이해 당사자라는 인식을 갖게 하는 데 크게 기여했다.(구도완, 1995 참조).

이 장의 주요 목적은 환경의식의 변화 추이를 코호트별로 검토하는 데 있다. 우선 환경의식의 성장을 환경운동 전개과정과 관련하여 짧게 개관한 후, 환경의식 개념과 측정의 문제에 대해 살펴볼 것이다. 다음으로, 한국인의 환경의식 수준을 서구 공업국 및 극동 아시아 국가들과 비교할 것이며 마지막으로 환경의식의 변화 추이를 코호트별로 나누어 분석해 볼 것이다. 이 연구에서 사용할 자료는 세계가치조사World Value Surveys: WVS 1990~2010년 자료와 국내 통계청 사회조사 1997~2012년 자료이다. 자료 분석은 사회과학통계패키지SPSS를 활용하여 교차분석, 기술통계분석, 회귀분석 등을 실시할 것이다.

| 제2절 |

환경의식의 개념과 측정의 문제

1. 환경운동의 전개와 환경의식의 성장

한국 현대사에서 1960~1970년대는 한편으로는 연평균 경제성장률 10%를 넘나드는 고도 경제성장의 시기였으며 다른 한편으로는 권위주의적 폭압과 불균형 발전의 모순이 잉태되던 시기였다. 1970년대 유신체제하의 군부독재 타도운동과 1980년 광주항쟁 이래 민주화운동은 압축적 경제성장 과정에서 누적되어 온 모순의 표출로 볼 수 있다. 환경운동은 1980년대 후반 이래 그러한 모순에 항거한 사회운동의 중요한 한 흐름으로 정착됐다. 환경의식은 환경운동의 전개과정 속에서 성장·발전해 왔기 때문에 환경운동의 전개과정을 개관하면서 환경의식을 함께 논의하는 게 적절할 것이다.

한국 환경운동 역사의 시대 구분에 관한 대표적 연구로는 조명래(2001)의 연구와 구도완(1995, 2000a, 2000b; 환경사회학회, 2004:제8장)의 연구가 있다. 우선, 조명래(2001)는 1960년대 이래 산업화의 단계를 경공업 산업화1960년대 초~1970년대 중반, 중화학 산업화1970년대 중반~1980년대 중반, 유연적 산업화1980년대 중반~1990년대 중반, 글로벌 산업화1990년대 중반~현재 등 총 네 단계로 구분하면서, 산업화 방식이 생태환경에 영향을 미치기 때문에 환경운동 역시 산업화 방식에 조응할 것이라 가정했다. 그러한 가정하에 한국 환경운동과 환경의식의 성장·발전사를 각 산업화 방식에 따라 네 단계로 구분했는데 그의 연구 결과를 간략하게 정리해 보면 다음과 같다.

첫째, 국토개발 사업으로 대기·수질 오염 피해를 입은 농어민의 저항이 시작됐으나 조직적 환경운동으로까지는 발전하지 못했던 70년대 중반까지의 시기가 환경운동 '잠재기'이다. 이 시기에는 국토개발을 당연시했기에 환경의 중요성에 대한 인식이 거의 없었다고 평가한다. 둘째, 중화학 공단 조성 등으로 대규모의 자연환경 파괴가 이루어지면서 한국공해문제연구소(1982년) 등의 환경운동단체가 결성되고 이 단체들이 피해보상운동, 체제저항운동을 조직화하기 시작한 1980년대 중반까지의 시기가 환경운동 '발아기'이다. 80년대 중반 '온산병'은 환경오염에 대한 경각심을 불러일으켜서 환경의식을 한 단계 고양시킨 주요 계기로 파악한다. 셋째, 특히 1991년 낙동강 페놀사건을 계기로 환경오염 사후의 피해보상 못지않게 사전적인 예방과 환경보전을 더욱 중시하게 되고 운동의 조직화와 세력화가 이루어진 1990년대 중반까지의 시기가 환경운동 '활약기'이다. 이 시기는 환경오염 문제를 모든 국민의 일상적 경험 문제로 보기 시작했다는 점에서 환경의식이 한 단계 업그레이드되는 시기로 평가된다. 마지막으로 전 지구적 환경문제가 등장하고 환경운동이 제도화되면서 인간과 자연의 공존이라는 새로운 세계관이 싹트는 1990년대 중반 이후의 시기가 환경운동 '확산기'이다. 이 단계에 이르러서는 어느 누구도 환경의 중요성을 부정하지 못하는 시대가 됐다고 평가한다.(조명래, 2001)

조명래의 연구는 환경운동과 환경의식의 성장·발전사를 전체적으로 조감해 준다는 점에서 중요한 의미를 갖지만 산업화 단계와 환경운동 특성이 서로 어떻게 연결되는지에 관한 설명이 다소 부족한 점이 아쉽다. 한편, 한국 환경운동을 꾸준히 탐구해 온 구도완(2000a; 환경사회학회, 2004)은 환경운동의 역사를 1960~1970년대 환경운동 전사前史의 시기, 1980년대 반공해 운동의 시기, 1990년대 이래 새로운 환경운동의 시기로 구분했는데 시대구분의 근거와 특성을 비교적 명료하게 지적했다.[63]

환경운동 전사의 시기 설정은 조명래(2001)의 문제의식과 거의 같은 것으

63 구도완(1995)은 1990년대의 한 논문에서 한국 환경운동사를 환경운동 전사의 시기, 반공해운동의 시기, 모색기, 확산기로 구분한 바 있는데, 그 이후 논문들에서는 세 시기로 단순화하여 대비했다.

로 보인다. 즉, 이 시기에 공단 주변 오염문제가 발생하여 피해자 보상운동이 나타나기 시작했으나, 환경오염에 관한 문제 제기 자체가 폭압적 군부독재 체제하에서 억압됐기 때문에 환경운동을 조직적으로 전개하기에는 어려움이 있었다. 그러한 점에서 환경운동 출현 이전의 시기이다. 그러나 1982년에는 '한국공해문제연구소'라는 선구적 환경운동 조직이 결성됐고, 1987년 광주항쟁 이후에는 환경운동이 시민운동을 대표하는 부문 운동으로 크게 활성화됐다는 점에서 그 이전 시기와 확연하게 구별된다.[64] 그렇지만 1980년대 환경운동은 공단주변 오염 피해자의 피해보상에 초점을 맞춘 반공해 운동의 성격을 기본적으로 가지며 경제성장의 중요성 자체까지 부정하지는 않았다고 평가된다.(구도완, 1995:366)

구도완의 중요한 기여는 1980년대와 1990년대 환경운동을 일정한 분석틀을 가지고 명료하게 대비했다는 것이다. 그에 따르면 1990년대 이래, 운동참여자가 피억압 민중에서 일반 시민으로 다원화됐고, 생태주의 이념이 도입됐으며, 반공해운동의 한계에서 벗어나 전 지구적 쟁점으로 관심과 활동이 다양화됐다. 또한 공개 회원모집과 모금활동을 통해 운영경비를 자체적으로 조달하는, 소위 대중조직으로의 전환이 이루어졌다.(구도완, 1995; 환경사회학회, 2004). 구도완(1995)은 환경의식에 관해서 특별히 언급하고 있지는 않다. 하지만 1980년대 공단 주변지역 피해보상운동을 통하여 환경문제에 대한 전국민적 경각심을 유도했으며, 90년대에는 비교적 국지적이고 가시적인 오염문제뿐 아니라 지구온난화, 종 다양성 감소 등과 같은 전 지구적 쟁점을 부각시킴으로써 환경문제를 중요한 사회적 의제로 만들었다는 점에 주목한다.

64 1980년대 후반 다양한 성격의 시민사회단체들이 우후죽순처럼 속출했지만 그중에서도 설립 단체 수의 견지에서 환경단체는 수위를 점한다. 이에 대해서는 강수택·박재흥(2011:11)을 참조할 것.

2. 환경의식의 개념과 측정

지금까지 환경의식이라는 용어를 구체적인 개념을 정의하지 않고 사용해 왔는데 그 개념의 뜻을 우선 간략하게 정리한 후 측정의 문제를 검토해 볼 것이다.[65] 환경의식은 종종 환경에 대한 관심environmental concern과 같은 의미로 사용되는데, 이스터와 반 더 미르(Ester & van der Meer, 1982:72; Dunlap & Jones, 2002:485에서 재인용)는 환경 관심을 "어느 개인이 환경문제를 인식하고 그것의 해결에 기꺼이 기여하고자 하는 정도"라고 단순명쾌하게 규정한 바 있다. 일반적으로 의식이라는 개념 자체가 특정한 행동을 지향하는 생각이나 가치, 마음 상태 등을 의미하므로, 환경의식environmental consciousness이란 자연환경에 대한 일정한 지식과 세계관을 바탕으로 하여 친환경적 행동으로 나아가기 위한 마음의 준비 상태를 가리키는 개념으로 이해해도 큰 무리가 없을 것이다. 환경의식을 "환경에 대한 이해, 인식, 평가의 인지적 구성물"로서 특정한 반응양식의 에너지를 함축한다고 본 조명래(2001)의 견해, "개인의 친환경적 행동에의 참여 성향과 관련된 심리적 요인들"이라고 본 산체즈와 라푸엔테(Sanchez & Lafuente, 2010:732)의 견해도 기본적으로 이러한 개념 규정과 크게 다르지 않다.

환경의식에 관한 고전적 연구로는 당연히 던랩과 그의 동료들에 의해 개발된 신환경주의 혹은 신생태주의 패러다임을 들 수 있다. 던랩 등은 1970년대 말, 인간예외주의, 인간중심주의anthropocentrism 패러다임을 사회학의 지배적 세계관이라고 비판하면서 그에 대한 대안으로서 신환경주의 패러다임NEP을 제시한 바 있다. 그러나 1980년대 이래 오존층 파괴, 지구온난화, 종 다양성 상실, 기후 변동 등 전 지구적인 생태 위기ecocrisis 징후들이 속출하

65 환경의식의 발생을 설명하는 이론적 관점에 대해서는 한국환경사회학회(2004:240-248)를 참조할 것.

면서 오염 방지와 자원보존 등에 국한됐던 환경적 관심이 보다 근원적인 생태적 관심으로 심화·확대됐다. 던랩 등은 이러한 변화상을 반영하고 그 밖의 몇 가지 방법론적 문제점을 보완하여, 애초에 12개 문항으로 구성된 신환경주의 패러다임 척도를 15개 문항으로 구성된 신생태주의 패러다임New Ecological Paradigm: NEP 척도로 수정·보완했다. 기존의 척도에서는 자연의 균형 파괴, 성장의 한계, 인간중심주의 세 측면이 포함됐는데 수정된 척도에서는 인간면제주의[66], 생태 위기의 두 측면이 추가됐다.(Dunlap et al., 2000)

환경 관심(혹은 환경의식)의 개념과 측정에 관한 문헌들을 폭넓게 검토한 던랩과 존스(Dunlap & Jones, 2002)에 의하면, 환경 관심을 단일의 구성물single construct로 볼 것인지 아니면 다차원적multidimensional 개념으로 볼 것인지 여부를 둘러싼 쟁점이 존재한다. 던랩 등의 신생태주의 척도는 여러 문항들로 구성됐지만 생태주의 세계관을 갖는지 여부를 측정하는 단일 척도의 대표적 예이다. 그러나 환경의식에 관한 대부분의 경험적 연구들은 환경의식을 태도의 일종으로 간주하여 그것을 몇 가지 차원으로 구분하고 각 차원에 상응하는 복수의 척도를 구성했다. 태도는 사회심리학 분야의 주요 개념인데, 이 개념은 일반적으로 인지적, 감정적, 행동적 요소로 구성되는 것으로 이해된다. 인지적 요소는 태도 대상에 대한 지식과 신념 등을, 감정적 요소는 대상에 대한 호오好惡 감정 등의 평가적인 요소를, 행동적 요소는 대상에 대한 행동 성향을 의미한다.(이동원·박옥희, 2000:180).

태도 이론의 견지에서 환경의식 다차원 척도를 만든 대표적 예는 맬로니와 워드(Maloney & Ward, 1973; Dunlap & Jones, 2002:494–495에서 재인용)의 '생태학적 태도 및 지식 측정 척도'인데, 이 척도는 지식K·감정A·언어적 헌신VC:

66 인간면제주의human exemptionalism란, 인간은 다른 생명체와는 달리 자연의 제약을 받기보다는 자연을 통제하며 따라서 자연의 법칙으로부터 자유롭다는 관점을 의미한다.(Dunlap et al., 2000:432–433 참조)

Verbal Commitment·실제적 헌신AC: Actual Commitment 하위척도들로 구성된다. 여기에서 '지식 척도'는 환경의식의 인지적 차원, '감정 척도'는 감정적 차원, '언어적 헌신' 및 '실제적 헌신' 척도는 행동적 차원을 의미하는 것으로 보인다. 던랩과 존스(Dunlap & Jones, 2002:490-491) 역시 환경의식의 네 차원을 제시했는데, 인지적 차원은 환경문제의 성격, 추정된 원인, 가능한 해결책 등에 관한 신념과 지식을, 감정적 차원은 환경 쟁점에 관한 호오 감정 등의 정서적이고 평가적인 측면을, 의도적conative 차원은 친환경적 행동을 기꺼이 수행하거나 지지할 마음의 준비나 헌신을, 행동적 차원은 친환경적인 실제 행위(혹은 보고된 행위)를 의미한다. 이들이 제시한 차원들은 맬로니와 워드가 제시한 차원과 기본적으로 동일하다. 두 연구에서 공히, 환경의식의 행동적 차원을 행동 성향disposition과 실제 행동으로 세분했다는 점이 주목할 만하다.

이 점에 대해서는 추가적인 논의가 필요하다. 태도 개념은 행동으로 나타나기 이전의 심리적 준비상태를 나타내는 개념인데 이러한 태도 개념에 실제 행동을 포함시키는 게 온당한가 하는 쟁점이다. 바꾸어 말하면 환경의식이 환경행동을 포함하는 것으로 개념화할 수 있는지에 관한 쟁점이다. 간단하게 정리하기 어려운 복잡한 쟁점이다. 한 가지 해결책은 개념적 논의 수준과 실제 조사절차 수준에서의 논의를 분리하는 것이다. 개념적 수준에서 볼 때, 환경의식은 환경행동 이전 단계의 개념이므로 양자는 명확하게 구분된다. 일정한 조건이 갖춰질 때(예컨대 대중매체의 역할, 정치적 기회구조 등) 환경의식이 친환경적 행동으로 발현된다고 정리할 수 있다. 그러나 실제 조사에 있어서는 행동 성향(태도의 한 차원)과 실제 행동의 구분이 모호해진다. 왜냐하면, 일반적으로 서베이 조사에서는 실제 행동 역시 언어적으로 표현된 행동을 의미하기 때문이다. 던랩과 존스가 행동을 환경 관심의 한 차원으로 포함한 것도 그러한 고민의 일단을 반영한 것으로 추측된다.

그렇다면 국내 환경의식 연구자들이 경험적 연구에서 사용한 환경의식 측정도구가 무엇인지 살펴보기로 하자. 환경문제에 관한 선구적 연구자의 한 분으로 꼽히는 양종회(1992)는 환경의식을 환경문제에 대한 관심과 환경주의 가치라는 두 수준으로 나누어 분석했다. 관심 수준은 환경문제의 심각성과 상대적 중요도 문항으로써, 환경주의 가치는 신환경주의 패러다임NEP 척도와 관련되는 환경보전–경제성장 간 상대적 중요성 문항과 과학기술 발달에 의한 환경문제 해결 가능성 문항으로써 측정했다. 수정된 신생태주의 패러다임NEP 척도의 일부를 그대로 사용한 연구도 있다. 박종민(박종민 외, 2005) 등은 신생태주의 패러다임 척도의 세 측면(성장한계 인식, 반反인간중심주의, 생태위기)을 NEP 척도의 하위 차원으로 보고, 각 차원에서 2개 문항씩을 선정하여 하위척도를 만든 다음 이들 각각을 종속변수로 삼아 다중회귀분석을 실시했다. 한편, 국민의식조사 자료를 활용하여 환경의식의 변화를 추적한 구도완(1999)은 환경오염의 심각도와 오염도의 변화, 정부 환경정책에 대한 평가, 환경주의 가치(환경보전–경제성장 간 상대적 중요성 등), 환경행동주의(연료 개선을 위한 유류 가격 인상에 대한 의견, 환경운동 단체 지지도와 참여 의사 등) 등의 문항으로 환경의식을 측정했다. 마지막으로 한상진(2002)은 환경의식을 환경 관심도, 음식물 쓰레기 분리 배출 의사, 환경정당 결성 지지도 문항으로써 측정했고, 김두식(2005)은 환경오염 방지를 위한 세금 인상 동의 여부와 환경보호–경제성장 간 상대적 중요도 평가의 두 문항으로 측정했다.

위에서 살펴본 환경의식에 관한 몇몇 경험적 연구들 중에서 환경의식을 다문항 누적 척도로 만들어 체계적으로 분석한 연구는 박종민(박종민 외, 2005)의 연구가 유일하다. 그 이유는 박종민의 연구에서는 연구자들이 조사표 작성 과정에 참여했을 것으로 추정되지만, 그 밖의 연구에서는 이미 수집된 환경처의 국민의식조사 자료나 세계가치관조사 자료 등을 활용했으므로 주어진 환경의식 관련 문항 외에는 다른 선택의 여지가 없었기 때문이다.

이 연구에서도 이러한 한계를 그대로 갖는다. 여기에서는 주로 세계가치조사WVS 자료를 활용했고 그 자료에서 부족한 부분을 통계청의 사회조사 자료로 보완했다. 환경의식 수준을 가늠하기 위해 사용한 문항은 다음 세 종류로 나눠진다. 첫째, 환경주의 가치를 측정하는 문항들이다. '인간은 자연과 공존해야 한다', '환경보호가 경제성장이나 고용보다 중요하다'는 의견에 대해 동의 여부를 묻는 문항을 이용했다. 던랩 연구진의 신생태주의 패러다임NEP 척도의 견지에서 보면, 전자는 '반인간중심주의', 후자는 '성장의 한계' 범주와 관련된다.[67] 둘째로, 환경보호를 위한 비용 부담 의사를 묻는 문항들을 선정했다.[68] '환경오염 방지를 위해 기부를 하겠다', '환경오염 방지를 위한 세금 인상에 동의한다', '정부가 환경오염 방지를 위해 노력해야지 국민에게 세금 부담을 지워서는 안 된다'는 세 문항에 대한 찬반 여부를 물어봤다. 셋째로, 환경행동과 관련된 문항들을 사용했다. 환경단체의 가입 여부, 환경보호를 위한 일상적 실천(녹색제품 구입, 재활용품 분리배출, 물 절약 등)을 묻는 문항들로 구성됐다. 환경행동 문항의 국제비교를 위해서는 제3차 세계

67 태도 차원의 견지에서 볼 때, 신환경주의 패러다임 척도가 인지적 차원인지 감정적 차원인지 여부에 대해서는 의견이 엇갈린다. 그 척도를 만든 던랩 자신은 그 척도가 환경관심의 인지적 차원을 반영한다고 봤으나(Dunlap & Jones, 2002:509), 산체즈와 라푸엔테(Sanchez & Lafuente, 2010:734)는 그 척도를 환경의식의 감정적 차원으로 간주했다. 친환경적 세계관을 측정하는 NEP 척도가 환경문제에 대한 지식이나 신념을 반영한다는 점에서는 인지적 차원으로 보이지만, 다른 한편 친환경적 인식에 대한 호오의 평가라는 측면도 있기 때문에 감정적 차원으로 볼 수 있는 여지가 생기는 것 같다.

68 환경비용 부담 의사는 환경의식 수준을 가늠하는 중요한 한 차원으로 간주하여 마땅하다. 환경을 보호하고 보전하기 위해서는 어느 정도의 경제적 손실과 불편함을 감내해야 하기 때문이다.(조명래, 2001:152 참조) 산체즈와 라푸엔테(Sanchez & Lafuente, 2010:736) 역시 비용 부담 의사를 환경의식의 성향적dispositional 차원으로 중요하게 고려했다.

가치조사1994~1999년 실시 자료를 사용했고, 여러 시점에서의 시계열 분석을 위해서는 통계청의 사회조사 자료1997~2012를 활용했다.

| 제3절 |

환경의식의 국가간 비교와 코호트별 분석

1. 환경의식 수준의 국가 간 비교

이 절에서는 한국인의 환경의식이 다른 몇몇 국가들과 비교할 때 어떠한 수준에 있는지 비교 분석하고자 하는데, 그에 앞서 환경의식 수준과 경제 발전 및 탈물질주의 가치 간의 관계에 대하여 짧게 언급하는 것이 필요하다. 우선, 환경문제 발생은 산업화 혹은 경제 발전 수준과 밀접한 관련을 맺는다. 산업화 과정에서 오염 물질이 대량 배출되고 산업 폐기물이 발생하며 자원이 무차별하게 채취·남용되기 때문이다. 자연생태계에 인간이 과도하게 개입하여 균형을 깨뜨림으로써 국지적으로는 공단 주변의 대기와 물이 오염되고 궁극적으로는 전 지구적인 생태 위기가 초래되는 것이다. 환경문제의 발생이 환경의식과 환경운동을 성장·발전시키는 주요 계기가 된다는 점은 멀지 않은 과거의 역사가 확실하게 증명한다.

미국에서는 해충구제약DDT의 환경오염 피해를 고발한 1962년 레이첼 카슨Rachel Carson의 책이 미국 환경운동을 촉발시킨 결정적 계기가 됐고, 한국에서도 1985년 온산 지역의 중금속 오염에 의한 일명 '온산병'이 환경문제에 대한 국민의 관심을 환기시키는 중요한 계기가 됐다고 한다.(한국환경사회학회, 2004:272; 조명래, 2001:146-147 참조) 우리나라의 환경운동은 미국을 비롯한 서구 여러 나라들에 비하여 20여 년 이상 뒤늦게 시작됐고 그에 따라 환경의식의 성장 역시 다소 지체됐다. 산업화가 늦게 시작된 탓도 있겠고 집회·결사의 자유를 비롯한 기본권이 억압된 탓도 있을 것이다. 환경의식 수준은 산업화에 따른 환경문제 발생, 정치적 기회구조, 환경운동과 대중매체의 역할과 같은 다양한 요인들에 의해 영향을 받기 때문에 국가별로 다르게 나타날 것으로 생각된다.

다른 한편, 환경의식 수준은 탈물질주의 가치와도 일정하게 관련을 맺고 있는 것으로 보인다. 탈물질주의 가설을 만들고 세계가치조사WVS를 주도해 온 잉글하트는 경제가 발전함에 따라 경제성장이나 국가안보를 중시하는 생존 가치로부터 환경보호, 정치 참여, 다양성 인정 등을 강조하는 자기표현적 가치로 전환이 일어나며(잉글하트·웰젤, 2011(2005):174; Inglehart, 2008:139-140), 한 국가 내에서도 탈물질주의 가치와 환경의식 간에는 높은 상관관계가 있음을 경험적으로 보여 줬다.(Inglehart, 1997:241-243) 국내 연구자들도 세계가치조사 자료와 온라인 설문조사 자료 분석을 통하여 이들 간에 유의미한 관계가 있음을 확인했다.(김두식, 2005; 박재묵·이정림, 2010)

〈표 1〉 환경의식, 탈물질주의 가치, 1인당 국민소득에 관한 국제비교 2005~2007년

항목	한국	대만	일본	프랑스	독일	이탈리아	네덜란드	영국	미국
1) 인간은 자연과 공존해야 (동의 %)	91.3	-	98.1	-	95.5	-	-	-	87.3
2) 환경보호가 성장·고용보다 중요(동의 %)	40.9	52.2	60.9	56.3	42.1	65.9	50.7	62.5	54.3
3) 환경보호 위해 기부 (매우 찬성 %)*	12.9	14.1	8.0	-	5.5	9.5	-	-	8.1
4) 환경보호 위해 세금 인상 (매우 찬성 %)*	5.2	7.4	5.8	-	3.9	7.8	-	-	8.4

항목	한국	대만	일본	프랑스	독일	이탈리아	네덜란드	영국	미국
5) 정부 노력이 국민에게 세금 부과보다 더 중요 (매우 찬성 %)*	22.4	11.7	17.7	–	40.4	53.6	–	–	25.8
6) 환경보호단체 적극적·소극적 회원 % (적극적 회원 %)	8.2 (1.8)	5.1 (2.2)	4.7 (2.4)	14.4 (6.2)	5.0 (1.8)	7.8 (1.4)	15.6 (3.5)	16.6 (6.1)	16.6 (5.4)
7) 친환경행동 실천개수 (최고점: 5개)**	2.85	–	1.95	–	2.90	–	–	–	2.59
8) 탈물질주의자 %	3.9	1.8	10.7	25.9	21.1	19.5	18.6	18.2	12.4
9) 탈물질주의자 % – 물질주의자 % (% p)	–29.9	–60.8	–20.4	6.5	4.5	–2.9	0.5	0.2	–26.0
10) 1인당국민소득 ($)	17,531	16,449	37,013	35,575	33,893	30,454	39,347	38,516	42,977

* 4점 척도(매우 찬성–찬성–반대–매우 반대)를 사용하여 측정.

** 아래 제시한 친환경행동 총 5개 항목 중 지난 1년간 실천한 총 개수: ① 친환경 가정용품 사용, ② 쓰레기 재활용, ③ 물 절약, ④ 환경보호 위한 집회 참여나 서명, ⑤ 환경단체에 기부.

자료 세계가치조사(WVS) 제5차 조사(2005~2007년) 자료에 의거하여 작성함. 단, 1)과 7) 두 항목은 제3차 조사(1994~1999년) 자료에 의거하여 작성했고, 10)은 국가통계포털(http://kosis.kr/) 자료를 활용했음.

〈표 1〉에는 한국을 비롯한 9개국의 환경의식 수준을 탈물질주의 가치 및 경제 발전 수준과 견주어 볼 수 있는 자료가 제시되어 있다. 우선 탈물질주의자의 비율을 보면 한국은 대만과 함께 그 비율이 4% 미만의 낮은 수준이고 일본과 미국이 10%를 조금 넘는 중간 수준, 다른 서구권 국가들은 20%

전후의 높은 수준임이 드러난다. 그러나 탈물질주의자 비율에서 물질주의자 비율을 뺀 비율 격차의 견지에서 보면 대만이 크게 낮은 수준이고 한국·미국·일본이 −20%p대의 비슷한 수준이며, 다른 서구권 국가들은 탈물질주의자와 물질주의자의 규모가 거의 비슷함을 보여 준다. 이 자료는 한국이 지난 1960년대 이래 초고속 압축 성장을 이루었지만 다른 선진 공업국가들에 비해서 탈물질주의 가치가 아직 충분히 확산되지 않았음을 보여 준다.[69] 1인당 국민소득GNI을 보면, 한국은 대만과 함께 1만 6천에서 1만 7천 불 수준으로 3만~4만 불대의 일본 및 서구권 국가들에 비하여 크게 낮은 편이다. 이러한 결과는 경제 발전이 코호트 교체에 따라 물질주의 가치에서 탈물질주의 가치로의 점진적 변화를 낳는다는 잉글하트의 가설을 간접적으로 지지한다.

다음으로, 몇 가지 환경 관련 지표를 통하여 국가 간 환경의식 수준을 비교 분석해 보기로 하자. 우선 첫 번째 문항은 인간이 자연과 공존해야 하는지 혹은 자연을 지배해야 하는지라는 생태학적 세계관에 관한 문항이다. 이 문항을 포함시킨 4개국의 조사 결과는 거의 비슷하게 나왔다. 네 나라에서 공히 9할 내외의 응답자들이 자연과 인간 간의 공존에 동의하여 반인간중심주의가 시민들 간에 폭넓게 확산됐음을 보여 준다. 자연재해 피해를 자주 겪는 일본의 경우에는 거의 모든 응답자들이 이에 동의했음이 주목된다. 환경보호가 경제성장이나 고용 창출보다 중요하다고 응답한 비율은 한국과 독일이 4할을 조금 넘는 수준이고 다른 나라들은 5~6할 수준으로 나타났다. 이 지표는 조사 당시의 체감 경기에 예민하게 반응할 가능성이 높다. 한국의

69 한국의 탈물질주의자 비율은 1990년 조사에서 9.7%로 나타났으나 외환위기 이래 심리적으로 위축되어 2005년 조사에서 크게 떨어졌다. 이러한 탈물질주의자 비율 축소에는 특히 1955년 이후 출생코호트가 크게 기여했다.(박재흥·강수택, 2012:86) 그러나 WVS 2010년 조사에서는 6.5%로 나타나 다시 회복세를 보인다.

경우 외환위기 이전인 1996년 조사에서는 이 비율이 77.5%에 달했으나 2001년59.2%, 2005년40.9% 조사에서 점차 축소됐다.

세 번째 문항을 비롯한 네 번째, 다섯 번째 문항은 환경비용에 관한 문항이다. 앞서 지적했듯이 환경보호를 위해서는 어느 정도의 경제적 손실과 불편함을 감수하지 않을 수 없다. 환경친화적 실천을 할 개연성은 비용 부담 의사를 확실하게 가져야 높을 것으로 생각되어, 각 문항에 대하여 '매우 찬성'하는 응답자 비율을 가지고 각국 통계를 비교해 봤다. 전반적으로 볼 때 한국의 환경비용 부담 의사는 서구권 국가들 못지않은 수준이었다. 환경보호를 위해 필요하면 기부를 하겠다는 의견에 매우 찬성한 비율은 13% 수준으로 대만 다음으로 높았고 환경보호를 위한 세금 인상에 동의한다는 의견에 '매우 찬성'한 비율은 상대적으로 다소 낮은 편이었으나 국가별로 큰 차이가 나지는 않았다. 세금 부과보다는 정부의 노력이 더 필요하다는 문항에 대해서는 아시아 국가들의 비율이 오히려 더 낮게 나타나서 서구권 국가들보다 상대적으로 높은 환경의식 수준을 보여 줬다. 요컨대, 소득 수준이 높은 서구권 국가들에 비하여 한국을 비롯한 아시아권 국가들은 결코 약하지 않은 환경비용 부담 의사를 갖고 있었다.

앞의 문항들이 환경행동 성향을 보여 주는 지표임에 비하여 여섯 번째 문항과 일곱 번째 문항은 보다 직접적인 환경행동을 보여 주는 문항들이다. 우선, 환경보호단체 회원 비율 면에서 보면 영국, 미국, 네덜란드, 프랑스가 가장 높은 수준이었고 한국과 이탈리아가 바로 그다음 수준, 나머지 국가들이 가장 낮은 수준을 보였다. 적극적 회원 비율의 견지에서 보면, 프랑스, 영국, 미국이 6% 전후의 높은 수준이었고 나머지 국가들은 1~3%대 수준이었다. 마지막으로 녹색제품 사용이나 물 절약 등 총 다섯 가지 친환경행동들을 열거하고 그들 중에서 몇 가지를 실천하는지 평균점수를 계산해 봤다. 이 문항은 4개 국가의 조사에서만 포함됐는데, 독일과 한국이 비슷하게 높았고 그다음으로 미국과 일본 순으로 나타났다.

지금까지의 국가 간 비교 결과를 정리해 본다면, 한국은 일본 및 서구권 국가들에 비하여 1인당 국민소득이 크게 떨어지고 탈물질주의자 비율도 꽤 낮은 수준에 있음에도 불구하고 환경의식 수준, 구체적으로 말하면 생태학적 세계관, 환경비용 부담 의사, 환경행동 면에서 서구 국가들에 비하여 결코 뒤지지 않는다는 점을 확인할 수 있었다.[70] 구도완(1995:355)은 1992년 리우 환경회의를 계기로 하여 환경운동이 보다 대중화됐고 환경문제를 한국사회의 주요 의제로 부각시키는 성과가 있었다고 평가한다. 나아가서, 그간의 한국 환경운동이 친환경적 실천 면에서 다소 미흡하기는 하지만 전반적으로 볼 때 비교적 성공적이었다고 주장했다.(한국환경사회학회, 2004:287-289) 위에서 본 바와 같이 한국인의 상대적으로 높은 환경의식은 이러한 그간의 성과가 반영된 것으로 볼 수 있다.

2. 환경의식의 코호트별 변화 추이

앞 절에서는 한국인의 환경의식을 서구 및 아시아권 8개국과 비교해 봤다. 그러나 국가 간 비교가 이루어진 시점이 주로 세계가치조사 제5차 조사가 실시된 2005~2007년 한 시점으로 한정됐었다(2개 문항은 90년대 중후반). 이 절에서는 세계가치조사 시계열 자료의 분석을 통하여 한국 응답자들의 환경의식이 1990년대 이래 어떻게 변화해 왔는지 그 변화 추이를 살펴볼 것이다. 환경의식의 변화 추이는 출생코호트별로 나누어 분석할 것이다.[71] 우리는 최근의 연구에서 탈물질주의 가치의 변화 추이가 코호트별로 뚜렷하게

---

70 환경의식의 변화 추이를 1987~2010년 기간 동안의 시계열 자료를 갖고 분석한 한 연구에 따르면, 환경문제에 관심을 갖는 비율과 환경문제를 심각하게 여기는 비율이 2000년까지 증가하다가 그 이후 완만하게 감소하는 추세를 보였다.(Yang, 2012:12-14). 〈표 1〉에서 한국 조사시점이 환경의식 하향 국면이라는 점도 고려해야 한다.

71 코호트는 1925~1939년, 1940~1954년, 1955~1969년, 1970~1984년, 1985~1991년 코호트로 나누어 분석할 것이다. 그런데 1990년대 조사에서는 젊은 층 그리고 최근 시점에서는 고령층의 표본 규모가 크게 적은 경우(100명 이하)가 있었는데, 그 경우 표집 오차가 커지는 문제가 발생하므로 그 코호트를 분석에서 제외했다.

구분된다는 점을 확인한 바 있는데(본서 제5장 참조), 환경의식의 변화 추이 역시 코호트별로 다른 유형을 보일지 경험적으로 확인해 볼 필요가 있다. 앞 절에서와 마찬가지로 환경의식은 친환경적 세계관, 환경비용 부담 의사, 친환경행동 등 3개 영역으로 나누어 순차적으로 짚어볼 것이다.

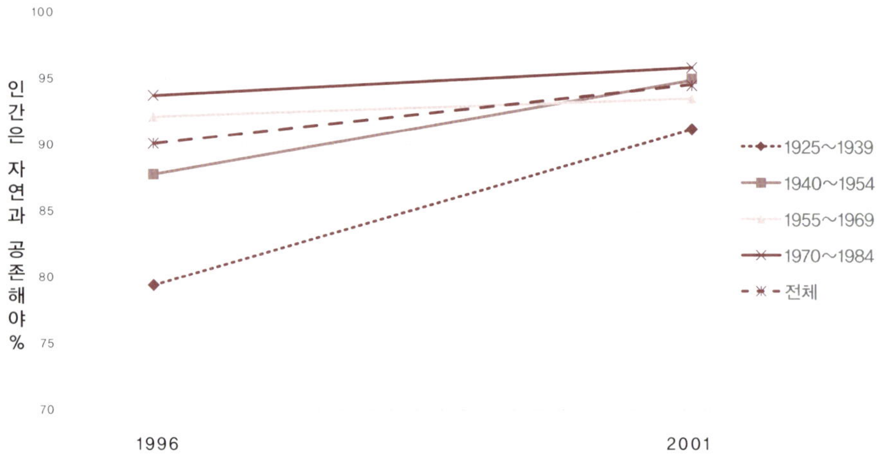

〈그림 1〉 인간과 자연은 공존해야.

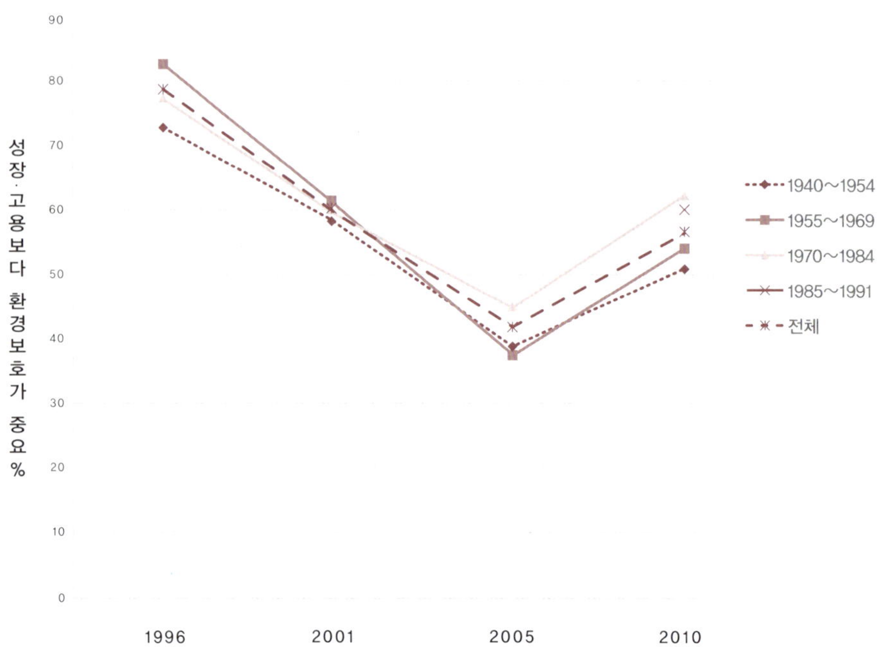

〈그림 2〉 성장·고용보다 환경보호가 중요.

〈그림 1〉과 〈그림 2〉는 환경주의 세계관에 대한 태도가 코호트별로 어떻게 다르며 그간에 어떻게 변해 왔는지를 보여 주는 그림이다. 인간이 자연을 지배하는 게 아니라 양자가 공존해야 한다는 인식은 반인간중심주의를 대표하는 세계관이다. 이 문항은 제3차 및 제4차 세계가치조사에 포함됐는데[72] 〈그림 1〉에 코호트별 변화 추이가 제시되어 있다. 이 의견에 동의하는 비율은 전체적으로 볼 때 5년 기간 중 4%p 정도 늘어나 2005년 95.4%로 나타났다. 인간과 자연의 공존이라는 세계관은 이제 한국사회에서 거부할 수 없는 대세가 된 것이다. 코호트별로 나누어 보면, 1925~1939년 코호트와 1940~1954년 코호트는 인간-자연 공존관에 대한 동의 비율이 1996~2001년 기간 중 크게 증가했다(각각 11.1%p와 6.7%p). 이에 비하여 1955년 이후 출생코호트에서는 그 증가분이 1~2%p 수준에 그쳤다. 그 결과 1996년 조사에서만 하더라도 인간-자연 공존관에 대한 동의 비율이 1925~1939년 코호트와 1970~84년 코호트 간에 13.5%p 만큼의 차이가 벌어졌으나 5년 후의 조사에서는 그 격차가 4.4%p로 크게 축소됐다. 이러한 수렴 추세에 크게 기여한 코호트는 물론 1955년 이전 출생코호트이다. 이들 코호트가 인간이 자연을 지배해야 한다는 전통적 관점에서 인간-자연 공존관으로 세계관을 바꿈에 따라 공존관이 출생 시기에 큰 상관없이 하나의 대세로 굳어진 것이다.

한편, 경제성장이나 고용 창출보다 환경보호가 더 중요하다는 의견에 동의하는 비율의 전체적인 변화 추이를 보면, 1996년 78.8%에서 2005년 40.8%로 거의 절반 수준으로 반 토막이 났다가 2010년에는 56.4%로 2001

72 제1차 세계가치조사는 1981~1984년(한국:1982), 2차 조사는 1989~1993년(1990), 제3차는 1994~1999년(1996), 제4차는 1999~2004년(2001), 제5차는 2005~2008년(2005), 제6차는 2010~2013년(2010)에 실시됐는데 그림의 가로 축 조사연도는 한국 조사연도로 표기했다. 이후의 그림에서도 동일하다.

년 수준을 거의 회복한 상태이다. 코호트별로 나누어 보면, 환경보호를 중시하는 비율은 상대적으로 고령층인 1940~1954년 코호트에서 거의 대부분 가장 낮게 나타났다. 그 비율이 가장 높은 코호트는 1996년과 2001년 조사에서는 1955~1969년 코호트에서, 그리고 그 이후 조사에서는 1970년 이후 출생코호트에서 가장 높게 나타났다. 코호트별 차이는 1996년, 2010년 조사에서 10%p 이상 벌어졌고 2001년 조사에서는 수렴되는 경향을 보였다. 앞에서도 지적했듯이 이 항목은 체감경기에 예민하게 반응할 가능성이 높다. 2001년과 2005년 조사에서의 가파른 하락 추세는 1997년 외환위기를 겪은 후 경기가 침체하고 고용이 크게 불안정해진 상황 변화를 적나라하게 반영한다.

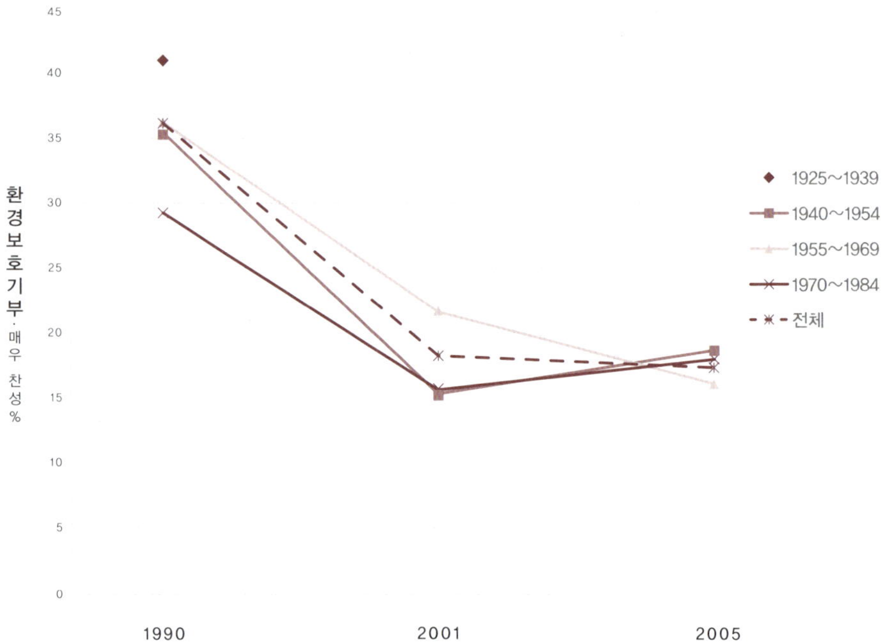

〈그림 3〉 환경보호 위한 기부 의사.

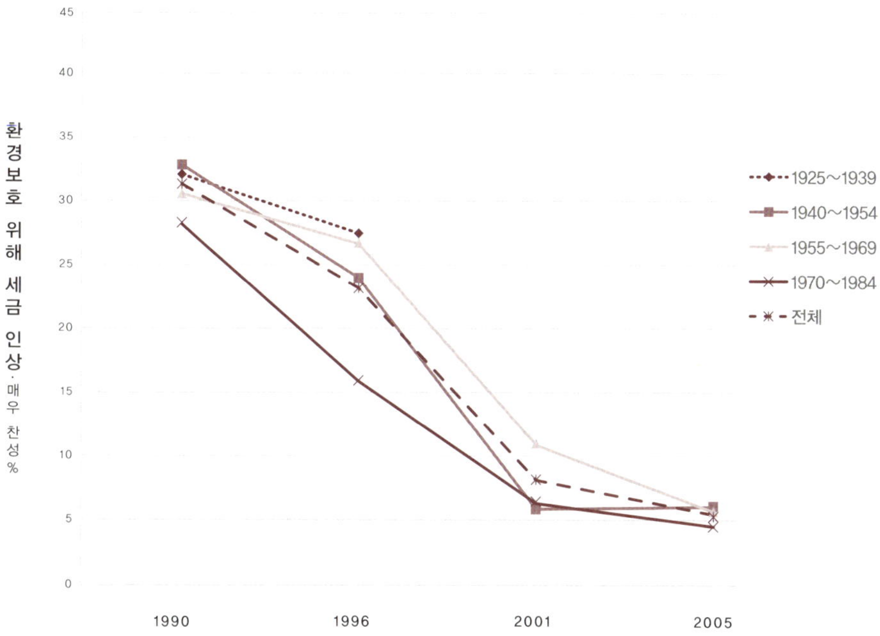

〈그림 4〉 환경보호 위한 세금 인상.

〈그림 3〉과 〈그림 4〉에는 환경비용 부담 의사에 관한 두 문항의 코호트별 변화 추이가 제시되어 있다. 우선, 환경보호 기부 의사의 전체적인 변화 추세를 보면, 1990년 36% 수준에서 2001년과 2005년에 13% 전후 수준으로 크게 떨어졌다. 앞에서 언급했듯이 환경의식은 경제 발전 수준에 따라 다르게 나타나며 경기침체 국면에서는 환경에 대한 관심이 위축될 가능성이 높아진다.(조명래, 2001; 양종회, 1992) 생존 위기를 느끼는 상황에서는 먹고사는 문제를 가장 중시하게 되고 그 밖의 사안은 사치로 여기기 때문이다. 기부 의사의 급락 추세도 그러한 견지에서 해석할 수 있다. 코호트별로 나누어 보면, 환경보호를 위한 기부 의사가 저연령층 특히 1970~1984년 코호트에서

대체로 낮게 나타나고 있다.[73] 세계관 면에서는 젊은 층이 고령층에 비하여 상대적으로 더욱 친환경적인 특성을 보인 바 있는데, 환경비용 부담 의사 면에서는 소극적 입장을 보인 것이다. 환경비용 부담을 지기에는 젊은 층 자신이 스스로 경제적으로 불안정하다고 느끼기 때문에 이러한 결과가 빚어진 것으로 추정할 수 있다.

환경보호를 위한 세금 인상에 찬성하는지를 물은 문항에서도 환경비용 부담 의사의 위축, 그리고 젊은 층의 소극적 입장이 보다 확실하고 뚜렷하게 확인된다. 전체적으로 볼 때 매우 찬성하는 비율이 1990~2005년 기간 중 36.5%에서 5.2%로 매우 큰 폭으로 떨어졌는데, 이러한 급락 경향은 하락 폭이 다소 작기는 하지만 1997년 외환위기 이전부터 나타났다는 점이 주목된다. 필자는 최근의 탈물질주의 추세 연구에서, 1990~2005년 기간 중 탈물질주의 가치가 한국에서나 전 세계적으로 점차 위축되는 경향이 있음을 확인한 바 있다.(본서 제5장 참조) 이러한 유사성은 양자가 공히 생존 가치가 아닌 자기표현 가치를 반영한다는 점에서 이해할 수 있다. 또한, 세금 인상을 묻는 이 문항에서도 젊은 층의 소극적 입장을 다시 확인할 수 있다. 코호트별 차이는 1996년 조사에서 극대화되며 2005년 조사에서는 5% 내외의 아주 낮은 수준에서 수렴되는 양상을 보였다.

73 1990년 조사에서 1970~1984년 코호트의 기부 의사가 특히 낮게 나타난 것은, 이들이 만 20세 이하로 기부하기에는 나이가 너무 어리기 때문으로 봐야 할 것이다.

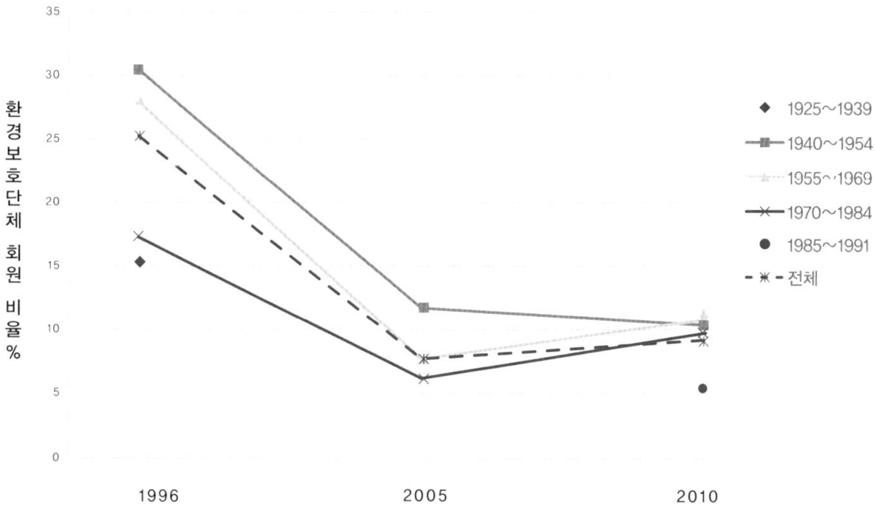

〈그림 5〉 환경보호단체 회원 비율.

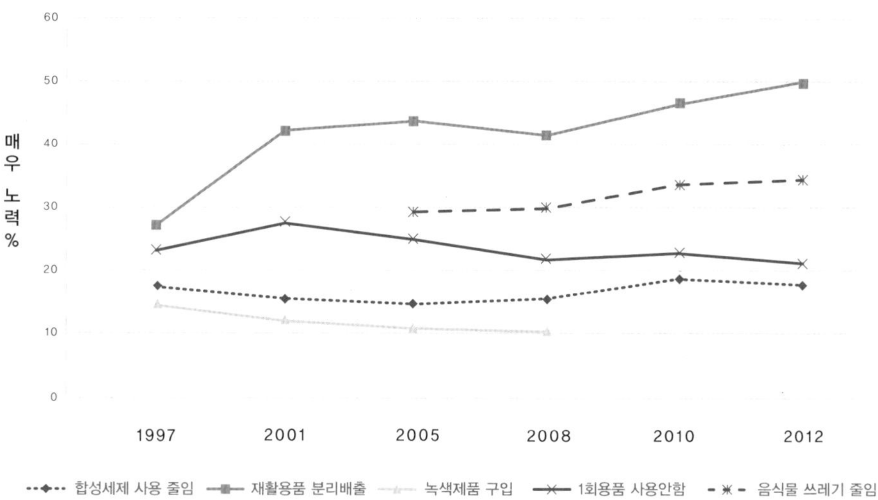

〈그림 6〉 환경오염 방지 노력.

자료 통계청, 각 연도 사회조사

《국가통계포털》 (http://kosis.kr)

〈그림 5〉에는 환경보호단체 회원 비율이 코호트별로 제시되어 있다. 전체적으로 볼 때, 1996년 25.1%에서 2005년 8.4%로 급락했다가 2010년에는 9.2%로 소폭 증가했다. 이 그림에는 제시되어 있지 않지만, 1982년 실시된 '세계가치조사' 제1차 조사에서는 회원 비율이 2.7%였는데[74] 그 비율이 1996년 크게 상승한 것이다. 1982년은 환경운동이 조직화되기 이전 시점이지만, 1987년 6월 항쟁 이후 환경운동이 활성화되기 시작했고 1992년 리우 환경회의를 계기로 환경운동이 더더욱 대중화됐다고 평가할 수 있다.(구도완, 1995) 1996년의 높은 비율은 이러한 상황 변화가 반영된 것이다. 그러한 상승세가 1990년대 말 외환위기와 2000년대 전반 경기 침체로 깨어지고 그에 따라 회원 비율이 급락하게 된 것으로 볼 수 있다.

코호트별로 나누어 보면, 1996년 조사의 경우 1925~1939년 코호트에서 회원 비율이 가장 낮게 나타난 것은 당시에 그들 대부분이 육칠십대 연령층이었다는 점에서 이해할 수 있다. 그런데 그 밖의 나머지 코호트들의 경우에는 출생 시기가 빠를수록 즉 고령자일수록 회원 비율이 높게 나타났다. 이러한 추세는 환경비용 부담 의사를 묻는 문항에서도 발견된 바 있다. 즉 1970년 이전 출생코호트가 그 이후 코호트에 비하여 보다 적극적인 비용 부담 의사를 밝혔다. 젊은 세대가 친환경적 세계관을 가진 것은 분명하지만 환경비용 부담이나 회원 활동 면에서는 일정한 거리를 두고 있음을 알 수 있다. 2010년 현재 25세 이하인 1985~1991년 코호트를 논외로 할 때, 1996년 12%p 이상 벌어졌던 회원 비율의 코호트별 차이는 2010년 조사에서 거의 완벽하게 수렴된다. 즉, 과거에는 환경보호단체 회원 비율이 젊은 층에서 낮고 산업화·민주화운동세대인 1940~1969년 코호트에서 높게 나타났으나 2010년 시점에서는 이러한 출생 시기별 차이가 거의 사라졌다는 의미이다.

74 1982년 조사에는 연령 변수가 포함되어 있지 않아서 코호트별 분석을 할 수 없었다.

〈그림 6〉에는 통계청의 시계열 자료 분석 결과가 제시되어 있다. 친환경행동들을 열거하고 각 항목에 대한 노력 정도를 4점 척도매우 노력, 약간 노력, 별로 노력 안함, 전혀 노력 안함로 물어본 자료인데, 한 시점에서만 조사한 세계가치조사를 보완하기 위해 제시했다.[75] 전반적으로 보면 재활용품 분리 배출과 음식물 쓰레기 줄이기 참여도가 특히 높았으나[76] 친환경·에너지절약형 등 녹색제품 사용이나 1회용품 사용 자제 노력은 아직 낮게 나타났다. 1997~2012년간 환경오염 방지 노력 변화 추이를 보면, 노력하는 비율이 높은 재활용품 분리 배출과 음식물 쓰레기 줄이기 참여는 꾸준하게 증가 추세에 있지만, 1회용품 사용 자제 노력이나 녹색제품 구입 노력은 오히려 감소하는 추세에 있다. 주로 쓰레기 분리수거에 국한된 시민들의 관심을 보다 다변화시키기 위해 환경운동 단체나 정부가 보다 섬세한 노력을 기울이고 적극적으로 홍보할 필요가 있음을 시사하는 대목이다.

지금까지 환경의식의 몇 가지 측면을 코호트별로 나누어 시계열 분석을 했는데, 주로 코호트 변수와 환경의식 변수 간의 이원 교차분석 방법을 사용했다. 그런데 두 변수 간의 교차분석은 제3의 관련 변수들을 통제하지 않았다는 점에서 보완할 필요가 있다. 더구나 이러한 제3의 변수들이 단순히

75 〈표 1〉에서 봤듯이 세계가치조사WVS에서 친환경행동 실천 개수는 1996년 조사에서만 물어봤다. 총 5개 항목 중 실천 개수를 코호트별로 제시하면, 1925~1939년 코호트 2.46개, 1940~1954년 코호트 2.93개, 1955~1969년 코호트 2.98개, 1970~1984년 코호트 2.67개로서, 친환경적 실천이 1940년대에서 1960년대에 출생한 코호트 즉 산업화·민주화운동세대에서 높게 나타나고 있음이 드러난다.

76 쓰레기 분리수거는 형식적인 면에서 어느 정도 정착 단계에 접어든 것으로 보이지만 내용 면에서 볼 때 아직 개선해야 할 점이 많다. 2013년 2월 서울 광진구에서는 소각장이나 매립지로 가기 직전의 쓰레기종량제 봉투 내용물을 무작위 조사했다. 그 결과 봉투 안에 넣지 말아야 하는 재활용 쓰레기가 일반 주택가에서는 평균 62%, 아파트에서는 48%나 포함됐다. 병과 캔의 분리 배출은 정착됐지만 작은 비닐이나 종이의 분리 배출에 대한 인식은 아직 미흡하다고 한다.(《조선닷컴》, 2013. 4. 22.)

통제변수라기보다 코호트/연령과 더불어 환경의식에 영향을 미치는 독립변수일 가능성도 있다. 이 연구에서는 이러한 점들을 확인하기 위하여 다중회귀분석을 실시했다.

우선, 환경비용 부담 의사를 측정하는 세 문항으로 통합 지수를 만들어서 종속변수로 삼았다.[77] 또한 기존의 경험적 연구에서 환경의식에 영향을 미칠 가능성이 높다고 보고된 변수들을 독립변수로 삼았다.(양종회, 1992; 한국환경사회학회, 2004:249-258; 박종민 외, 2005 참조). 우선 사회인구학적 변수인 연령, 성별, 거주지를 독립변수에 포함했다. 연령은 만 연령으로서 코호트 변수의 대리 지표의 의미를 가지며, 성별과 거주지는 가변수dummy variable를 만들어 사용했다. 사회경제적 변수로는 교육 수준과 주관적으로 평가된 소득 수준을 포함했다. 마지막으로 탈물질주의 가치와 이념성향 변수를 포함했다.[78] 이들 독립변수들은 여러 연구자들이 환경의식에 잠재적으로 영향을 미

77 세 문항 각각은 4점 척도로 구성되어 있기 때문에 통합 지수의 범위는 최저 3점에서 최고 12점까지이다. '세금 부과보다 정부가 노력해야 한다'는 문항의 선택지 순서는 다른 문항과 달라서 재부호화recoding했다. 한편, 환경의식을 가늠할 수 있는 다른 지표로는 환경주의 가치와 환경행동을 생각할 수 있는데 이 지표를 종속변수로 삼은 회귀분석은 수행하지 못했다. 왜냐하면, 환경주의 가치를 측정하는 문항은 2개인데 그들이 각각 2점 척도로 구성되어 통합지수로 삼기에는 적절치 않다고 판단했다. 또한, 통계청의 사회조사 자료를 활용한 환경행동 관련 문항들은 일부 독립변수에 대한 정보가 부족하여 추가 분석할 수 없었다.

78 이념성향 지수의 측정은 가장 진보적 성향을 1, 가장 보수적 성향을 10이라 할 때 응답자 본인의 이념성향을 몇 점으로 생각하는지 주관적으로 평가하게 했다. 탈물질주의 가치 지수의 측정은 다소 복잡하다. 이 지수는 총 3개 세트의 문항들로 구성되어 있는데 각 세트별로 물질주의 가치와 탈물질주의 가치가 각각 두 개씩 포함된 문항에서 국가의 목표로서 중요한 것 두 가지를 선택하게 했다. 만일 응답자가 세 세트의 문항에서 탈물질주의 가치 항목을 모두 선택한다면 총 6개를 선택하게 된다. 그러나 요인분석 결과 애초에 탈물질주의 가치로 분류했던 '환경 미화' 항목이 국가별로 일관성 있는 결과가 나오지 않아 그 항목을 제외했다. 따라서 가장 탈물질주의적인 응답자는 총 5개의 탈물질주의 항목을 모두 선택하여 5점이 되고 가장 물질주의적인 사람은 하나도 선택하지 않아 0점이 된다. 물질주의 가치는 경제성장, 국방 강화, 범죄 소탕 등으로 탈물질주의 가치는 정책결정 과정 참여, 표현의 자유, 인간적 사회 등으로 측정했다.(본서 제5장 참조; Inglehart, 1997:Ch. 4 및 Appendix 4 참조)

칠 수 있는 독립변수로 간주해 왔던 변수들이다. 기존의 연구들은 대체로 연령이 젊고 여성이고 도시에 거주하며, 고학력이고 소득 수준이 높으며, 탈물질주의 가치를 갖고 진보적 이념성향을 가질수록 환경의식이 강할 것으로 예측하고 있다.(양종회, 1992:93-97; 한국환경사회학회, 2004:249-258 참조) 이들 독립변수 군에서 추가적 논의가 필요한 변수는 연령 변수이다. 앞의 교차분석에서 확인했듯이 젊은이들은 환경주의적 세계관을 갖고 있었지만 친환경 비용 감수나 환경단체 가입에는 유보적 입장을 보였다. 이러한 결과는 친환경적 관심보다는 재정 부담 능력과 의사 여부가 환경비용 부담 의사에 크게 영향을 미칠 가능성이 있음을 시사한다.

〈표 2〉와 〈표 3〉에는 분석에 포함된 변수들에 대한 기술통계량과 다중회귀분석 결과가 제시되어 있다.

〈표 2〉 기술통계량

변수	평 균	표준편차	N
환경 부담 의사	7.4806	1.55021	1,188
연령	41.37	14.010	1,188
성별(남자=1)	.5008	.50021	1,188
교육 수준	7.36	1.903	1,188
소득 수준	4.88	1.770	1,188
거주지(도시=1)	.4512	.49782	1,188
탈물질주의 가치	1.89	.985	1,188
이념성향(보수)	5.70	2.045	1,188

〈표 3〉 환경비용 부담 의사에 대한 다중회귀분석 2005년

독립변수	모형 1 일반 다중회귀분석		모형 2 단계형 다중회귀분석	
	회귀계수 (표준오차)	표준화계수 베타	회귀계수 (표준오차)	표준화계수 베타
(상수)	5.452 (.374)		5.364 (.359)	
연 령	.013 (.004)	.120**	.013 (.004)	.114**
성별(남자=1)	.080 (.090)	.026		
교육 수준	.117 (.030)	.144**	.120 (.030)	.147**
소득 수준	.104 (.026)	.119**	.103 (.026)	.117**
거주지(도시=1)	-.065 (.089)	-.021		
탈물질주의 가치	.112 (.046)	.071*	.113 (.046)	.072*
이념성향(보수)	-.020 (.023)	-.026		
F (유의도)	7.373** (.000)		12.398** (.000)	
R^2 (수정된 R^2)	.042 (.036)		.040 (.037)	

유의도 수준 * P<.05, ** P<.01

주 1) 성별: dummy variable (남자=1, 여자=0)

2) 교육 수준: 무학(1) ~ 대학교(9)

3) 소득 수준: 저소득(1) ~ 고소득(10)

4) 거주지: dummy variable (대도시=1, 농촌·중소도시=0)

5) 탈물질주의 가치: 물질주의적(0) ~ 탈물질주의적(5)

6) 이념성향: 진보적(1) ~ 보수적(10)

〈표 3〉 회귀분석 결과에서, 모형 1은 모든 독립변수들을 회귀 등식에 포함한 모형이고, 모형 2는 일정한 통계적 기준F값의 유의도 수준을 통과한 독립변수를 종속변수와의 관계를 설명하는 데 기여한 정도R^2 변화량에 따라 단계적

으로 모형에 하나씩 추가하는 단계형 회귀분석 모형이다. 모형 1은 모든 독립변수들의 기여도를 확인할 수 있음에 비하여, 모형 2는 종속변수를 적정하게 예측할 수 있는 최소한의 독립변수를 추려낸다는 경제적 효용성의 의미가 있다.

모형 1을 보면, 총 7개의 독립변수 중에서 네 변수만이 통계적으로 유의미하게 나타났는데, 종속변수에 대한 설명력이 높은 순서베타 값 크기의 순서에 따라 배열하면 교육 수준, 연령, 소득 수준, 탈물질주의 가치의 순으로 나타났다. 교육 수준이 높고 나이가 많으며 소득 수준이 높고 탈물질주의 가치를 가질수록 환경비용 부담 의사가 높게 나타난 것이다. 나이가 많을수록 비용 부담 의사가 높게 나타난 까닭은 재정 부담 능력이나 의사 면에서 볼 때 고령 응답자가 젊은 층보다 높기 때문으로 해석할 수 있다. 젊은 층이 친환경적 세계관을 가지고 있기는 하지만 청년 실업과 고용 불안에 보다 더 노출되어 있기 때문에 환경비용 부담에 대해서는 부담을 갖는 것으로 해석할 수 있다. 다음으로 모형 2를 보면, 모형 1에서 종속변수와 통계적으로 유의미한 관계를 갖는 것으로 확인된 네 변수만이 회귀 등식에 포함됐다. 독립변수의 상대적 중요도의 견지에서 볼 때, 교육 수준이 가장 높고 다음으로 소득 수준, 연령, 탈물질주의 가치 순으로 나타났다.

총 네 개의 변수가 종속변수와 유의미한 관계에 있음이 확인되기는 했지만 이 두 모형의 전반적 설명력은 매우 낮게 나타났다. 결정계수, 즉 R^2 값에서 알 수 있듯이, 모형 1에서 7개의 독립변수가 종속변수의 총 변량 가운데 단지 4.2%만을 설명하고 있으며 모형 2에서는 4개의 독립변수가 4.0%를 설명하는 데 그치고 있음을 알 수 있다. 두 모형 간의 결정계수 증가분이 0.2%p로 매우 낮게 나타난 결과는 모형 1에 비하여 모형 2가 경제적이고 적정한 모형임을 시사해 준다. 환경의식과 관련이 있을 법한 독립변수들을 거의 망라했음에도 불구하고 결정계수가 낮게 나타난 이유는 무엇일까? 이러한 결과에 적극적 의미를 부여한다면, 환경운동이 대중화되고 중요한 사회적 의제가 됨에 따라(구도완, 1995) 환경에 대한 관심이 특정한 계층이나 집단을 넘어서 전 국민으로 폭넓게 확산됐기 때문으로 해석할 수 있다.[79](양종회, 2012:24)

79 양종회(2012:24)는 환경의식에 대한 회귀분석을 한 결과 결정계수 값이 낮게 나타났는데, 이러한 결과가 환경의식의 폭넓은 확산에서 비롯될 수 있다고 적극적으로 해석한 바 있다.

| 제4절 |

경기변동과 환경 의식

이제 마지막으로 지금까지의 논의를 요약정리하고 그 함의를 간략하게 논의하면서 이 장을 마치고자 한다. 우선 자료 분석 결과를 요약하면 다음과 같다.

첫째, 한국은 일본이나 서구 선진공업국들에 비하여 1인당 국민소득 수준이 크게 떨어지고 탈물질주의 가치 역시 광범위하게 확산되지 않았음에도 불구하고 환경의식 수준이 비교 대상국들에 비하여 크게 뒤지지 않았다. 한국인의 환경의식이 하향 추세에 있던 시점에서 국가 간 비교가 이루어졌다는 점을 감안하면, 이러한 결과에 보다 적극적인 의미를 부여할 수 있다.

둘째, 인간과 자연이 공존해야 한다는 반인간중심주의적 세계관에 대한 동의 비율이 1996년 조사에서는 젊은 코호트에서 특히 높게 나타났으나 2001년 조사에서는 코호트별 차이가 크게 줄어들었다. 1955년 이전 출생코호트의 다수가 인간의 자연 지배관에서 공존관으로 생각을 바꿨기 때문이다. 그에 따라 인간과 자연의 공존이라는 세계관은 이제 한국사회에서 거부할 수 없는 대세로 굳어졌다. 한편, 경제성장이나 고용 창출보다 환경보호가 더 중요하다는 의견에 동의한 비율은 외환위기 이후 불경기와 고용 불안정 상황을 반영하여 1996~2005년 기간 중 큰 폭으로 하락했으나 2010년에는 절반 이상이 동의하여 2001년 수준으로 거의 회복됐다. 대체로 젊은 코호트가 환경보호를 중시하는 경향이 강했는데, 이러한 경향이 외환위기 이후 약화됐다가 2010년 조사에서는 다시 회복됐다.

셋째, 환경비용 부담 의사는 1990~2005년 기간 중 급격하게 감소했다. 환경보호를 위한 기부에 매우 찬성하는 비율은 동일 기간 중 36%에서 13%로, 환경보호를 위한 세금 인상에 매우 찬성하는 비율은 37%에서 5% 수준으로 크게 떨어졌다. 외환위기와 신자유주의적 세계화가 초래한 고용 위기 및 경기 침체가 환경비용 부담 의사에도 부정적 영향을 미친 것이다. 코호트별로 보면 상대적으로 젊은 1970~1984년 출생코호트에서 환경비용 부담 의사가 특히 낮게 나타났다. 젊은 층이 생태주의적인 세계관을 강하게 가지고 있기는 하지만 고용 불안정 상황에 직면하여 환경비용 부담에 대해서 부담을 느끼는 것으로 해석된다.

넷째, 환경행동 즉 친환경적 실천 여부는 환경보호단체 가입과 친환경적 실천 노력 정도 등을 가지고 평가했다. 우선, 환경보호단체 회원 비율은 1996~2005년 기간 중 크게 떨어졌다가 2010년에는 소폭 증가했다. 코호트별로 보면 대체로 1970년 이후 출생한 젊은 층의 회원 비율이 상대적으로 낮게 나타났다. 젊은 층이 친환경적 세계관을 갖는 것은 분명해 보이지만 환경비용 부담이나 환경단체 가입에는 소극적임을 알 수 있다. 1997~2012년 기간 중 친환경적 실천 노력의 변화 추이를 보면, 재활용품 분리 배출과 음식물 쓰레기 줄이기 참여도는 꾸준하게 증가하는 추세이지만 일회용품 사용 자제 노력이나 녹색제품 구입 노력은 오히려 감소 추세에 있다. 이러한 결과는 주로 쓰레기 분리수거에 국한된 시민들의 관심을 보다 다변화시킬 필요성이 있음을 시사해 준다.

다섯째, 환경비용 부담 의사에 대한 다중회귀분석을 한 결과, 교육 수준과 소득 수준이 높고 나이가 많으며 탈물질주의 가치를 가질수록 환경비용 부담 의사가 높은 것으로 확인됐다. 나이가 젊을수록 환경비용 부담 의사가 낮게 나타난 것은 젊은 층이 고용 불안에 상대적으로 더욱 노출되어 있기 때문에 친환경적 세계관의 실천이 위축된 결과로 볼 수 있다. 또한 독립변수들의 종속변수 예측력이 낮게 나타난 까닭은 환경의식이 특정한 부류의 사람들에게 국한되지 않고 폭넓게 확산됐기 때문이라는 해석이 가능하다.

자료 분석을 통해 드러난 한 가지 흥미로운 발견은 젊은 코호트가 환경주의적 세계관을 갖고 있기는 하지만 환경비용 부담이나 친환경적 실천 면에서는 소극적이라는 점이었다. 그 배경은 1990년대 중반 시장개방과 외환위기의 여파로 국내 경기가 크게 위축됐는데 이러한 상황에서 청년층의 고용불안감이 심화됐다는 점에서 찾을 수 있을 것이다. 신자유주의적 세계화는 모든 나라에서 공히 노동시장에 뒤늦게 진입하는 젊은 층에게 결정적으로 불리하게 작용한다고 한다.(Blossfeld et al., 2005: 김혜경·이순미, 2012:42에서 재인용) 물론 한국도 예외가 아님을 여러 통계 지표들이 보여 준다.(본서 제5장 참조) 젊은 층에서 나타나는 환경비용 부담 의사의 위축과 환경행동 면에서의 소극성을 이러한 맥락에서 이해한다면, 정부가 다른 무엇보다 청년층의 일자리 확충을 위해 노력하고 아울러 고용 안전망을 보다 확고하게 구축하는 정책을 펼쳐야 할 것이다. 그래도 한 가지 다행스러운 점은 코호트별 격차가 시간 경과에 따라 점차 완화되어 수렴되고 있다는 점이다. 이들 젊은 세대가 환경주의 세계관에 걸맞게끔 친환경적 실천에 앞장설 때 한국의 환경을 살릴 수 있다는 점에서 이러한 변화는 고무적인 현상임에 틀림없다.

이 연구에서 다룬 환경의식의 세 측면, 즉 환경주의 세계관, 환경비용 부담 의사, 친환경적 실천의 코호트별 변화 추이에서 나타나는 한 가지 공통적 특성은 세 측면에서 공히 환경의식이 1990~2005년 기간 중 약화되다가 2010년에는 조금 회복됐다는 점이다. 이러한 유-커브형'U'형 변화는 탈물질주의 가치의 변화 추이에서도 동일하게 나타났다. 이러한 결과를 어떻게 해석할 수 있을까? 1990년 시점에서 환경의식이나 탈물질주의석 경향이 높게 나타난 것은 소위 '1987년 효과' 때문으로 보인다.(본서 제5장 참조) 1987년 이래 그간 억눌려 왔던 다양한 욕구가 분출되고 사회운동이 활성화되는 상황

속에서 환경의식이나 탈물질주의 가치 역시 높은 수준에서 형성된 것으로 볼 수 있다. 그러나 시간 경과에 따라 1980년대 후반의 뜨거웠던 열기와 감동도 조금씩 식어 갔다. 더군다나 신자유주의적 세계화와 외환위기라는 전대미문의 경기침체와 고용 불안정, 치열한 경쟁 시스템하에서 환경에 대한 관심과 탈물질주의 가치가 일시적으로 유보된 것으로 추측된다. 이러한 위기의식은 카드대란의 여파로 2000년대 중반까지 지속되다가 점차 잦아들었기 때문에 2010년 조사에서 회복세를 보인 것이 아닐까 생각한다.

한편, 1990년대에는 환경비용 부담 의사와 친환경적 실천의 측면에서 코호트별 차이가 제법 벌어졌으나 2005년, 2010년에는 점차 수렴 경향을 보인 것에 대해서도 경기 변동과 관련한 해석이 가능하다. 즉, 신자유주의적 세계화와 외환위기는 특히 젊은 층에게 심대한 타격을 가하여 젊은 층의 환경의식과 탈물질주의 경향을 약화시켰다. 그러다가 2000년대 중반을 전후하여 첨예했던 경제적 위기의식이 점차 누그러짐에 따라 회복세를 보이게 된 것이 아닌지, 그리하여 코호트별 차이가 줄어들고 수렴현상이 나타난 것이 아닌지 추정해 본다. 이에 대해서는 앞으로 보다 정교한 분석과 진단, 평가가 이루어져야 할 것이다.

참고문헌

강수택, 2008,「한국사회의 이념경계의 변화와 경계넘기」, 경희대학교 인류사회재건 연구원(편),『우리 사회의 경계, 어떻게 긋고 지울 것인가』, 아카넷.

강수택·박재흥, 2011,「한국 사회운동의 변화와 탈물질주의」, *Oughtopia* 26(3): 5-38.

강원택, 2002,「세대, 이념과 노무현 현상」,『계간 사상』2002(가을): 80-102.

______, 2005,「한국의 이념 갈등과 진보·보수의 경계」,『한국정당학회보』4(2): 193-217.

경제기획원/통계청, 1987, 2007,『한국의 사회지표』.

공세권·박인화·조애저·김진숙·장현섭, 1987,『한국 가족구조의 변화 - 가족생활주기 조사를 중심으로』, 한국인구보건연구원.

구도완, 1995,「한국의 새로운 환경운동」,『한국사회학』29(여름): 347-371.

______, 1999,「1980년대 이후의 한국인의 환경의식」,『환경정책』7(2): 17-33.

______, 2000a,「Economic growth and environment in Korea: A sociological approach」,『환경정책』8(2): 101-122.

______, 2000b,「1990년대 한국의 환경운동: 전문환경운동조직을 중심으로」,《한국사회학회 2000년도 전기 사회학대회 발표문》, pp. 303-313.

권정민, 2007,「2030세대의 담론 내용 변화를 통해 살펴본 미디어 권력의 담론적 실천」, 서울대 언론정보학과 BK21사업단 주최 제2회 대학원생 논문발표회(2007. 1. 22), http://bk21comm.snu.ac.kr/files/2007012205.pdf

김욱, 2007,『정치 참여와 탈물질주의』, 아산재단 연구총서 제188집, 집문당.

_____, 2009,「정치문화의 변동과 가치갈등: 탈물질주의를 중심으로」, 2009 한국정치학회·이화여자대학교 평화학연구소 공동 주최 특별학술회의.

_____·이이범, 2006,「탈물질주의와 민주주의: 한국과 일본의 정치문화 변동 비교」,『한국정당학회보』5(2): 89-124.

김두식, 2005,「환경주의와 탈물질주의적 가치에 대한 태도 연구」, *ECO* 9: 135-180.

김상욱 외, 2006,『한국종합사회조사 2006』, 성균관대학교 동아시아학술원 서베이리서치센터, 성균관대학교 출판부.

__________, 2009,『한국종합사회조사 2008』, 성균관대학교 출판부.

김정훈, 2003,「세대와 정치의식」,『세대혁명은 일어나고 있는가?』, 2003년 한국산업사회학회 춘계학술대회 자료집.

김헌식, 2007,「정권탈환 위해 40대와 20~30대의 분열을 추구하자는 치졸한 작태」,《데일리서프라이즈》, 2007. 10. 24., http://www.dailyseop.com

김혜경·이순미, 2012,「'개인화'와 '위험' - 경제위기 이후 청년층 '성인기 이행'의 불확실성과 여성내부의 계층화」,『페미니즘 연구』12(1): 35-72.

김호기, 2008,「쌍방향 소통 '2.0세대'」,《인터넷한겨레》, 2008. 5. 14.

라우어(R.H. Lauer), 1995,『사회변동의 이론과 전망』, 정근식·김해식 옮김, 도서출판 한울.

마인섭·장훈·김재한, 1997,「한국에서의 탈물질주의적 가치관의 등장과 사회적 균열구조의 변화」,『한국과 국제정치』13(2): 29-52.

박경숙·서이종·김수종·류연미·이상직·이주영, 2013,『세대갈등의 소용돌이』, 다산출판사.

박길성·함인희·조대엽, 2005,『현대 한국인의 세대경험과 문화』, 아산재단연구총서 제192집, 집문당.

박명준, 2007,「'88만원 세대'가 우는 진짜 이유」,《프레시안》, 2007. 12. 7.

박병영, 2007,「1980년대 민주화운동세대의 정치적 정체성」,『현상과 인식』 31(1/2): 81-101.

박재묵·이정림, 2010,「자원봉사자의 환경주의와 탈물질주의 - 태안지역 방제작업에 참여한 자원봉사자의 가치관 분석」 *ECO* 14(2): 53-84.

박재흥, 1992,「한국사회의 세대 문제: 질적 접근」, 한국사회사연구회 편,『한국산업사회의 현실과 전망』, 문학과 지성사,『한국사회사연구회논문집』 38: 11-66.

______, 1995,「신세대의 일상적 의식과 하위문화에 관한 질적 연구」,『한국사회학』 29(가을): 651-683.

______, 1999,「기성세대의 생애사와 세대차이 인지에 관한 연구: 질적 접근」,『한국사회학』 33(가을): 257-296.

______, 2001,「세대 연구의 이론적·방법론적 쟁점」,『한국인구학』 24(2): 47-78.

______, 2003a,「세대 개념에 관한 연구: 코호트적 시각에서」,『한국사회학』 37(3): 1-23.

______, 2003b,「사회변동과 세대 문제」, 정진성·이병천 외,『한국사회발전연구』, 나남출판, pp. 221-245.

______, 2005a,『한국의 세대 문제: 차이와 갈등을 넘어서』, 나남출판.

______, 2005b,「한국사회의 세대 구성」,『문학과 사회』 18(3): 172-186.

______, 2008,「세대계승과 사회문화적 변동」,『한국인의 삶과 생활 변화』, 대한민국 건국 60주년 기념 한국사회학회 특별심포지엄(2008. 9. 4.).

______, 2009,「세대계승과 갈등: 사회문화적 변동의 맥락에서」, 한국사회학회 편,『대한민국 60년의 사회변동』, 인간사랑, pp. 359-394.

박재흥·강수택, 2012,「한국의 세대변화와 탈물질주의: 코호트 분석」,『한국사회학』 46(4): 69-95.

박종민·왕재선·김영철, 2005,「환경가치와 신념의 근원: 탈물질주의, 정치이념 및 문화 편향」,『한국행정학보』 39(4): 369-387.

박희봉·이희창·전지용, 2008,「한·중·일 3국의 가치 변화 성향 분석 - 신세대와 기성세대 간 비교 -」,『한국행정논집』 20(2): 501-532.

방정배·최세경, 2003,「한국언론의 사회적 갈등담론 생산구조에 관한 연구」,『언론과 학연구』 3(2): 219-270.

백욱인, 1994,「대중 소비생활구조의 변화」,『경제와 사회』 21(봄): 45-69

변희재, 2008,「좌익파쇼 386에 팽 당한 20대 88만원세대」,《빅뉴스》, http://www.bignews.co.kr

서문기, 2004,「한국의 사회갈등 구조 연구: 갈등해결 시스템을 모색하며」,『한국사회학』 38(6): 195-218.

석현호·김상욱·박찬욱·방하남·이재혁·구혜란·문용갑·손경미·이경미·정기선·최문경·최현, 2005,『한국종합사회조사 2004』, 성균관대학교 출판부.

설동훈, 2005,「정치이념과 세대: 한국형 정치이념 지표의 측정과 적용」,『지역사회학』 7(1): 53-74.

성기중·박기형, 1999,「탈물질주의 - 진실인가, 허구인가?」,『대한정치학회보』 7(2): 143-173.

송호근, 2003,『한국, 무슨 일이 일어나고 있나』, 삼성경제연구소.

신용하, 2001,『일제강점기 한국민족사 (상)』, 서울대학교 출판부.

안주엽, 2011,『세대 간 고용대체 가능성 연구』, 한국노동연구원 연구보고서 2011-03.

양종회, 1992,「우리나라 국민들의 환경문제에 대한 의식의 변화 및 사회적 기반」,『한국사회학』 26(겨울): 89-120.

어수영, 1992,「한국인의 가치 변화와 민주화」,『한국정치학회보』 25(2): 137-169.

______, 1999, 「한국인의 가치 변화와 지속성 그리고 민주화」, 『한국정치학회보』 33(3): 111-131.

______, 2004, 「가치 변화와 민주주의 공고화: 1990-2001년간의 변화 비교연구」, 『한국정치학회보』 38(1): 193-214.

우석훈, 2008, 「움직이는 10대 소녀, 어떻게 볼 것인가」, 《한겨레신문》, 2008. 5. 8.

우석훈·박권일, 2007, 『88만원세대』, 레디앙.

유선영, 2004, 『미디어의 '세대차이' 담론』, 한국언론재단, 연구서 2004-12.

윤상철, 2009, 「세대정치와 정치균열」, 『경제와 사회』 2009(봄): 61-88.

윤석천, 2004, 「경제 위기 이후의 청년층 노동시장 변화와 직업선택」, 한국진로교육학회, 《제18차 춘계학술대회-청년실업에 대한 진로교육정책》.

이내영, 2002, 「세대와 정치이념」, 『계간 사상』 2002(가을): 53-79.

이동연, 2004, 「세대문화의 구별짓기와 주체형성-세대 담론에 대한 비판과 재구성」, 『문화과학』 37: 135-153.

이동원·박옥희, 2000, 『사회심리학』, 서울: 학지사.

이성균, 2009, 「한국사회 청년층의 사회적 배제: 청년실업문제를 중심으로」, 한국사회학회, 《2009 국제사회학대회 자료집》(2009. 12.).

이시형, 1987, 「늙지 않는 사회의 만년청년들」, 《조선일보》, 1987. 1. 1.

이현출, 2005, 「한국 국민의 이념성향: 특성과 변화」, 『한국정치학회보』 39(2): 321-343.

잉글하트(R. F. Inglehart), 1980(1977), 정성호 옮김, 『조용한 혁명』, 종로서적.

잉글하트·웰젤 (Inglehart, Ronald F. & Christian Welzel), 지은주 옮김, 2011, 『민주주의는 어떻게 오는가』(*Modernization, Cultural Change, and Democracy*, 2005), 파주: 김영사.

전상진, 2002,「세대사회학의 가능성과 한계 - 세대 개념의 분석적 구분」,『한국인구학』 25(2): 193-230.

______, 2004,「세대 개념의 과잉, 세대 연구의 빈곤」,『한국사회학』 38(5): 31-52.

______, 2008,「우울증, 자기계발, 민주주의 - '촛불소녀'와 '무기력한 20대'에 대한 사회학적 소묘」,《촛불집회와 한국사회: 과제와 전망》, 한국정치사회학회 특별심포지엄, 2008. 8. 7.

전상진·정주훈, 2006,「한국 후기 청소년 세대의 발달경로와 성장유형: 서울지역 대학생을 중심으로」,『한국사회학』 40(6): 261-285.

정보통신정책연구원,《IT 통계포털》, http://www.itstat.go.kr/home.it

정진민, 1992,「한국선거에서의 세대요인」,『한국정치학회보』 26(1): 145-167.

정철희, 1997,「문화변동과 사회민주화: 탈물질주의 가치와 공중-주도 정치」,『한국사회학』 31(봄): 61-83.

정현숙, 2009,「부모-대학생 세대 간 갈등 사례연구: 실제 커뮤니케이션에 초점을 둔 다차원적 접근법을 중심으로」,『스피치와 커뮤니케이션』 11: 7-46.

제일기획, 2004,「제일기획, 대한민국의 기성세대 조사 결과 발표(WINE세대)」, 삼성 홈페이지, http://www.samsung.co.kr/news/biz_view.jsp?contentid=2882

조대엽, 2002,「386세대의 문화와 세대경험」, 임희섭 외,『한국의 문화변동과 가치관』, 나남출판사, pp.249-80.

조명래, 2001,「한국의 환경의식과 환경운동」,『한국지역개발학회지』 13(3): 141-154.

조혜선, 1990,「한국사회의 세대 구분과 세대차이 연구」, 연세대학교 사회학과 석사학위논문.

중앙선거관리위원회,《역대선거정보시스템》, http://www.nec.go.kr/sinfo/index.html

중앙선거관리위원회, 《선거통계시스템》, http://info.nec.go.kr

천정환, 2004, 「한국의 세대투쟁과 세대감각-그들은 왜 아비를 부정했나」, 《신동아》 2004년 6월호, 581-595쪽.

'청년연대' 홈페이지, http://youthunion.kr/xe/home

최석만·국민호·박태진·한규석, 1990, 「한국에서의 진보-보수적 태도의 구조와 유형에 대한 연구」, 『한국사회학』 24(겨울): 83-102.

최재석, 1965, 『한국인의 사회적 성격』, 개문사.

최평길, 2006, 『P세대 - 대학생 진화론, 실용파 세대의 코드를 읽는다』, 연세대학교출판부.

통계청 웹사이트, 보도자료(2008. 8. 14.), http://www.nso.go.kr

통계청, 1993, 2001, 2005, 2007, 2010, 『한국의 사회지표』.

______, 《국가통계포털》, http://kosis.kr

한국사회과학데이터센터(KSDC), 《조사 및 통계자료 아카이브》, http://www.ksdcdb.kr/main.do

한국사회과학연구소, 1993, 『다이어그램 한국경제』, 의암출판.

한국사회학회, 1990, 『한국사회의 세대 문제』, 나남출판사.

한국은행 웹사이트, 《경제통계시스템》, [우리나라 100대 통계지표], http://ecos.bok.or.kr/jsp/use/100keystat/100KeyStatCtl.jsp

한국인터넷진흥원(KISA), 《인터넷통계정보검색시스템》, http://isis.kisa.or.kr

한국정보문화센터, 2000, 『2000 정보생활 실태 및 정보화 인식조사』.

한국청소년학회·한국노년학회, 2002, 「세대통합을 위한 전망과 과제」, 《2002년 한국청소년학회·한국노년학회 공동학술대회 자료집》.

한국환경사회학회, 2004, 『우리 눈으로 보는 환경사회학』, 파주: 창비.

한상진, 2002,「환경의식과 환경행동의 사회적 기반」, *ECO* 2: 141-158.

한완상, 1991,「한국사회에서 세대갈등에 관한 한 연구」,『계간 사상』3(1): 248-309.

한준상, 2000,『세대 간공동체교육 프로그램 개발 연구』, 교육부, 2000년도 노인교육연구과제.

함인희, 2000,「세대갈등을 넘어 세대공존을 향해」,『계간 사상』, 2000년 봄호: 188-209.

현대경제연구원, 2011,「경제주평 - 청년체감실업률 20% 시대의 특징과 시사점」, 11-42 (통권 469호).

현실문화연구(미메시스), 1993,『신세대: 네 멋대로 해라』, 현실문화연구.

홍덕률, 2003,「한국사회의 세대 연구」,『역사비평』통권 64호 (가을호).

황상민·양진영, 2002,「한국사회의 세대집단에 대한 심리학적 탐색: 전이적 공존 관점을 통한 대학생 집단의 세대 이미지 분석」,『한국심리학회지: 사회 및 성격』16(3):75-93

황아란, 2008,「제17대 대통령선거의 투표행태 분석: 지역, 이념, 세대요인을 중심으로」, 한국정치학회 특별학술회의(2008. 2. 15.).

《경향신문》, 2008. 8. 19, 12. 4. ~ 12. 17., 2010. 2. 23., http://www.khan.co.kr

《네이버》, http://www.naver.com

《동아일보 아카이브》, http://www.donga.com/pdf/archive

《동아일보》, 2002. 7. 1., 2008. 9. 30. ~ 10. 11., http://www.donga.com

《두산백과사전》, nCyber & EnCyber.com. http://100.naver.com/100.nhn?docid=824783

《마이데일리》, 2006. 4. 28., http://www.mydaily.co.kr

《언론재단 통합검색사이트》, http://www.kinds.or.kr

《오마이뉴스》, 2008. 6. 11., http://www.ohmynews.com

《인터넷한겨레》, 2002. 12. 22., 2008. 5. 14., 5. 19., 6. 3., http://www.hani.co.kr

《조선일보 아카이브》, http://srchdb1.chosun.com/pdf/i_archive

《조선일보》, 2007. 8. 25., http://www.chosun.com

《중앙일보》, 2004. 4. 16., 4. 27.

《통계청 국가통계포탈 자료》, http://www.kosis.kr

《프레시안》, 2007. 8. 26, 2007. 12. 7., http://www.pressian.com

《한국일보》, 2008. 12. 4., http://news.hankooki.com

Acock, Alan C.(1984), "Parents and their children: The study of intergenerational influence", *Sociology and Social Research* 68(2), Pp. 151-171.

Bengtson, Vern L.(1993), "Is the "Contract Across Generations" Changing? Effects of Population Aging on Obligations and Expectations Across Age Groups" in Vern L. Bengtson and W. Andrew Achenbaum(eds.), *The Changing Contract across Generations*, New York: Aldine De Gruyter, Pp. 3-23.

Bengtson, Vern L. and N. E. Cutler,(1976), "Generations and Intergenerational Relations: Perspectives on Age Groups and Social Change", in R. H. Binstock & E. Shanas(eds.), *Handbook of Aging and the Social Sciences*, New York: VNR, Pp. 130-159.

Bengtson, Vern L., N. E. Cutler, D. J. Mangen, and V. W. Marshall(1985), "Generations, Cohorts, and Relations between Age Groups" in R. H. Binstock & E. Shanas(eds.), *Handbook of Aging and the Social Sciences* (2nd Ed.), New York: VNR, Pp. 304-338.

Bengtson, Vern L., Michael J. Furlong, and Robert S. Laufer(1974), "Time, Aging, and the Continuity of Social Structure: Themes and Issues in Generational Analysis", *Journal of Social Issues* 30(2): 1-30.

Blossfeld, H. P., E. Klijzing, M. Mills and K. Kruz. eds(2005), *Globalization, Uncertainty, and Youth in Society*. New York: Routledge.

Braungart, Richard G.(1974), "The Sociology of Generations and Student Politics: A Comparison of the Functionalist and Generational Unit Models", *Journal of Social Issues* 30(2): 31-54.

Buss, Allan(1974), "Generational Analysis: Description, Explanation, and Theory", *Journal of Social Issues* 30(2): 55-71.

Catton, William R., Jr. & Riley E. Dunlap(1978), "Environmental Sociology: A New Paradigm". *The American Sociologist* 13(Feb): 41-49.

Dunlap, Riley E. & Robert E. Jones(2002), "Environmental Concern: Conceptual and Measurement Issues". Riley E. Dunlap & William Michelson, eds. *Handbook of Environmental Sociology*. Westport, CT: Westwood Press. pp. 482-524.

Dunlap, Riley E., Kent D. Van Liere, Angela G. Mertig, & Robert E. Jones, (2000), "Measuring Endorsement of the New Ecological Paradigm: A Revised NEP Scale". *Journal of Social Issues*. 56(3): 425-442.

Esler, Anthony(1984), "'The Truest Community': Social Generations as Collective Mentalities". *Journal of Political and Military Sociology* 12(Spring): 99-112.

Ester, Peter, & F. van der Meer(1982), "Determinants of Individual Environmental Behaviour: An Outline of a Behavioral Model and Some Research Findings ". *The Netherlands' Journal of Sociology* 18: 57-94.

Fendrich, James M.(1974), “Activists Ten Years Later: A Test of Generational Unit Continuity”. *Journal of Social Issues* 30(3): 95-118.

Feuer, Lewis S.(1969), *The Conflict of Generations*. New York/London: Basic Books.

Foner, Anne(1974), "Age Stratification and Age Conflict in Political Life", *American Sociological Review* 39(2): 187-196.

Glenn, Norval D.(1977), *Cohort Analysis*, Beverly Hills/London: SAGE.

Inglehart, Ronald F.(1971), "The Silent Revolution in Europe: Intergenerational Change in Post-Industrial Societies" *The American Political Science Review* 65(4): 991-1017.

__________________(1995), "Modernization and Postmodernization: Changing Korean Society in Global Perspective" 서울대학교 사회과학연구소.『사회과학과 정책연구』, 17(3): 137-201.

__________________(1997), *Modernization and Postmodernization: Cultural, Economic, and Political Change in 43 Societies*. Princeton, NJ: Princeton University Press.

__________________(2008), "Changing Values among Western Publics from 1970 to 2006". *West European Politics* 31(1-2): 130-146.

Inglehart, Ronald F. & Wayne E. Baker(2000), "Modernization, Cultural Change, and the Persistence of Traditional Values", *American Sociological Review* 65: 19-51.

Inglehart, Ronald F. et al(2000), *World Values Surveys and European Values Surveys, 1981--1984, 1990--1993, and 1995--1997* (ICPSR 2790) Inter-university Consortium for Political and Social Research.

Inglehart, Ronald F. et al(2005), *European and World Values Surveys Integrated Data File, 1999-2002, Release* 1 (ICPSR 3975) User Guide and Codebook. Inter-university Consortium for Political and Social Research.

Kertzer, David I.(1983), "Generation as a Sociological Problem", *American Review of Sociology* 9 : 125-149.

Kim, Jung-Ki and Fernando Torres-Gil(2000), "Intergenerational and Intragenerational Equity in the United States and their Implications for Korean Society", 『한국노년학』, 20(2): 91-107.

Laufer, Robert S. and Vern L. Bengtson(1974), "Generations, Aging, and Social Stratification: on the Development of Generational Units", *Journal of Social Issues* 30(3): 181-205.

Liedtke, Max(1996), "Über die Funktion der Generationenkonflikte", pp. 139-156 in Eckart Liebau & Christoph Wulf (eds.), *Generationen Versuche über eine Pädagogisch-anthropologische Grundbedingungen*, DSV: Weinheim.

Maloney, Michael P. & Michael P. Ward(1973), "Ecology: Let's Hear from the People: An Objective Scale for the Measurement of Ecological Attitudes and Knowledge', *American Psychologist* 28: 583-586.

Mannheim, Karl(1952(1928)), "The Problem of Generations" in pp. 276-320 K. Mannheim, *Essays on the Sociology of Knowledge*, New York: Oxford University Press.

Marías, Julián(1970), *Generations: A Historical Method*, Alabama: University of Alabma Press.

____________(1974), "Generations: The Concept" in D. L. Sills(ed.), *International Encyclopedia of the Social Sciences* Vol. 6, Macmillan & Free Press, Pp. 88-92.

Marshall, V. W.(1980), "State of the Art Lecture: The Sociology of Aging", Presented at IX International Conference of Social Gerontology, Quebec City, Canada.

Marshall, Victor W.(1983), "Generations, Age Groups and Cohorts: Conceptual Distinctions", *Canadian Journal on Aging* 2(2): 51-62.

Maslow, A. H.(1943), "A Theory of Human Motivation" *Psychological Review* 50(4): 370-396.

Mills, C. Wright,(1978), 강희경·이해찬 옮김,『사회학적 상상력』, 홍성사.

Nash, L.(1978), "The Concept of Existence: Greek Origins of Generational Thought", *Daedalus* 107: 1-28.

Park, Chan Wook(2009), "Effects of Social and Ideological Cleavages on Vote Choice in the Korean Presidential Election of December 19, 2007",『현대정치연구』, (1): 85-120.

Pilcher, Jane(1994), "Mannheim's Sociology of Generations: an Undervalued Legacy", *British Journal of Sociology* 45(3): 481-495.

Riley, Matilda W.(1985), "Age Strata in Social Systems" in R. H. Binstock & E. Shanas (eds.), *Handbook of Aging and the Social Sciences.* New York: VNR, Pp. 369-411.

Riley, Matilda W., Marilyn Johnson, and Anne Foner(1972), *Aging and Society Vol. 3, A Sociology of Age Stratification*, New York: Russell Sage Foundation.

Rintala, Marvin(1974), "Generations: Political Generations" in D. L. Sills(ed.), *International Encyclopedia of the Social Sciences* Vol. 6, Macmillan & Free Press, Pp. 92-96.

Rosow, Irving(1978), "What is a Cohort and Why?", *Human Development* 21: 65-75.

Ryder, Norman B.(1965), "The Cohort as a Concept in the Study of Social Change", *American Sociological Review* 30(6): 843-861.

Sanchez, Manuel J. & Regina Lafuente(2010), "Defining and Measuring Environmental Consciousness". *Revista Internacional De sociologia* 68(3): 731-755.

Schuman, Howard and Jacqueline Scott(1989), "Generations and Collective Memories", *American Sociological Review* 54(3): 359-381.

Spitzer, Alan B.(1973), "The Historical Problem of Generations", *American Historical Review* 78: 1353-85.

Tapscott, Don(1998), *Growing Up Digital: The Rise of the Net Generation*. New York: McGraw-Hill.

WORLD VALUES SURVEY 1981~2008 OFFICIAL AGGREGATE v. 2009. 9. 1, 2009. World Values Survey Association (www.worldvaluessurvey.org). Aggregate File Producer: ASEP/JDS, Madrid. (http://www.wvsevsdb.com/wvs/WVSData.jsp)

Yang, Jonghoe(2012), "Three Decades of Environmental Concern in Korea: General Trend and Social Bases", *Korean Journal of Sociology* 46(3): 1-32.

이 책의 제2장에서 제6장까지의 내용은 아래 학술지에 발표한 글들이다. 물론 그 내용은 이 책의 단행본 체제에 적합하도록 수정·보완했으며 편집도 다시 했다. 독자들의 편의를 위해 각 장의 출처를 아래에 밝힌다.

제2장 사회문화적 변동과 세대차이, 세대갈등

"세대계승과 갈등: 사회문화적 변동의 맥락에서", 한국사회학회 편, 『대한민국 60년의 사회변동: 성찰과 성과, 그리고 과제』, 인간사랑, pp. 359-394, 2009.

제3장 세대 명칭과 세대갈등 담론

"세대 명칭과 세대갈등 담론에 대한 비판적 검토", 『경제와사회』, 81: 10-34, 2009.

제4장 한국사회의 세대 간 권력·이념·문화 갈등

"한국사회의 세대갈등: 권력·이념·문화 갈등을 중심으로", 『한국인구학』, 33(3): 75-99, 2010.

제5장 한국의 세대 변천과 탈물질주의 코호트 분석

"한국의 세대 변화와 탈물질주의: 코호트 분석", 『한국사회학』, 46(2): 69-95, 2012. (강수택과 공저)

제6장 환경의식의 코호트별 변화 추이와 국가 간 비교

"환경의식의 코호트별 변화 추이와 국가 간 비교", Oughtopia 28(2): 109-143 2013. (강수택과 공저)

찾아보기

세대 차이와 갈등 이론과 현실

초판 1쇄 발행 • 2017년 2월 20일

지은이 • 박재흥
펴낸이 • 이상경
부　장 • 박현곤
편집장 • 김종길
편　집 • 김종길책임편집, 양지현
디자인 • 김성은

펴낸곳 • 경상대학교출판부
주소 • 경남 진주시 진주대로 501
전화 • 055) 772-0801(편집), 0802(디자인), 0803(도서 주문)
팩스 • 055) 772-0809
전자우편 • gspress@gnu.ac.kr
홈페이지 • http://gspress.gnu.ac.kr
페이스북 • https://www.facebook.com/gnupub
블 로 그 • https://gnubooks.tistory.com
등록 • 1989년 1월 7일 제16호

• 책값은 뒤표지에 있습니다.

이 도서의 국립중앙도서관 출판시도서목록(CIP)은 서지정보유통지원시스템 홈페이지(http://seoji.nl.go.kr)와 국가자료공동목록시스템(http://www.nl.go.kr/kolisnet)에서 이용하실 수 있습니다.
(CIP제어번호: CIP2017002840)